# 日本教育の再建

―現状と課題、その取り組み―

村田昇 編著

東信堂

# まえがき

この書の発刊はわたくしの不測の事態に起因している。私的なことで恐縮であるが、わたくしは第二の定年退職を約三カ月前にした昨年の新春、つまり平成一二年一月七日の深夜に狭心症に倒れ、救急車に運ばれて緊急入院をし、経皮的冠状動脈形成手術を受けた。その後、一時は快方に向かっていたのであるが、夏頃から再び悪化して心筋梗塞症状を起こし、九月中旬から二カ月ばかり再入院を強いられたのである。一時は家族たちも覚悟したようであるが、幸いにも一命を取り留め、新しい二一世紀を迎え家族揃ってお屠蘇を祝うことができたのは、まさに神仏のご加護と皆様からのご高配の賜物であると感謝している。

ところで、わたくしが精神的・身体的にもっとも滅入っていたのはお盆の頃であった。そのことから、お盆の中日にご祖先の精霊を前に子孫にどうしても書き遺しておきたいという気持ちとなり、力を振り絞って一気に書き上げたのが、「二〇〇〇年八月一五日に思う」に始まる一文であった。ここでわたくしは自らの原爆体験を基に戦後の日本とその教育について反省し、今こそ日本の心の蘇りを図り、日本教育を再建しなければならないことを訴えたのである。そうして、ここで提起された課題をいかに解決するかをその後も病床の中で考え続け、入院の際もこの数年間に書き上げた原稿の何編かを持参し、比較的体調のよい時には診察や検査の合間を縫ってそれに修正と加筆を行った。病院にわざわざ見舞いに来てくれる滋賀大学時代の教え子たちと話している間に、彼らが学校長として教育困難状況を克服するために大変な苦労を重ねたことを改めて教えられ、このことを何の飾り立てや隠しごともなく書いてもらったならば、日本教育再建への道を具体的に示すことができ、たとえ万一のことがあっても、わたくしなりに責任の一端を果たし得ると考えた。そこで、わたくし自身の論考の掲載を削って、彼らの実践記録を少しでも入れることにしたのである。

まず第1章には、エッセイ的なものではあるが、お盆の中日、つまり二〇世紀最後の終戦記念日に書き上げたものに若干手を加え、全体への問題提起とした。

今日やはりもっとも問題視されるのが凶悪な少年犯罪の増加であろう。そこで第2章では、かつて神戸市で起こった少年連続殺傷事件に即して「最近の青少年問題」を考察し、そこから家庭・学校・地域社会それぞれの教育の在り方とその連携協力について問題を提起した。

そこでの結論がどうしても「日本の心」を育てることであり、そのためにはどうしても「宗教的情操の陶治」が求められることから、第3章では、「生命に対する畏敬の念」を基に「宗教的情操の陶治」を行うための在り方について究明した。ここでは特に「生命」の意味が考察され、そこから「日本の心」についての示唆もなされている。この生命論と宗教的情操論は、滋賀県教育委員会発行の『道徳教育振興だより』の中で滋賀県道徳教育振興会議提言（平成一〇年三月）として発表されたものを大幅に増補し、わたくし自身の所論としたものであるが、朝日新聞社学芸部「こころ」編集長菅原伸郎氏はその著『宗教をどう教えるか』（朝日選書、平成一一年）の中で、この提言はアニミズム的宗教観であると厳しく批判されている。提言としてまとめた当振興会議会長としての責任はもとより、研究者としてもその批判を放置することはできず、反論を本論の終わりに行った。なおこの反論については、畏友で比叡山延暦寺に僧籍をもつ元滋賀県立彦根東高等学校長真嶋恒雄氏から極めて有益なご教示を頂いたことを付記して御礼を申し上げるとともに、特に江湖のご高批をお願いしたい。なお、前者は京都女子大学『教育学科紀要』第四〇号（平成一二年）に、後者は『日本仏教教育学研究』第七号（平成一一年三月）にすでに発表されたものである。しかし共に研究紀要という性格上、説明等を簡略にしたり紙数の関係上どうしても端折らざるを得なかったところをここではできる限り補うことに努め、特に前者ではその後にいわば連鎖反応的に生じた事件と関連しながら考察を深めたし、両者ともに「教育改革国民会議」や「学級経営研究会」の最終報告をも参考にしながらより具体化したはずである。

第4章では、著者がこれまで教育開発研究所等より求められた教育論争についての私見の一部を再録し、あるいは補遺した。「愛国心」「期待される人間像」「国旗・国歌の問題」と見ただけでも、これまでいかに政治的イデオロギーに基づく不毛な論争が続き、教育界が混乱に陥っていたかが理解されるのである。今日の問題点も忌憚なく指摘させて頂いた。

しかし、この種の混乱に対して毅然とした態度で処し、あくまでも論理によって解決を求めた学校長も少なくなかった。彼らは一部の政治的勢力に抗し、全教職員・児童生徒・保護者の絶大な信頼の下に学校教育の再建を図っていったのである。先に一言した教え子たちのようにである。

第5章ではその学校長による貴重な実践事例が三編紹介されている。それらは、わたくしがその苦労と実績を常に耳にしていたものである。次に、大自然との緊密な関わりを促しいのちの尊さを育てる保育実践と、学校と警察との強力な連携協力の下に行われる青少年育成活動が示されている。この二人の執筆者も、かつては同じ立場の名小学校校長であったが、ここでは特に現在の幼稚園長と少年センター所長としての取り組みを報告して頂いた。さらにもう一編は高等学校の軽音楽部の指導という特殊な領域であり、執筆者もまだ若い。ロックバンドをやる生徒はとかく不良扱いされ、その活動も学校外に求められがちであるが、あえてそれを学校のクラブ活動として行い、生徒自らの興味関心に基づく活動を通じて人間形成そのものを志向していると言える。ある時、その高校の先生から「本校で学園祭などで最後まで後始末や掃除を真剣にしてくれるのは軽音の生徒たちです」と聞いたことがある。今後新設される「総合的な学習の時間」に対しても参考となろう。執筆を快諾された諸先生方に厚く御礼申し上げたい。

実は最初には、日本の心を培った源泉を伝教大師に求め、そこから論を展開する予定であった。これまでドイツ教育哲学の研究に携わってきたものとしては全くの素人の領域であるが、幸いにも平成一一年六月に大正大学で開催された「山家学会」で「伝教大師と心の教育をめぐって」というテーマで特別講演を依頼された。その際、大師の創設された日本仏教が中国仏教の直輸入ではなく、あくまで日本的土壌の上に立って日本人に受容され得べく日本化され、全国民の悟りを開き、国家の鎮護を念ずるものであったことを明らかにし、そこから我が国の今日の教育に求められるべきものを提起させて頂いた。また他のところで、大師の悲願が国民の仏心を悔悟し、「忘己利他《もうこりた》」の精神によって「一隅を照らす」人間を育成し、以て国家を鎮護することにあり、この精神が大師の高弟たちによって継承され、発展されたことの意義を「教育者としての伝教大師」として強調した。前者は日本仏教教育学会前会長大正大学名誉教授斉藤昭俊氏編『仏教における心の教育』(新人物往来社)に、また後者は斉藤昭俊教授の古希記念論文集『仏教教育・人間の研究』(こびあん書院)にすでに発表されている。これらにさらに加筆してこの書にも掲載しようと思ったが、あまりにも浩瀚な書物となるため断念した。上掲書をぜひご一読願えれば幸甚である。

最後になったが、今度の出版も東信堂社長下田勝司氏のご高配によってなされ得た。下田氏の有信堂時代に『教育学』の編集を依頼されて刊行したのが昭和五五年であるが、その後、下田氏が社長となって設立された東信堂から出版して頂いた著書・編著書・訳書は、これでなんと一三冊となる。そのご好意に対して、また下田社長並びにご担当頂いた松井哲郎氏の誠意あふれるご対応に対して、深甚なる感謝の意を表したい。

二〇〇一年一月一日　奥比叡の麓で

村田　昇

# 日本教育の再建／目次

# 日本教育の再建——現状と課題、その取り組み

# 第1章　日本教育の危機

## 1　二〇〇〇年八月一五日に思う

今日は八月一五日。毎年、八月になると、身のひきしまる思いになる。特に六日と一五日。その理由は述べるまでもなかろう。しかも今年は、二〇世紀最後の終戦記念日となる。

五五年前、わたくしは広島高等師範学校生徒として学徒動員で広島市郊外向洋にある東洋工業に派遣され、原爆投下後は市内警備や被災者の救出・看護に当たっていた。その中で、本土決戦に備え、両親に最後の別れを告げるために一週間の休暇が認められ、全隊員が二班に分かれて郷里に向かった。学生隊長を仰せつかっていたわたくしは、その中間に許可を得、八月一四日の深夜に広島向洋駅を発った。幸いにもその夜は空襲もなく、列車が大津駅に到着したのは、一五日の正午頃であった。当時の江若鉄道浜大津駅で駅員たちが起立したまま頭を垂れていたが、それが終戦の玉音放送だったことを帰宅後に知った。

　家に着いたのは、午後一時過ぎだった。「ただ今」という声で、お盆で里帰りしていた三人の姉たちも両親とともに玄関で出迎えてくれたが、「お帰り」は涙で言葉とはならず、濡れた目は心持ちわたくしの足下に向けられていた。戦争が熾烈さを増した昭和一九年四月、乙子《おとご》の長男であるわたくしが軍都広島で学ぶことを両親はよくも許してくれたものである。それだけにわたくしが郷里を離れてからというものは、毎日朝夕お仏壇に陰膳を供え、わたくしの無事を祈るために比叡山横川《よかわ》の元三大師《がんざんだいし》堂に月参りをしてくれていたと言う。母は入学する際、自分の浴衣を寝巻きに縫い直して持たせてくれたが、まさに形見の心算だったのだろう。ある夜、母はその寝巻きを着たわたくしが血みどろになって、田所松《たところまつ》(郷土の氏神・田所神社にまつわる古木)の辺をさまよっている夢を見た。思えば、原爆が投下された当夜のことだった。このため、母はひそかにわたくしの死を覚悟をしていたらしい。姉たちも、新型爆弾のために広島は全滅といううわさを耳にしていた。この一〇日間ばかりは、心配で眠るにも眠れない毎日だったのである。だからわたくしの突然の帰省に驚き、一瞬、幽霊かと疑ったのも無理はない。母は祖父が大切にしていた湯飲み茶碗でわたくしにお茶を飲まそうとして、わざわざ押し入れに取りに行ったものの、あわててそれを落とし割ってしまった。それだけわたくしが無傷で元気に帰ってきたことが本当とは思えず、皆があわてふためいていたのである。姉たちはその日のことを、今も鮮明に覚えている。

もしわたくしが当日、広島市内にいたら、どうなっていたことだろうか。実はその前夜まで、学校の学生課へ連絡に行く予定となっていた。ところが急遽、間もなく派遣隊が移動する横穴工場を視察するために、広町に出張することに変更され、原爆投下時はその車中にあった。外を見るなと注意しに来た車掌が立ち去った後にデッキから空を眺めたら、澄み渡った夏空に大きなきのこ雲がくっきり浮かんでいたのが忘れられない。呉線広駅には、ガス・タンクに落とされた一発の爆弾で広島市内は全滅し、海田市以西は列車不通と書かれていた。その広島では校内にいた教職員や学友が多く死傷し、特に当日に面談することになっていたT先生（生徒主事）は、原爆によって落下してきた梁木が頭に直撃し、「君が代」を歌いながら死去されたという。だからわたくしも、当然、T先生と運命を共にしていたこととなる。それればかりか、隊員のなかには、市内警備に数回出動しただけで卒業して数年後に死去したのも数名いる。わたくしは派遣隊の運営と入学早々にして学寮で荷物の一切を焼失した新一年生の受入れのために多忙を極め、不眠不休の毎日であったため、市内には出ていない。もし出ていたらと考えると、申し訳ない思いである(1)。ともあれわたくしがこのようにして死を免れることができたのは、まさに家族の心からの祈りと神仏のお加護のお蔭と感謝せずにはいられない。

ちなみに、わたくしの妻敏子も広島女学院専門学校（現広島女学院大学）一年生として、原爆落下の際には爆心地に近い流川校舎で朝礼の最中だった。倒壊した講堂の天井から這い出して逃れ、怪我をした友人を背負いがら牛田山の校舎に避難した。まさに九死に一生を得たのである(2)。当然、恩師と学友には犠牲となった方が多いし、親戚も何人かが家を焼かれ生命を失った。そして、今も夏には体調が普通でないと言っている。これは原爆に遭った友人たちに共通するものであるらしい。

## 2　わたくしの願い

今次の大戦によって、どれだけ多くの尊い生命が失われたことか。国内でさえも、B29による熾烈な重爆撃によって各都市の住宅地が容赦なく焼土と化せられ、その犠牲となった無辜《むこ》の市民の数は数え切れない。わたくし自身も、戦中の広島で原爆以外に少なくとも三回は危機一髪とも言うべき場に遭遇した。そうして、原爆投下の夜、痛々しい火傷と怪我を負って東洋工業の講堂や事務室に避難し、所狭しとばかりにひしめき合っていた罹災者たち、水を求めながら息をひきとる方々、運動場の隅に穴を掘っての荼毘《だび》等。あの生き地獄図は、今なおわたくしの脳裏に焼きついている。市内の惨状などは想像もつかない。妻はとても他人に語れるようなものでないし、今さら思い出したくないと、口を固く噤み続けている。原水爆禁止を訴える会合に一度出席したとはいうものの、そこで語られることが被爆者の気持ちから著しくかけ離れ、あまりにも政治に走り過ぎていたため、いたたまれない気持ちとなって途中で退席し、それきりとなってしまった。

このような体験から、いかなる戦争にも反対し平和を求めるというわたくしたち夫婦の思いと願いは、人後に落ちないと思っている。そして、そのことを子孫たちにも伝えていきたい。とは言っても、わたくしは当時の祖国をうらんだり、憎みたくは決してない。あの苦難の時代に国民としてなすべきことを、至らない身ながらも自分なりに一生懸命に励んだからであろうか。しかしそれはわたくしだけでなく、当時の皆がそうであった。今となって、戦時中にも反戦を主張し続けたなどと自慢げに語る人がいるが、このような人物は獄中にしかいなかったのではなかろうか。もちろん内心ではこの戦争の敗北を予測し、一日も早く戦争の終わることを願っていた人はいたことであろう。しかしいざ敗戦となると、だれもが終戦の日から夜には電灯が灯り、空襲警報に脅える必要がなくなったことには喜びながらも、虚脱状態から長い間抜け出すことができなかったというのが、普通の日本人だったように思われる。

わたくしの旧制中学校の同級生で、ご祖父の代から三代にわたり日本基督教団の牧師として長く伝道に携わるとともに、幼稚園長としてご夫人と共に幼児教育にも尽力して来た中村利成氏も、終戦の日を思い出しながら、次のように書いている。神学校に進んだ彼には徴兵延期はなく、数え年齢二〇歳で兵役に就いていたのである(3)。なお、彼とは現在、一緒に保護司を務めている。

## たたかいに破れた日

中村　利成

八月十五日は終戦記念日である。

その日、日本国民は皆泣いた。工場に動員されていた女学生は、手をとり合い声を上げて泣いた。敵に我らは破れたりと無念の涙を流した。

その時、私は、新潟県新発田の部隊で戦車攻撃の訓練を受けていた。

陸軍歩兵二等兵中村利成。地雷の模型を抱いて、戦車に体ごと体当たりの練習が毎日の日課であった。本土上陸の敵を海岸で阻止せねばならぬ。間もなく九十九里浜の海岸に配置される事になっていた。

その日、朝から演習に行き夕方帰ってくると、隊の様子が何となくいつもと違う。日本は負けた。無条件降伏したのだ。天皇の放送があったのだという。半信半疑でいるところへ整列の号令で週番将校が敗戦を告げた。その夜の軍人勅諭を唱えて泣けて泣けて仕方なかった事を思い出す。

……以下、略……


ちなみにわたくしの元職場の同僚である。彼はいわゆる民主的陣営のリーダーであり、つねに住民運動の先頭に立っている。しかし、年に一度催される旧同僚会にはいつも出席し、宴たけなわとなると、必ず戦時中の軍歌を数曲高唱する。長い歌詞も完全に記憶している。すでに喜寿を迎えた彼もこの時ばかりは声に張りがあり、青春が謳歌されている。この席にはよほど気がねを感じないのだろう。わたくしは彼の平素の言動と軍歌との関係について聞いたことはない。しかし、皆がもっと自分自身の内心に忠実となり、当たり前の生活感覚に立ち返ることができればと念じるのである。

そしてわたくしとしては今、明治以降の日本の歴史を国際的視野から客観的に捉え、大東亜戦争とは一体何であったのかを問い直す必要があると考えている。これはかつて京都大学名誉教授下程勇吉博士のご指導の下に有志で行った共同研究の継続とも言える。ここでわたくしたちが問題にしたのは、「アジアの中で我が日本だけが西欧の植民地とならず、独立国としての近代国家を築き得たのは何故か？」と言うことであった(4)。

ともあれ、ＡＢＣＤ諸国から経済封鎖を受けて、石油・鉄鋼等一切の原料はもとより生活必需品の輸入までが断ち切られ、最後にあのようなハル・ノートを突きつけられたならば、国際紛争の解決手段は戦争とされていた当時としては、モナコやルクセンブルグのような小国であっても戦わざるを得なかったであろうと、連合軍側一一人の判事のなかで唯一の国際法の専門家であったインド代表のラダ・ビノード・パル博士(一八八六―一九八七年)も言っている(5)。もちろん、我が国の外交に稚拙さもあっただろうし(6)、特に統帥権干犯問題と軍部の独走(7)に対して無視することは到底許されないであろう。そして、本来は「喧嘩両成敗」であるべき筈のものがとかく「勝てば官軍」とされがちであるが、極東国際軍事裁判、いわゆる東京裁判はまさにその最たるものと言える。戦勝国という立場のみから敗戦国である日本を裁き、日本側の主張は却下されて、戦争責任は悉く日本に押しつけられた(8)。パル博士が「この裁判は、国際法に違反しているのみか、法治社会の鉄則である法の不遡及まで犯し、罪刑法主義を踏みにじった復讐裁判にすぎない。したがって全員無罪である」とした判決書も、昭和二七年の講和条約発行までは禁書扱いとされていた(9)。何しろ当時は占領軍による言論統制が極めて厳しく、母からの手紙でさえも占領軍の検閲印が押されていたし、わたくしが所属した学生合唱団がNHKラジオで放送した際にも、事前にその歌詞を提出して許可を受けさせられたのである。

やがてマッカーサー（一八八〇―一九六四年）占領軍総司令官も朝鮮戦争を通じて日清・日露の戦争がロシアからの侵略に対する自衛のものであることを理解し、昭和二六年五月三日の米上院軍事外交委員会では「日本が戦争に飛び込んでいった動機は、大部分が安全保障の必要から出たのであります」と証言演説を行い(10)、「日本軍は主として自衛のために戦ったと信じる、東京裁判は気が進まなかった」と述べたと言う(11)。このマッカーサーの重大発言は欧米ではさかんにニュースとして流されたが、我が国ではマスコミも国民も意外と無関心であった。それだけ占領軍のマスコミ操作が巧みだったのだろう。

もとよりわたくしは、今次の大戦を美化しようとする者では決してない。しかし、わたくしたちは歴史を正しく捉え(12)、反省すべき点は謙虚に反省しながらも、自虐から脱却して敗戦国日本が戦勝国から受けた冤罪を晴らし、子孫たちに日本人としての誇りと責任を目覚めさせていかなければならないと考える。これによって、真の国際理解と協調が可能となる。そして、戦争の犠牲になって頂いた方々に対しては、いついつまでも忘れることなく、そのお蔭で今日があることに国民全体が感謝し、衷心よりご冥福をお祈りし続けることが肝要である。だれだって戦争に行きたくはなかろうし、死にたくはなかろう。にもかかわらず、自分の愛する家族、故郷、祖国を守り、発展させるために、尊い生命を捧げて下さったのである。

昨年、滋賀県甲南町老人クラブ連合会延寿会から『幾山河――私の戦争体験記』が発行された。そこには、皆様が筆舌し難いご苦労をされ、戦地で九死に一生を得ながらも、愚痴や不満をもらされている方は一人もなかった。そうして、八八歳の飯田セツさんが、「子や孫に残しておきたいのは、戦争は二度としてはならぬと言うことです」としながら、「しかし、今思うとよいところもありました。と言うのは、日本人が戦争のために一つの心になったことです。大切な親、夫、子をお国の為に捧げて、女達も頑張りました。泣き言、愚痴、人の蔭口などすべてを忘れて一生懸命頑張りました。本当に一生の内にこんなに皆が一つ心になったらどんなに良い国になるかと思います」と書かれていたが、それが執筆されたすべての方々に通じる心であったように思われ、共感の中で感動したのである。

## 3　自虐史観からの脱却

戦後、我が国は人間としてもっとも大切なことを忘れ去ってはいないか。いやそれ以上に、それを排除しようとする傾向さえあったのではなかろうか。それは、言うまでもなく、日本国民としての自覚や誇りである。それなしにどうして他国を理解し、尊敬し、協調することができるであろうか。

の思うに白色人種の人種的偏見は、今なお根強い。この意味において、彼らが軽侮する有色人種に初めて打ち負かされたのが日露戦争であったことを考えると、日清・日露の両戦争で勝利を収めた日本に対して、欧米諸国から猜疑と警戒の眼が向けられるようになるのは理解される。特に一八九八年の米西戦争によってフィリピンとグァムを領有し太平洋進出の足掛りを得たアメリカは、有色人種の排斥と日本叩きを強めたばかりか、日本を仮想敵国と見なし、シーオドア・ローズヴェルト大統領(一八五八—一九一九年)を中心として米日戦争の準備がなされていたと言う(参照、後掲諸書)。

そして、軍需施設や工場だけでなく全国各都市の住宅地域をも無差別重爆撃によって容赦なく焼き払い、莫大な数の非戦闘員を犠牲にした。あの非人道極まる広島・長崎への原爆投下も、黄色人種である日本人がいわばモルモット扱いされたのではないかとさえ疑いたくもなる。事実、戦後広島市内比治山に建てられたＡＢＣＣ(原爆災害調査委員会。Atomic Bomb Casualty Comission)は、原爆被害者中の生存者に対する医学的検診を行ったが、それは「一体放射能は人体に長期にわたる効果を及ぼすものかどうか」を調査するためのみのものであり、治療や手当は一切行っていないのである。

さらに旧ソ連軍は、広島への原爆投下の二日後の八月八日に、日ソ中立条約を破って対日宣戦を布告し、満洲に侵攻して暴行・暴虐を働いたあげく、兵と民間人との区別なく日本人をシベリアに抑留し、強制労働に携わらせた。しかも我が国の領土である千島と南樺太に進撃し占拠したのは、八月一五日の戦争終結後である。ソ連がドイツの降伏後に対日戦に入ることは、すでに二月に開かれたヤルタ会談でスターリン（一八七九―一九五三年）とフランクリン・D・ローズヴェルト（一八八四―一九六二年）とのあいだに約束がなされていたと言われている。北方領土問題は、いまだに解決の目途さえついていない。

これらの事実は、国際法に違反する東京裁判によって忘却の彼方に追いやられた。それに代わって跋扈したのが自虐史観であり、それによって歴史は捏造され、その見方・考え方こそが真実であり、民主主義・平和主義に適うものであって、それ以外のものは保守的・反動的なものとして排撃されたのである。そうして、太平洋戦争を引き起こした原因が悉く日本にあるとするばかりか、例えば戦争中に外地で日本軍による暴虐が実際になされていたとして、その事実を確かめもせずに内部から告発することさえも、それがまるで正義であるかのようになされてきた。これに至っては、「祖国への絶望が革命の早道だ」とするレーニンの教えに基づくもの以外の何ものでもなかろう。そうしてそれは同時に、「自分らの祖先は野蛮で残虐であった」と思わせ、祖先を軽蔑させることに陥らせるものである。この祖先蔑視は、エンゲルスが近代家族の中における夫はブルジョアジーを代表し、妻はプロレタリアートを代表するという階級対立の構図で家族を捉え、共産主義国と社会主義圏内では、家庭はえてしてブルジョア的異物とか平等社会主義の発展にとって障害となるものとされた(『家族・私有財産・国家の起源』)こととも関係しているのかもしれない。

一九七〇年代のソ連にあっても、「資本主義における家庭の消滅」は引き継がれている。このため、「ソヴェト市民はだれでも、産院を退院すればすぐに保育所に入所させられ、そこから例外なく開設されている幼稚園ないし保育所に入れられる。その後、ここからやがては自分の任命証を手にして、独立生活、すなわち生産へ進むためとか、選ばれた専門分野で研究を続けるために、寄宿学校に入れられる」のである。このようにして、子どもの教育に及ぼす両親の影響を最小限に限定し、逆に、未来の共産主義社会のモデルとしての「寄宿学校」が推進された。しかし、この家庭政策は建設費の不足から停滞せざるを得なかった。そこでやむ得ず、政府与党の「活動家」である両親会幹部が各家庭を訪問し、社会の「有機的細胞」としての家庭を社会の規範と展望に無制限に結合し、監視することが制度化されたのである。ちなみに、この家庭政策は東ドイツ政府によっても積極的に推進された(13)。我が国においても、子育ての責任を悉く行政当局等に強要することがいかにも進歩的であるかのように、それを権利として強く要求する向きが今なお一部に強くあるが、これは上述した旧ソ連ないし旧東ドイツの影響を受けたのであろうか。

ともあれ占領政策の側からも、戦争責任をすべて日本に転嫁し悪者にすることは、国際法に問われかねない無差別重爆撃や原爆投下を正当化し、日本の再起を阻むために有意義だったことだろう。また、日本の家族主義は封建遺制であり、民主主義の発展を阻害するものと批判したのは、歴史の浅い人工国家の彼らにとっては、古来から連綿として受け継がれて来た伝統の意義が理解できなかったことにもよろうが、より以上に、我が国の家族主義に基づく民族的団結力が、彼らにとって恐怖となっていたからであるかもしれない。このように見るのは、決してわたくしだけではなかろう。

ここから本来は対極にある筈のアメリカの占領政策と社会主義的・共産主義的革命勢力とが、奇妙な合致を見出すことになるのだろうか。GHQ内部にアメリカのニューディール政策をそのまま日本に移植しようとする一派の動きがあったことも事実である。そうして、この種の観念がいわゆる進歩的文化人たちによって声高く煽り立てられた。教育もこの流れのなかで行われ、児童・生徒の自発性・自主性の尊重を放任・放縦と曲解し、個性の重視を公共性の無視と解し、民主教育・平和教育の名の下に自虐史観による子どもの洗脳に忙しい教員たちが今なお存在していることが報道されている。このような動きのなかで、我が国の伝統や美風までが否定され、日本人としての自覚や誇りまで失われてしまったのである。

最近、『産経新聞』(平成一二年一二月二九日号)の読者欄に次の「アピール」を見出した。筆者は中学校で長く教鞭をとっておられたようであるが、同時代人として時代の状況がよく理解できるし、また氏の真摯な反省とこれからの願いに共感せずにはいられない。かつて教職にあって良識を有する方々は、おおよそこのような気持ちでおられるのではなかろうか。

## 戦後民主主義に染まったこころを悔やむ

無職　森田厚（東京都日の出町）七〇歳

二十世紀は明治三十四年から平成十二年までの百年間である。この間、二度の世界大戦が起こり、社会主義国ソ連の誕生と崩壊もあった。大戦を背景に兵器は飛躍的に進歩し、それに伴う科学技術の発達や経済の発展は過去の百年間に比べ目覚ましいものがあった。

しかし、人間の心はそれに反比例して堕落の一途をたどってきたように思う。この現象は米国を中心として先進国に著しく、わが国も例外どころか、むしろ他の先進国より憂うべき状態にある。

昭和五年生まれの私は二十世紀の大半を生きてきた。しかも人生のほとんどを中学校教師として過ごしてきた。そのため、教育問題や若者たちの残酷な犯罪、非常識な言動に強い関心を持っている。同時に教育者としての自分の無力さもしみじみと反省している。

戦後の思想や教育行政の大変革は、軍国少年として育ってきた私に大きな衝撃を与えた。「今まで教えたことは皆、誤りであったから忘れろ」と、当時の教師に言われたことは今でも忘れられない。

それまでに教わった教育勅語や日本の歴史を忘れようと努め、皇室や神社、祖先を崇拝することもおろそかにした。

その反面、日本国憲法、教育基本法、児童憲章などは、絶対正しいものであると教えられた。戦後民主主義をたたき込まれたのである。

教師になってからは組合(日教組)に入り、その支持のもとに行動した。時の権力や政治に反抗することが正義と考えられていた。組合主導の学校に勤務したこともある。

自由、平等、人権尊重のもとに、自己中心的で他人に対する思いやりに欠け、わがままな子供たちを育ててきた。その結果、義務や責任、奉仕の精神を失わさせてきた。心の中では「これでいいのか。ちょっとおかしい」と考えるようになったのは四十代に入ってからである。

そのひずみが現在、学校のみならず、さまざまな社会現象として表れてきた。対策として歴史観や憲法、教育基本法、少年法、それに家庭教育の大切さなどがようやく見直され、少しずつ改善されつつある。

来年からは二十一世紀である。教育改革の意識を多くの人に広げ、新しい世紀の中で人間として、日本人として精神の復興を図ってもらいたい。

## 4　過去無量の祖先の生命を受け継ぐ

自国に対して劣等感を抱き、自分の祖先に対して憎悪や軽蔑の念をもつのでは、自分自身に対する自信や誇りをどうしてもつことができようか。自分の責任を自覚し、その任を果たすことができようか。核家族化の増加傾向の中で祖父母との関わりや地域との繋がりが疎ましいものとされ、個人的な自由を享受する夫婦中心の家庭が理想とされて、我が子に対しては過保護か放任、親の養育責任を放棄するばかりか、児童虐待に陥っていく。まして我が子を車中に放置したままパチンコに熱中し熱射病で死に至らせた母親や、保険金を手にするために我が子を殺す母親のことを報道で知ると、慄然たる思いを抱かずにはいられない。これでは、いじめや非行に走る子、親に叱られても「だれが産んでくれと頼んだのか、ほっといて」とうそぶく子、「だれにも心配や迷惑をかけていない、自分の勝手だ」と援助交際を求める少女、さらには肉親を殺すことさえ厭わない子が育っていくのも当然であろう。この両親たちも、子どもたちも、自分が罪を犯したら、どれだけ肉親に傷をつけ、祖先の名誉を汚し、子々孫々にまで苦しみを抱かせ続けるかについて考えたことがあるのだろうか。ここに今日の世相の悪化と凶悪犯罪の激化をもたらし、少年による殺傷事件にまで及んでいることの大きな原因の一つがあると考えられる。

日弁連子どもの権利委員会幹事の伊藤芳朗氏も、自ら付添人（弁護）として担当した少年事件の経験から「私は、少年非行事件については、一〇〇パーセント親子関係に問題があると見ています。どんなに親と関係のないところで事件を起こしていても、ことの発端は親子関係にある」[14]と言っているし、あの有名な社会派小説家の佐木隆三氏も「重大事件の被告人を見つめて気が付くのは、例外なく幼少期に家庭的な不幸を経験している」[15]と述べているのである。かつてドイツの大哲学者フィヒテ(J. G. Fichte, 1762–1814)は、ナポレオン占領軍の監視の下で、一八〇七年から翌八年の間、一四回にわたって『ドイツ国民に告ぐ』と題する講演を行ったのであるが、彼はそこで次のように訴えている(第一四講)[16]。

まだ生まれていないあなた方の子孫が、あなた方に懇願しています。彼らはあなた方に向かって呼びかけています。あなた方はあなた方の祖先たちを誇りとし、その高貴な連綿に誇りをもって繋がれてください。あなた方の許で鎖を切れないよう配慮して頂きたいし、また、わたくしたち子孫にもあなた方を誇りとすることができるようにして頂きたいのです。そうして、わたくしたちを、あなた方を通じて、非の打ちどころのない仲間の一員として、同じく栄光に満ちた系列に繋いで頂きたいのです。わたくしたちは、あなた方の素姓を、下劣であるとして、野蛮であるとして、奴隷的であるとして、恥じなければならないようなことのないように、また、わたしたちが即座に詳しい調べもなしに放り出され、踏みにじられないように、わたしたちがわたしたちの血統を隠したり、あるいは他国人の名前を言ったり、他国人の後裔であると嘘をつかざるを得ないようなことのないようにして頂きたいのです。

貧しいリボン職人の子であったフィヒテが、高貴な門閥や閨閥を賛美せよと言うことはまったくなかろう。彼が求めているのは、いかなる出自であっても、それぞれの道をひたむきに生き、人間として恥じることのない生活を営むことであると考えられる。そして彼は、敗戦による荒廃と虚脱から脱却して国民に自律をもたらすのは教育でしかないとし、「教育立国」を提唱するのであるが、さらに敗戦によって喪失されたものを取り戻すために「唯一の、一切を包括する答え」は、「われわれは即座に、われわれが在るべきもの、つまりドイツ人にならなければならないこと、これである」と結論している。つまり、われわれ日本人としては、まさに「日本人にならなければならない」のである。実際、日本のよき伝統や習慣を身に付け、日本の心とも言うべきものの蘇りを図ることなしには、今日の社会悪から脱却することができないし、国際社会の中で信頼され得る日本人とはなり得ないのである。このためにまず回復すべきなのは、家族の繋がりである。

第二五三世比叡山天台座主山田恵諦猊下《えたいげいか》(一八八五―一九九四年)は、次のように言っておられる(17)。

「家庭教育は人間を人間として完成せしめる出発点。だからちんまりと孤立した、親子が寝るだけの場所であってはならぬ。ここに親子が住んでいるのは、遠い祖先からの血の繋がりがあるからです。心の繋がりは文化の繋がりです。民族の繋がりは国家の繋がりです」。
「家庭教育の第一歩は、自己の家庭の歴史を子どもに教えることだと思う。おじいさん、おばあさんから、自分たち夫婦に至り、あんたにつながっているという家庭の歴史を、小学生のうちに教える。それがご先祖というものを大切にする気持ちを育てることになる。ご先祖などというと、古くさいと思うかもしれないが、先祖、つまりその家の歴史を無視するところから家庭の崩壊が始まっている」。

祖先たちが営々と築き上げてきた自国の歴史、その祖先たちの過去無量の生命を受け継いでこの世に生を享け、さらに未来に繋いでいくべき自らの生命、この自覚から自分がいかに生きるべきか、何をなすべきかが求められていく。わたくしたちはこのことを子や孫に自然と悟らせていかなければならない。そして二〇世紀最後の終戦記念日に、ご先祖様をお仏壇にお迎えしたお盆の中日に、かつて尊ばれた「敬神(佛)崇祖」の精神を、時代に相応しい姿で蘇らせようではないかと、強く呼びかけたい。これに根づいた日本の心なしに世界の平和と人類の幸福に真に貢献することは、到底不可能であると思うのである。

## 5　心の中に「平和の砦」を

今日、世相が極めて悪化し、凶悪な犯罪が激増して、それが青少年による殺傷事件にまで及んでいる。しかも、「学級崩壊」とまで称される教育の危機を招いていることを見聞すると、長年にわたり学校教育・社会教育の現実にできる限り身を置き入れながら教育学研究に携わってきた者として、忸怩《じくじ》たる思いを抱かざるを得ない。科学的合理主義に根ざす進歩的文化人の声高い言説に対してはつねに抵抗しながらも、まったく無力であったことが残念でもある。至らぬ身ながらもその責任を痛感し、日本教育の再建のために最後の微力を捧げなければならないと念じている。

さて、昨年の八月一日に滋賀県総合教育センターで滋賀県教育委員会主催「道徳教育連携・推進講座」が開催された。これはわたくしが会長を務める滋賀県道徳的実践活動振興会議の公開会議としての性格を兼ねてもいる。ここでコーディネーターとして最初に挨拶した際、先のフィヒテの『ドイツ国民に告ぐ』の中の一節が思わず口から出てきた。この書物は終戦直後、原爆による被災から奇跡的に免れながらも、広島高等師範学校の校舎等すべてが烏有に帰したため授業再開の目途が立たず、暗澹たる毎日を過ごしていた際に、ルソーの『エミール』とともに感銘深く読んだものであり、これがわたくしの専攻を数学から教育学に転ずる機縁ともなった。とはいえ五五年前の敗戦直後に読んだ書物のことが思い出されたのは、昨年刊行され国民的な激賞を受けている西尾幹二氏の名著『国民の歴史』

(産経新聞社)に「日本が破れたのは〝戦後の戦争〟である」と題する一章があるが、先の思いの中でこれに共感するところからであったことは間違いない。やはり時代や国は異なっても、家庭を基盤として自国の美風を子孫に伝えることが祖国の再建にもっとも肝要であることを、フィヒテの訴えから再認させられたのである。

二〇世紀最後のお盆の中日、わが国にとって永久に忘れられ得ない、そしてわたくしにとっても特別な思いがある終戦記念日のこの日に、わたくしは年頭に患った狭心症のために健康状態がとりわけ勝れず、それだけに祖先の前で子孫に何としても言い残しておかねばという思いにとらわれ、この一文を一気に書き上げた。何はともあれ、二一世紀は「人類の平和の世紀」でなければならず、このためには人びとの心の中に「平和の砦」を築き上げることを訴えずにはおられなかった。何しろ山田恵諦大僧正のお言葉を借りるならば、地球人口の激増を前にして、これまで一〇人で食べていた一〇のパンを一五人で分けて仲良く食べるにはどうしたらいいのかを考えることが求められているのである(18)。特定のイデオロギー的立場から声高く平和を叫ぶだけでは、かえって対立を増大させるだけでしかなかろう。

二〇世紀は「戦争の世紀」であった。九〇年代に至り旧ソ連は崩壊し、東西ドイツを隔てる壁も取り除かれ、米ソ間の長年にわたる緊張も解消し、いわゆる「雪溶け」の時代が招来した。とはいえ、反面、民族的・宗教的紛争とも関わりながら局地戦争はかえって増大し、世界平和への道は依然として厳しいものがある。また、「戦争の世紀」は同時に「科学技術勝利の世紀」でもあったが、それによって、外面的な生活面での進歩は著しく、便利さや快適さ、華やかさは無限に助長された。しかし反面、人間の内面的な面が軽視され、あまりにも経済中心、個人的な利得・享楽追求主義に陥った。科学の進歩によって人間の生命までが操作可能となり、今やクローン人間の産出が論じられている。地球環境は汚染され、生態学的危機さえ叫ばれている。

このような人間の内面的世界の軽視がもたらしたつけは大きい。経済の不況、政治の混乱、環境の破壊、そうして世相の悪化と凶悪犯罪の増加、それも少年による殺傷事件の続発にまで及んでいるのであるが、それらは未解決のまま悉く二一世紀に持ち込まれることとなる。抜本的な政治的解決が待たれるのであるが、しかし究極的に肝要とされるのは、人間本性の回復でなければならない。言い換えれば、日本の心の蘇りを図ることであり、それが心の中で「平和の砦」の役割を果たすこととなる。この意味において、「人類の平和の世紀」としての二一世紀は「心を中心とする世紀」とならなければならないのである。

ここで提起された問題をいかに克服し、教育の再建を行うのか。この至難な問題にあえて挑戦しなければならない。しかし、わたくしは希望を失っていない。というのは、少年問題が厳しく取沙汰されている中で、中学生が行う「わたしの主張大会」はすべてが中学生自らの企画・運営によって毎年実施されており、その中に明るく逞しい明日の郷土と祖国、さらに人類の姿が予示されているからである。ちなみに大津市等では「市大会」を経て「県大会」へと積み上げられていく。これはわたくしの滋賀県青少年育成県民会議会長時代に青少年育成国民会議と相呼応する形で始められた「少年の主張　滋賀県大会」を引き継ぐものだけに、今もその動きから中学生の意識や行動をわたくしなりに敏感に感じ取ることができる。このような頼もしい青少年活動は、スポーツや文化の活動、あるいはボランティア活動にも見出されるのではなかろうか。あれほど素晴らしい資質や能力を秘めた中・高等学校生たちを二一世紀の意義ある担い手に育てられ得ないとしたら、わたくしたち大人たちの怠慢以外の何物でもない。青少年育成国民会議が提唱するように、「大人が変われば子どもも変わる」のであり、大人の意識変革によって教育の再建は必ずなされ得ると信じている。かつてザルツマン(C. G. Salzmann, 1744–1811)がその著『蟻の書』(一八〇六年)の中で、「生徒の一切の誤りと不徳については、教育者はその原因を自分自身の中に求めなければならない」と言ったことを想起したい。

　詩人であり画家でもあったブッシュ(W. Busch, 1832–1908)が「父親になるのは容易《たやす》い。しかし、父親であることは難しい」と語ったことに対して、シュプランガー(E. Spranger, 1882–1963)は「ではいつ、何を通じて、何によって父親たり得るか」と問いかけ、「その答えはただ一つ。それは自己教育から生まれるしかない」と明言している[19]。つまり、日常生活の中で自己研鑽に努め、人間としての在り方や生き方を子どもたちに身をもって示していくしかない。それも、いたずらに新奇さをてらい、大上段に振りかぶったようなものでなく、ごく当たり前の常識感覚の下に一寸した工夫や努力によってだれもが実践可能なものであり、そこから地道に、堅実に積み上げていけるものでありたい。もちろん、ここでの「父親」は「母親」とも「教師」とも置き換えられなければならないのである。

## 注・文献

(1) 参照、拙稿「わたくしの原爆前後」、滋賀大学教科書問題研究会編『いま戦争を語る』文理閣、一九八四年、一四五頁以降。
(2) 参照、拙稿「妻と原爆」『芙蓉会報』終戦・被爆五〇周年特集号。一九九五年、二三頁以降。
(3) 中村利成『おりおりに』二〇〇〇年刊、四二頁。
(4) 参照、下程勇吉編『日本の近代化と教育』法律文化社、一九八四年。下程勇吉編『日本の精神的伝統と近代化』広池学園出版会、一九八五年。
(5) 三好誠『太平洋戦争の真因と敗因』図書刊行会、一九九九年、六二頁。
(6) 参照、須藤真志『ハル・ノートを書いた男』文春新書、一九九九年。阿川弘之他『二十世紀日本の戦争』文春新書、二〇〇〇年。
(7) 参照、司馬遼太郎『明治という国家』日本放送出版協会、一九九八年。同『昭和という国家』同会、一九九九年。渡部昇一『日本史から見た日本人・昭和編』祥伝社、一九八九年、等々。
(8) 参照、小堀桂一郎編『東京裁判・日本の弁明』講談社学術文庫、一九九五年。牛村圭『「文明の裁き」をこえて』

中公叢書、二〇〇〇年。
(9) 参照、前野徹『戦後歴史の真実』経済界、二〇〇〇年、三九頁。
(10) 矢崎好夫『大東亜戦争の大義』図書刊行会、二〇〇〇年、二八一頁。
(11) 三好誠『日本民族の戦中・戦後』図書刊行会、二〇〇〇年、一六七頁。
(12) 参照、K・カール・カワカミ、福井雄三訳『シナ大陸の真相』展転社、二〇〇一年。呉善花『韓国併合への道』文芸春秋、二〇〇〇年。同『生活者の日本統治時代』三公社、二〇〇〇年。黄文雄『捏造された日本史』日本文芸社、一九九七年。同『罠にはまった日本史』同社、一九九九年。同『台湾は日本人がつくった』徳間書房、二〇〇一年。同『つけあがるな中国人・うろたえるな日本人』同書房、二〇〇一年。同『「龍」を気取る中国・「虎」の威を借る韓国』同書房、二〇〇一年。瀬島龍三『大東亜戦争の実相』PHP研究所、一九九八年。児島襄『太平洋戦争』上・下、中公新書、一九六六年。同『東京裁判』上・下、中公新書、一九七一年。ライシャワー『ライシャワーの日本史』文芸春秋、一九八六年。西尾幹二『国民の歴史』産経新聞社、一九九九年。産経新聞取材班『毛沢東の秘録』上・下、産経新聞社、一九九九年。同取材班『ルーズベルト秘録』上・下、同新聞社、一九九九年。斉藤勉『スターリン秘録』同新聞社、二〇〇一年。等々。
(13) 参照、K・シュライヒャー、村田昇監訳『家庭と学校の協力――先進八カ国・悩みの比較』サイマル出版会、一九九一年、二一〇頁以降。
(14) 伊藤芳朗『「少年A」の告白』小学館、一九九九年、二三八頁。
(15) 佐木隆三『少年犯罪の風景――「親子の法廷」で考えること』東京書籍、一九九九年、一二頁。

（16）J. G. Fichte: Reden an die deutsche Nation. Felix Meiner Verlag in Hamburg. 1955. S. 244.
（17）山田恵諦『道堂々』（瀬戸内寂聴編）ＮＨＫ出版、一九九五年、二五頁。
（18）山田恵諦『山田恵諦の人生法話［下］生かして生かされる』法蔵館、一九九六年、六五頁。
（19）村田昇『シュプランガー教育学の研究』京都女子大学研究叢刊、一九九六年、二四五頁、二五五頁。

# 第2章　最近の少年問題と教育の再建
## ――神戸市少年連続殺傷事件から――

### はじめに

一九九七年五月に神戸市須磨区で起こった少年による連続殺傷事件は、その猟奇性とともに世を戦慄に陥れた。そして、その翌年一月には栃木県黒磯中学校で女性教員が一年生男子生徒に刺殺され、翌々年にも学校を無断欠席したことに注意された中学生が母親を殺害した。さらに九九年一二月二一日には京都市伏見区日野小学校で二年生の男子児童が殺害され、二〇〇〇年に入っても岡山県の県立高校三年生生徒が後輩の野球部員を金属バットで殴打した上、実母をも殺傷した事件、愛知県豊川市の六五歳の主婦を一七歳の少年が殺傷した事件、名古屋市の中学生不良グループが友人から五〇〇〇万円余りもの大金を強奪した事件等が続いている。五月の連休に入るとともに、佐賀県の一七歳の無職少年が西鉄高速バスを乗っ取り、広島まで走行させ、その途中で女性三人を殺傷した。これらの少年による凶悪極まる犯罪はまるで連鎖反応のように続いており、最近の少年非行には「〝普通の家の子〟が短絡的な動機から、〝いきなり〟強盗等の重大な非行に走るケースが目立つ」(警察庁文書)とされてきたが、今やそれは殺傷事件にまで及んでいると言わなければならない。

この原因はどこにあるのか。それを一概に言うことは至難であるが、わたくしは最近大きな問題となっているいじめや学級崩壊をはじめ、少年の非行や問題行動には共通なものがあり、それが神戸市の事件に端的に見られるのではないかと考える。この事件を現地検証をも踏まえて詳細に考察した高山文彦も、「少年Aについては、動物園の檻に閉じ込められているめずらしいものを眺めるような立場を私たちはとるべきではないだろう。彼のような精神の歪みは、いつでも起こりうる地続きの経験として記憶されるべきだと思う。ましてや伝統的資源(母胎としての自然)が根こそぎ食い尽くされたいまとなっては、なおさらである。私はときに彼の姿が、ニュータウンが産み出した私生児、ニュータウンによって捨てられた孤児として写る」と言っている(1)。事実、警察庁は、上述したような、平成一一年一月から同一二年五月までに発生し、社会に大きな衝撃を与えた少年事件の二二件、二五人について動機や犯行までの経過などを調査した結果、この神戸児童連続殺傷事件に共感を抱くなど影響を受けていた少年が少なくなかったと言う。

事件を起こした少年たちの生い立ちや育ち方等から事件を生じた原因や今後の対策等を求めることが必要であり、またそれが有効であると考えられるが、少年のプライバシーに関わる問題である以上、それは行うことは極めて困難であると言わなければならない。しかし、ありがたいことに、少年Aの事件では加害者と被害者の双方の両親から手記が公刊された。最近には、日野小学校事件の被害者である両親の手記も出された。したがって、これらを通じてそれがある程度可能となり、そこからいくらかなりとも真相が捉えられるのではなかろうかと思い、その事件を生じせしめた原因を探り出し、そこから今日、特に求められる教育課題について考察を企てたい。

## 1　少年Aを巡って

### 1　少年Aの居住地域

少年Aの居住地は、JR山陽本線須磨駅の北およそ三キロメートルにひろがる広大な丘陵地帯を切り拓き、兵庫労働金庫が創立一五周年を記念して着手した日本で最初にして最大の労働者団地である。その団地は一九六七(昭和四二)年に第一次入居が行われ、街の名も労働運動が唱えてきた「友愛」からとり、「友が丘」と名づけられた。今では団地内に、幼稚園と保育所が二園、小学校と中学校が一校ずつ、県立高校も二校、さらに医療専門学校や介護福祉専門学校、神戸大学医療技術短期大学があり、人口約七〇〇〇人の巨大団地となっている。しかしここには、二軒のコープ以外には、コンビニエンスストアや飲食店、喫茶店もない。完全な職住分離の街である(2)。

高山によれば、「自治会長は大正一三年生まれで戦前から戦後にかけた労働運動にそのままかさなるような老いた闘士であり、（今なおマルクス・レーニン主義者を標榜し）ロバート・オーエンの空想的社会主義をこの地に実現する」ことを念じているという。この会長をリーダーとして「自分たちがつくる自分たちの街」を根幹に据え、警察の個別訪問を警戒して交番や駐在所をも置かず、「警察のいない街」として、「住民自治」を目指した組織的な街づくりを行おうとしてきた。郵便局もこの理由からしばらく置かれなかった(3)。このような自治会であったので、淳君が行方不明となった時に、街を挙げて捜索や夜間パトロールを行うことができたのであろう。

しかし、この理想は果たして実現され得たろうか。自他のプライバシーを尊重しながらも、住民が良好な人間関係をもち、互いに助け合うような地域連帯感が醸し出されていたろうか。警察の手を借りなくても地域からは犯罪者や非行に走る青少年を出さないような防犯体制が確立され、また地域の青少年は地域の皆で育てるという街ぐるみでの育成活動がなされていたであろうか。わたくしが手にした限りの資料からは、少年補導委員や主任児童委員の姿をも見ることができない。高山によれば、その地を訪れた際のタクシーの運転手は「ああ、アカミチですか。〝赤の道〟ですわ。あそこは労働組合の団地ですやろ。私らは、あの団地のことを〝アカ道〟と言うているんですわ」と言っていたとのこと。また、当地選出の某市会議員は「ここのお母さん方は、非常に教育熱心なんです。ニュータウンちゅうところは、どこもそうやろうけどね。労働者主体の自治的発想をもちつづけようとしているもんやから、とりわけ北須磨区団地にはその傾向が強い。しかし、その一方では、落ちこぼれて、非行に走ったりする子どもも多いんですよ。通り魔事件のあった竜が台のほうも、ひどいもんやった。暴走族は走りまわるわ、シンナーはやるわで。被害届を出しても受け取ってくれんという話も聞いたことがある。経済優先で考えられてきた街づくりやから、団地ができて二〇年もして荒廃してくると、その街を捨てて、また新しい団地をつくる。そういう悪循環がずっとつづいているんですね」(4)と語ったと言う。としたら、平素の近所付き合いもあまりなく、住民たちは周りから煩わされることのない自由な個人的な生活の享受を求めていたのではなろうか。事実、淳君の父親の土師《はせ》守氏も、少年Aの母親と土師夫人とは授業参観日や道で顔を合わせた時にあいさつを交わす程度のつき合いしかなかったと言っている。そうして、「灘高通り」とか「東大通り」などと通称される街路があることからも、住民が汗を流して地道に街づくりを行うことよりも、子どもの進学競争に忙しかったと考えざるを得ない。

さらに問題なのは、地域環境である。淳君が殺害されたタンク山には、ニュータウンの人びとが金を出し合ってアンテナ基地が設けられていた。そのタンク山一帯は、高山によれば、もともと龍華山と呼ばれたなだらかな山なみであり、古くは転法寺という今もニュータウン近くにある寺の領地で、修験者たちが行き交わったかつての聖地であったが、いまは龍華山も開発によって壊滅してしまっているとし、次のように語っている(5)。

かつての日本人なら、鎮守の森として、この山に社を建てたことであろう。山中他界となった山は、人びとのこころに豊かな死を育ませたかもしれない。自然への畏敬を失ったわれわれ日本人は、そこに情報を司る新しい神を鎮座させた。無形のものに意味はなくなり、経済最優先の水先案内をつとめる有形のものに、こころを躍らせていった。高度経済成長に最大のはずみをつけたのは、テレビから絶え間なくながされる情報であった。……多くの眼に見えない小さな生き物たちをまじえて、山そのものを死滅させていったニュータウンの人びとは、自分たちの幸福のために生贄にされたものを祀ろうとはしなかった。死は屠られたままだった。もとより、いまとなってはニュータウンだけの問題ではない。

自然との接触やそこでの体験もないのでは、大自然や生きとし生けるもの、人間の力を超えた大いなるものに対する畏敬の念は養われない。想像力や思考力も育たない。少年Aがズボンのベルトに刃渡り一三センチメートル程の鞘付き小刀を教師から取り上げられた際、教師が「ひとつまちがえたら、相手を殺してしまうではないか」と注意したところ、彼は「人の命はそんなに大事なんですか。人の命も、蟻やごきぶりと同じやないですか」と答えたという。彼は「人間のいのちも野菜と同じ。だから切っても潰しても構わない」とし、「人間がどの程度の攻撃で、どの程度のダメージを受けるかという実験を具体的に実行しよう」と考えて、彩花《あやか》ちゃんらへの凶行に及び、「猫の解剖に飽きたので、人を殺してみたい」ところから、淳君殺しとなったと考えられる。

人間の自然との接触の欠如が、路傍の草花や小さな虫にも尊い命を見出し、愛惜の念を捧げた日本人古来の心を、今や失わせてしまった。高山は次のように言っている(6)。

> この堕落と頽廃は、いまにはじまったことではない。また、それが少年Aだけのものでない。私たちも堕落し、頽廃しているのだ。想像力と考え続ける努力を放棄してしまったときから、私たちの堕落と頽廃ははじまっている。成熟を拒みつづける未成年の国、透明な国だ。

## 2　少年Aの家庭

少年Aの家は、この団地の白い鉄筋コンクリート造りの建物である。昭和四四年に祖母が購入したものであるが、Aの小学校入学に合わせてこの家に移り、祖母と同居した。その家庭は平均的なサラリーマン家庭であり、近所の人たちからも、時には一家でバーベキューや卓球を楽しむ「明るい、ごく普通の家庭」と見なされてきた。

いささかプライバシーに立ち入ることになり、ためらわれるのであるが、父親は鹿児島県の離れ島・沖永良部島に七人兄弟の末っ子として生まれ、中学校卒業後、神戸市の電気工事店に集団就職し、三年後に大重工業会社の電気配線技師となった。事件当時は四七歳で、日曜大工とゴルフを趣味とし、「無口でおとなし目」の性格であり、三人の息子と一緒になって草刈りをしてくれる「律儀な人」ともされ、「東大卒のエリート」という噂さえあった。しかし、「父親は普段は無口で物静かな人物だったが、急に火が点いたようにおこり出すことがあった」と言われている。

母親の両親も沖永良部島の出身であり、戦後、夫婦で神戸に移り、祖母は夫と死別してからは銀行で用務員として働き、その後、喫茶店を開いた。「踊りをしたり、朝のラジオ体操をやったりして、元気な人」だったという。

少年Aの母は三人姉妹の次女として生まれ、同年齢の夫と見合い結婚をした。手記の中で、自分は「繊細でいながら大胆な性格」であるとし、「夫は口数が少なく、おとなし目なのに対し、私は言いたいことはだれにでもはっきりと言う質」で、「あかんかったら次行こう、失敗したらその時点で次に何かを考えようという性格」であるとか、「神経質な面がある割に、おっちょこちょいなところがある」とか言っている。地域の人たちからは、「ちょっと小太りのハキハキした人」であり、「PTA活動にも熱心」であったとされていた。

手記で、母親は「私は子供たちの世話をするために、結婚してからずっと専業主婦できました。働くよりも節約をし、その分子供がかえってくる時間にはなるべく家にいてあげよう。勉強なんか出来なくてもいい(実際、Aは勉強嫌いで、成績には無頓着でした)。でも、それでいい。社会に適応できる、世間に出して恥ずかしくない人間になってくれさえすれば、それでいいではないか。そう思ってきました」と語り、父親も「私はAに勉強とかはできなくてもいいから(私も中学の時は全くしませんでした)、嘘をつかない人間になってほしいと思っていました。私は嘘をつく人間は嫌いでした。やはり長男なのだから、いずれ独立して力強い人間になってほしいと思っていました」と言っている。しかし、その願いは空しく消えていく。

一階が六畳の居間と夫婦の寝室、それに台所と風呂、トイレ。二階は一二畳の洋間と六畳の和室。最初は子どもたちは一二畳の部屋に一緒にいたが、Ａが弟たちにとって「優しい時と恐ろしいときとが両極端に存在している厄介な存在」であり、抵抗したら、攻撃を執拗に繰り返し、いつまでもやめようとはせず、逃げてもあきらめることなく追いかけた。このため、長男のＡは六畳の部屋に一人で生活するようになる。各部屋にテレビとビデオデッキが備えつけられていた。少年Ａが小さい時には、団地の玄関はいつも開けておき、大勢の子どもが入って来られるようにし、子ども部屋には父親手作りの木の滑り台や自動車、潜水艦、玩具を置いていた、と言う。

犯行当時、家族は別々に自分の部屋で好きなテレビ番組を視、ビデオを鑑賞し、ゲームを楽しんでいたようである。家族間の触れ合いもなく、子ども部屋での子どもたちの生活にも、両親はあまり留意していなかったように思われる。少年Ａが深夜に窓から外出していたことはもとより、その度重なる問題行動についても、まったく気づいていない。殺した猫の舌が瓶に入れられて部屋に保管されていたことや、淳君の頭部が風呂場で洗われ天井裏に隠されていたことも、警察の立入捜査によってはじめて知ったのである。まして、少年Ａの心の奥底に潜むものについては、到底理解されていない。

母親は過干渉でありながら、意外と放任だったのである。父親も趣味のゴルフのテレビに興じていた。

しかし、このように家族間の人間関係が希薄となっているのは、少年Aの家庭だけではなく、最近、とみに激増してはいないか。家族のまどいや団欒もなく、それぞれが個室の生活。子ども部屋には内から鍵がかけられており、両親の侵入を許さない。子どもに個室を与え、自立心を育てるのはいいとしても、それだけにいっそう家族の共同な生活の場と機会をもつとともに、子ども部屋を密室化させないための配慮が求められるのである(7)。

## 2　少年Aの育ちと躾け、行動

### 1　乳幼児期

少年Aは、昭和五七年七月七日に、この夫婦の長男として生を享けた。結婚後二年にしてやっと授かったこの長男の出生を夫婦がどんなに喜んだかは、母親の手記から読み取れる。とはいえ、生後一カ月足らずの八月五日に、はじめてトイレでウンチをさせていることには、まだ首も座っていないのにと驚かされる。しかし、一年後の八月三一日に次男が生まれ、その子が喘息もちで病弱であったことによって夫婦は次男に掛かりきりとなり、長男Aは突き放されてしまう。その二年後に三男が生まれると、ますますそれに手がかかり、長男に対する突き放しはさらに進んでいく。そうして、三、四歳頃からは、お箸の持ち方、食事の後始末、言葉遣い等が厳しく躾られる。そういう習慣をつけるためにである。兄弟喧嘩をよくやり、Aは叱っても強情なところがあり、弟が泣いても苛めることが度々あったが、その時、母親は「泣いたら止めなさい。あんたはお兄チャンでしょう」と特にきつく叱りつけた。四歳頃に悪知恵がついて、言うことを聞かなくなると、お尻をパーンと叩いてたしなめたのである。

小さい時からの躾は必要である。しかし、このためには、両親の愛情、とりわけ母親の温かい抱擁による愛の裏づけが必要である。特に乳幼児期は、高山氏の言葉を借りるならば、「甘えるということが生きていることの実感そのものであるかのような時期」であるだけに、子どもが甘えたい時にはそれを受け入れ、母の愛を確かめさせ、安心感や信頼感をもたせ、それを基盤として、時には優しく、時には厳しく躾けていくことが大切である(8)。それはいわゆる「甘やかし」とは異なっている。しかし、母親はそれを許さなかった。高山は言っている(9)。

児童心理学者が言う〃母子未分化〃あるいは〃母子一体化〃の時期は、子供が子宮に宿り体外に生まれ出てから以後も、二、三歳ころまで続く。幼児はへその緒でつながっていた母体の安らかな記憶から離れられないでいる。母親と自分が別個の存在ということさえ分からない。そんな時期に無理やり引き剥がされたり、きびしく撥ね付けられたりすれば、幼児の心は深く傷つき、雨の降りしきる無人の街路にたったひとりで、放り出されたようになってしまう。たがいに気づきはじめるのは、二、三歳頃からで、そこではじめて自己と他者との対決を経験する。つまり母親は子供にとって、この世で出会う最初の他人として立ちあらわれる。子供は母親の言いつけを守らなくなる。母親はそのたびに「ほら、またやったじゃない」「なんであんたは何度言ってもわからないの」などと言って叱りつける。母親はそのとき魔女のような存在である。と同時に、自分がどこで遊んでいてもちゃんと見守っていてくれるという絶対的な信頼を置く存在である。


少年Aの場合、魔女としての存在の方が極端に勝っていた。

ともかく、叱りつけるだけの母親と平素は無口でありながら突然キレる怖ろしいだけの父親。この両親の中で少年Aは、「両親に逆らわず、従順だった。無力な幼児には、そうするより他に道はなかった」と、高山は言っている(10)。

小学校入学前の少年Aは、「性格は少し気が弱く、内向的」であり、砂場でみんなと遊んでいる時、玩具を多くの子にとられても、「返して」と自分から言い出せず、よくもじもじしていた。その場合、母親は「取られたら、取り返しなさい」とAに覇気をもたせようとした。小学二年生から少林寺拳法を習わせたのも、このためであろう。しかし、優しさや他人を思いやる心を育てることは、手記からは感じられない。

Aは小さい時から絵を描くのが好きで、一五分ぐらいは、おとなしく絵描きに集中した。几帳面なところがあり、幼稚園も制服をきちっと着けないと気がすまない子だったが、妙に神経質な面があった。五歳頃に急に「足が痛い、痛い」と言い出した際、整形外科医からは「長男をもっとかわいがってあげてください。おそらくは精神的な面からくる症状でしょう」と言われている。乳幼児期からの愛情の証のない厳しい躾が、このような形ですでに現れていたのである。

## 2　小学校時代

Aの小学校時代からの友人は、「あいつが変わったのは、小学校一年生のころや。自分でも、あれで俺は変わったと言うとった。あのころ、あいつはものすごいまじめで、ひ弱なやつだったんですよ。同級生から、いじめられとったんや。あいつが変わったのは、そいつから追われて家まで逃げ帰ったとき、棒タワシをもちだしてきて、わんわん泣きながら相手をこてんぱてんにやっつけたんや。あれで自信がついた、と中学校になって言うとった」と語っている[11]。

小学校に入ってからのAは、よく宿題を忘れた。そのことを母親はくやしがり、「どうして他の生徒と同じようにできないのか」と口やかましく責め立てた。この思いが母親の過干渉をいっそう強めていく。Aが忘れ物を教師に見咎められた時、「お母さんには内緒にしといて」と、何度も懇願したという。それが小学校三年生の時に書かれた「お母さんなしに生きてきた犬」や「まかいの大ま王」の作文となり、担任教師を驚かすこととともなるのである。そこから「母親の愛情に飢え乾いている」少年Aの姿が浮かび上がってくる。

その春に、父親に殴られたことからひきつけを起こし、眼が虚ろになるということが起こり、医者からは「軽いノイローゼ」と診断され、「おかあさん、これは構い過ぎですよ。なるべく本人を放っといて下さい。外に仕事にでも出られたらどうですか?」と言われている。それから母親は「なるべく忘れ物の注意などを必要最低限にして、できるだけ構わないようにした」と言ってはいる。しかし、実際はどうだったのか。近所の女性は、少年Aが小学校五、六年生頃に母親と二人で歩いていた時に、Aは母親を見上げて精一杯甘えるような仕種で話しかけているのに、母親はそれに何もこたえようとはせず、ひたすら前を向いて暗い顔で視線を落としていた情景が頭から離れられないと、高村に語っている[12]。

このような母親のあまりにも厳し過ぎる躾をたしなめたのが、祖母である。鑑定書には、「僕が毎日、弟を苛めるので、母親に週二、三回は叩かれた。……親といると神経がピリピリして気がひきしまり、おばあちゃんの前では気がゆるんで気楽になれた。おばあちゃんに背負われ、暖かかった記憶があります。小さい頃の楽しかった記憶は何もありません」とある。Aの友人も、「あいつのお母さんは、あいつをよう殴りよるんや。一度なんかのことで、あいつを目茶目茶、殴ったらしい。あいつは言うとった。それで頭がぼーとなって、病院に連れていかれたんやて。おばあちゃんが生きとったころは、おばあちゃんがいつも慰めてくれとったらしい」と言っている。近所の人たちも、「子育てをめぐって母親と祖母とが口論している声を何度か聞いたことがある。母親に折檻されたAは祖母の部屋へ駆け込み、抱いて慰めたもらった」と語っている。ここに祖母と母親との葛藤が生じてくる。母親は「私と母は、よく子供のことで口喧嘩をしていました。〝あんたは、子供たちをよく叱って厳し過ぎる。そんなんやったらあかん。子供が萎縮してしまうわ〟〝お母さんは責任がないから、そんなことを言うんや。言わせてもろたら、お母さんも私たちにすごく厳しかったやんか。よう言うわ。子供のことに口出しせんといて〟と言い返している。Aは検事調書の中で、「僕自身、家族のことは、別に何とも思っていないものの、僕にとってお祖母ちゃんだけが大事な存在でした」と告白している。ここでは、母親は完全に無視されているのである。

それでは、「良い祖母と悪い母親に囲まれて幼少期を過ごした」(精神鑑定書)少年Aは、どのように育っていくだろうか。高山は「母親と祖母の二人が躾をめぐって言い争うのは日常茶飯事であった。家の中は、いわば母親の権力対立の場になっていた。二つの価値観が幼年期の彼の前でぶつかり合った」ことに関して、某精神科医の次の言葉を挙げている(13)。

> 子供の眼の前であからさまに争いをつづければ、大人の権威は失墜する。子供は両者を眺めながら、どちらに付けば有利かを判断するようになる。つまり政治的に目覚める。少年Aが祖母の部屋に逃げ込むのは、そうしたことのあらわれであって、狡猾な処世術が根を下ろす素地が耕される。

また、母親の厳しい躾と怒りに終始向き合わなければならなかったＡが、そこから逃れる術を覚えたのは、わずか四、五歳からであるが、それは「泣けばお母さんは怒らなくなる。反省してなくても泣けばよい、泣けば大人たちは怒らなくなる」と思いつくことであった。このようにして、「幼い頃から身についた、自分を守ろうとする仕種」が形成されたのであり、精神鑑定書にも次のように書かれている。

> 薄暗い部屋で過ごし、ぬいぐるみに囲まれて眠るというＡの心象風景をめぐっては、「愛情への飢え」や「子宮回帰願望」が見られ、幼少期の発達に問題があることを示している。……また、弟たちをいじめるたびに両親から体罰を含むきびしい叱責を受けていた事実をめぐっては、攻撃性を中心とした自己の発達と同時に、「反省していなくても、泣けば逃げられる」という逃避や無視の処世術を身に付けたことによって、独善的な思考の方法を発達させていった。

このような処世術で人に接するならば、外見的には「ごく普通の子」と見られることであろう。報道関係の窓口になっていた羽柴修弁護士は高山に対して、「ふつうの少年でした。そのへんのツッパリとは違う。素直な少年でしたよ」と語っている。Ａを診たカウンセラーも、「少年Ａについては、素直に会話できる少年だが、表情に変化がない。視線を合わせようとしない。ただ、会話ではしっかりした敬語を話し、姿勢や態度からいっても一応の躾がなされている」と言っているのである[14]。

その祖母が小学校五年生の二月に肺炎で入院し、その二カ月後に死亡した。Aは自分にとって唯一の支えであった祖母の死をきっかけに、「死とは何か」について強い関心を抱くようになっていく。そうして、「小動物を殺して解剖しているうちに楽しむようになり、良心の葛藤を伴いつつエスカレート。人を殺害してみたいという欲望にかられ、無抵抗の人間に一連の反抗に及び、残虐性や特異性が強まっていった」(神戸市地検会見要旨)。ともかく祖母の死後から、彼には問題行動が多く見られるようになるのである。学校の図工の時間に、赤色に塗った粘土の固まりに剃刀の刃をいくつも刺した不気味な作品を作り、それに驚いた教師が家庭訪問した際に、「僕の友だちがいじめられとって、その子に仕返しするために刃をつけたんや」とうそぶいている。亀を見に来た淳君へのいじめもひどくなっていく。体温計を万引きして、それから動物を殺すための水銀を抜き取ろうとしたのも、この頃である。近所の老夫婦も「特に小学校6年生から人が変わったわ」として、「万引きするようになったんです。最初は仲間と何人かでやったようでした。奥さんの怒鳴り声がうちまで聞こえてくるので、だれが何をやって叱られているのかわかるんですよ。……その後、あの子はひとりで万引きをつづけたようでした。そのたびに奥さんの怒鳴り声が聞こえました。警察が家までやってきたことがありました」と語っている[15]。

## 3　中学校時代

中学校に入学したAは問題行動を立て続けに起こし、それが異様なしつこさをもつようになっていく。生徒指導の担当教師は、「非行はA単独で引き起こしたものでなく仲間と一緒に行動したものであるが、彼の存在ばかりが強く印象付けられた。校内ではふだん、目立つような言動もなく、むしろどこにいるかわからない存在感の薄い生徒ではあったが、行動をともにしながら単独者のプライドを保ちつづけてきた」と言っている。教師の「友だちは大切やろ」という話しかけに対して、Aは「あいつは俺に寄ってくるから、一緒にやってやるだけや」と答えている。

家庭で学校のことをほとんど喋らなくなり、次々と奇妙なことが起こされていく。「爛れた脳」を何度も作ったり、ナメクジや蛙を殺して解剖した。先に一言したナイフの事件の際にも、「ひとの命も、蟻やゴキブリと同じじゃないですか」と言ったのに対して、思わず息を飲んだ教師が、「そんならお前の命はどうなんや」と問うと、「自分の命は大事や」と平然と答えている。続いて教師が「ええか、お前が自分の命は大事やと思っているように、みんな自分の命は大事なんや。そんな命を奪ってええんか」と言うと、「少年Aは押し黙り、無表情のままなにも答えようとはしなかった」のである。鑑定医にも「自分以外の人間は野菜と同じ。だから切っても潰しても構わない。だれも悲しむことはない。これは僕のオリジナルの思想で〝エクソファトシズム〟です。世の中のすべては作り物だから、人は殺しても構わない。僕もそのひとつであり、作り物。回りの人たちは、自分たちの本来の姿が僕であることに気づいていないだけ。人はいずれ死ぬ。人の命も蟻やゴキブリと同じじゃないですか?」と答えている。

ますますエスカレートする問題行動に対して教師から注意を受けても、Aはこれに平然と接している。母親もそのことで度重ねて学校からの呼び出しや訪問を受けるが、これに対するAの言い逃れやその場限りの嘘や理屈づけを真に受けて、つねに学校に強い口調で詰め寄り、「一般の母親からは考えられない」ような批判的・防禦的態度を取っている。例えば、Aが同級の女生徒の靴を燃やし、その子の鞄を男子トイレに隠した時、Aが「母さんのことを何回も〝ぶた〟といっていたからやったのだ」と言ったのを信じきって、母親はその被害者の母親に謝りもせずに、「女の子は口が達者やから」と発言している。教師が他の生徒に「Aはちょっとおかしい子だから、一緒に遊ばないように」と注意したとAから聞くと、母親はそれを真に受けて「子供の心を傷つけた先生に怒りを覚え」、すぐに学校に行き、「なぜ、その先生がそんな注意をしたのか、理由を教えて下さい。私が納得できる理由がないなら、Aに謝ってほしい」となじっている。また、三年生になった四月に、Aが仲間と煙草を吸っているのが見つかった時、母親は息子を咎めようとはせず、かえって教師に「息子は学校が嫌いです。小さい時、私がきつく言い過ぎたし、中学の先生にもきびしく指導し過ぎたからです。息子は家ではあまり話さず、ホラービデオを観ています」と語っている。このため、Aと母親は学校から「協調性のまったくない、自分の感情だけで生きていく異質な存在」であり、「不気味な生徒とエキセントリックな母親」だと見られていた。最近、子どもの問題行動の原因を悉く学校や教師の責任に転嫁する保護者が多くなっているが、少年Aの母親はその最たるものだったのである。Aの逮捕後には、母親も「私は、以前なら子どものためなら怖ろしいものはない、たいていのことは耐えていけると自信をもっていました。自分の子どものためには何でもしようと思い、人に頭を下げて謝ることも、また学校の先生方と言い合うこともできました。子どものためによかれとしたことが、かえって子どもを追い詰めた。追い詰めるばかりか、自分は親として息子の変化を何ひとつ気づいてやれなかった」と反省している。

ちなみに、少年Aの進路に対しては、父親はAが中学二年生の頃、「高校を出て社会に出るのと、中学だけで社会に出るのとでは仕事をしたとき違うよ。会社での職や考え方も違ってくるから、Aには高校だけは行ってほしい」と話した。中卒でしかない自分の経験からの切実な願いであったろう。しかし、Aが勉強はまったく駄目で、高校は無理であることを知ってからは、「高校に行かないなら、新聞配達か自衛隊に入ったらどうや」と語っても、Aはあまり聞いていなかった。母親はAが勉強には興味がなく、成績もあまりよくないとしても、「けっこう頭が回る子」であり、「繊細でいながら大胆な性格」で「ちょっと個性的な発想をする子供」であるとして、「あんた、やればできるやん。ちゃんとできるやん。できないのは、やらないからやで。もうちょっと続けて頑張ってみよう」と口癖のように言い続けていた。「注意欠陥・多動性障害の疑い」があるという医師の診断についてかなり深刻に考えながらも、最後まで「息子の人並みはずれた記憶力」に対して大きな期待をもっていた。そうして、ヒトラーの『我が闘争』やピカソやサルバドール・ダリの画集を買い与えていたのである。

しかし、Aは弟たちともあまり遊ばず、乱雑に取り散らかされた部屋を閉め切り、「十三日の金曜日」などのホラービデオを観、漫画を読み、また、ピカソやダリの画集に興味をもち、特にその「燃えるキリン」を好んで眺めた。そうでない時には、縫いぐるみで囲まれたベッドで眠り続けたのである。

このようにして、少年Aは「家庭における親密体験の乏しさを背景に、弟いじめと体罰との悪循環の下で、〝虐待者にして被虐待者〟としての幼児を送り、〝争う意志〟すなわち攻撃性を中心に据えた未熟、硬直的にして歪んだ社会的自己を発達させ、学童期において、狭隘で孤立した世界に閉じこもり、なまなましい空想に耽るようになった。思春期発来前後のある時点で、動物の嗜虐的殺害が性的興奮と結合し、これに続く一時期、殺人的幻想の白昼夢にふけり、現実の殺人の遂行を不可避であると思いこむようになった。この間、〝空想上の遊び友達〟、衝動の化身、守護神、あるいは〝良心なき自分〟が発生し、内的葛藤の代替物となったが、人格全体を覆う解離あるいは人格の全面的解体には至らなかった。また、独自の独裁的哲学が構築され、本件非行の合理化に貢献した。かくして衝動はついに内面の葛藤に打ち勝って自己貫徹し、一連の非行に及んだものである」と、精神鑑定書に書かれている。

Aは鑑定医に「自分の好きな本を五冊あげてください」と言われ、『果てしない物語』(映画『ネバーエンディング・ストーリー』の原作本)、『我が闘争』上・下、『ゲーム理論の思考法』、『推理脳を鍛える本』を挙げている。特にヒトラーの『我が闘争』には、自分自身の欲望と一致する逸話がいくつも並んでいたことであろう。彼が「呵責なく大勢の人間を殺したところがすごい」と言っている。彼が「この世は弱肉強食の世界であり、自分が強者なら弱者を殺し、支配することができる。僕は〝争う意志〟を持っています。他人はこのことをあまり気づいておらず、気がついている点では僕は勝っていると思います」とするのは、ヒトラーによって自分の殺人衝動を正当化する理屈、自分こそは殺人を許された選ばれた者であるという理屈を作り上げていたと言える。

他方で彼は、性的快感を動物を殺傷した時にしか覚えないことは、他人と違うのではないかと悩み、また、「明るい未来は自分にはない。自分のような人間に生まれてこなければよかった」と思い、自分の存在は無価値であると考えていたのである。それが「自分がしでかしたことがまるで公然と問題化されないのが不本意」にさえ思え、「これからも不透明な存在であり続けるボクを、せめてあなた達の空想の中だけでも実在の人間として認めて頂きたい」という挑戦状の言葉となったのであろう。

しかし彼が、「生まれ変わったら亀になりたい。人を傷つけずにすむから」と思い、亀にだけ特別な愛情を注いだり、淳君の血を飲んだことに対して、「僕の血は汚れているから、純粋な子どもの血で清めたかった」と供述していることや、タンク山と向畑ノ池を自分にとって聖なる場と考えていたことを見逃してはならない。彼が現地検証のために凶器を捨てたとされる向畑ノ池に連れられて行った際に、池の水が捜査のためにすべて抜かれている姿を見て、「自分がいのちより大切にしていた池の水をなんで抜いてしまったんや」と激怒し、黙り込んでしまったという。やはり彼の心の奥底には、清らかなもの、純粋なもの、聖なるものに対する密かな憧れがあったことを認めたい。だれかが大自然の中での体験等を通じてこれを目覚せ、さらに想像を純化するような文学や芸術によってそれを高めていったなら、彼の人生もいくらかは変わっていたかもしれない。

## 4　逮捕前後

土師《はせ》淳君が行方不明になった時には、少年Ａの両親は下の弟たちと一緒に捜索に出たことは、よく知られている。特に父親は一生懸命に出向いている。しかし、土師守氏の手記には、母親は加害者が自分の息子ではないのかと感づいていたのではなかろうかと書かれている。彼女は、先に述べたように、淳君の母親とはそれまでさほどのつき合いでしかなかったのに、淳君が行方不明になった当初には、土師家の電話番をしたり、買物を積極的に引き受けたりしている。これに対して土師氏は「淳が行方不明になってからのＡ少年の母親の行動はいかにも奇妙でした。それは、ちょうど私たちの家族や警察の動きを何か探っていたものとしか思えませんでした」と述べている。また、平素の彼女を知っている人からは、「普段は自分の意見をたたみかけるようにハキハキと話し、電話をかけても儀礼的なあいさつなどはぬきでいきなり用件をたずねてくる」のであったが、逮捕一週間前頃からは、その態度に変化が現れたと語っている。さらにＡ少年の隣家の主人は、逮捕の前日、彼と母親が表に出て、なにやら深刻な表情で話をしているのを見ている。その人は「家のなかで話せるようなことではなかったんじゃないでしょうか。ふたりだけしか通じない会話、だれもそこに立ち入れない雰囲気がありました」と高山に語っている(16)。

ともかく少年Aは、平成九年二月五日に友が丘中学校の女生徒を狙い、同月の一〇日には中落合小学校六年の女児二人をハンマーで殴打するという通り魔事件を起こしている。そして三月一六日には竜が丘で小学校四年生の女児山下彩花ちゃんの頭部を殴って一週間後に死亡させ、その事件の直後に小学校三年生の女児の腹部を刺して、二週間の怪我をさせている。ちなみに彼は、この凶行を「愛する〝バモイドオキ神〟様へ。今日人間の壊れやすさを確かめるために〝聖なる実験〟をしました。その記念としてこの理由をつけることに決めたのです」と、ノートに記している。そうして、五月二五日には淳君を殺害し、二七日に切断した頭部を中学校校門前に置いたのである。これらのことについて、Aの両親はまったく気付かなかったと語っている。九月一四日に少年と両親の捜査当局への供述が明らかにされたが、そこでAは「本当の姿を見せないで仮面をつけていた」と言い、父親は「あまり話をする機会がなく、息子を知らなさすぎた」と供述している。父親はその通りであったとしても、母親の方はいくらかは勘づきながらも、わが子の変化にはまったく気付かなかったという理由で、逃げようとするかのような態度が手記から伺われてならない。

Aの逮捕後に、両親は被害者の家に一切の謝罪を行っていない。七月一二日に弁護士と今後のことを相談した際に、これから先の転居先や主人の職場復帰、これからの生活の目途のこと、「下の子どもたちをこの恐怖から何とか遠ざけたい」とか「Aとの面会はどうするのか？」などについては聞いている。しかし、謝罪に対して母親は、「知り合いばかりがいる須磨の土師さんのマンションを訪ねる気力も、この時点ではありませんでした。Aに会って本人の口から真実を聞くまでは待ちたい、という気持ちを、弁護士の先生にお話しました」としか言っていない。ようやく、八月一九日になって通り魔事件の被害者家族に、二〇日に淳君宅に、二五日に殴打事件で負傷した女児宅に「お詫びの手紙」が出されている。しかし、その手紙は実に簡単で形式的なものであり、すべてがほぼ同一の内容であったと言う。それも某弁護士が高山に語ったように、「この文章は、私ら弁護士から見れば、じつにうまくできていると思うんですね。親の監督責任については、いっさいふれていない。つまり、親としての監督責任の問題とか、子どもにかわって何々します、といった文章がいっさいないのです。公表されても、なにか不利にならない文章なのですわ。僕が依頼されたら、こういう文章を書きますよ」[17]といったものだったのである。そうして、今も少年Aの両親は「せめてあの子が罪を自覚出来るようにして、一緒に私たちが罪を受け止めて、許してもらえなくても、なんらかの償いだけでも、本人にさせてやりたい。それがせめてもの、あの子を生んだ私の親としての責任を果たすことであり、務めではないかと考えます。虫がよすぎるかもしれませんが……」と言うだけで、手記の印税による賠償金以外には、被害者の家族への直接の対応は考えられていない。我が子の更生を念じるのは親としては当然であるとしても、両親自らが被害者及びその家族の心中を真に思いやり、誠意をもって詫びることなしに、果たして少年Aの更生がなされ得るのだろうか。この被害者である山下京子さんは、我が愛児彩花さんを殺害され、悲嘆と絶望の中で愛児の「永遠なる生命」を感得し、そこから「生と死」の哲学にたどりつき、それを基に、希望と勇気をもって前向きに生きようとされている。そうして、その手記にある次の少年Aに向けられた言葉は、この問題の解決に対してきわめて示唆的であると考えるのである(17)。

もし、私があなたの母であるなら……、真っ先に、思い切り抱きしめて、共に泣きたい。言葉はなくとも、一緒に苦しみたい。今まで、あなたの眼は母である私を超えて、いったいどこを見ていたのでしょう。私の声があなたの乾いた心に届き、揺さぶることはなかったのでしょうか。あなたが生まれてくることを楽しみに待ち、大切に育ててきたのだと教えてきたでしょうか。思い切り抱きしめて、温かい血の流れを伝えてきたでしょうか。そして、あんな恐ろしいことをしてしまうまで自分を追い詰めていくことに、どうしてもっと早く気づいてやれなかったのでしょうか。たった一人の母なのに、どうしてわかってやれなかったのか。氷のように冷たく固まってしまったあなたの心。そのうえ、それを深い海の底に沈めてしまった。でも、深く暗い海底からそれを捜し出し、ていねいにゆっくりと氷を溶かし、ゆったりとほぐすことができるのは親の愛しかない。とりわけ、母の愛が太陽の温かさで包み込む以外に、道はないと思うのです。罪を罪と自覚し、心の底から出る悔恨と謝罪の思いがいっぱいにつまった、微塵のよどみもない澄み切った涙を、亡くなった二人の霊前で、苦しんだ被害者の方々の前で流すことこそ、本当の更生と信じます。それまで、共に苦しみ、共に闘おう。あなたは私の大切な息子なのですから。

しかし、最近の某週刊誌には、愛児彩花ちゃんを失った山下京子さんの最近の気持ちが次のように記述されている(18)。


親子連れを見ると、うらやましくて涙がこぼれた。恨みや憎しみが心に渦巻いた。そんな時、娘の声が聞こえた気がした。

「憎しみは徐々に鎮まった。でも、いまでも彼のしたことは許せない。罪を犯した少年に厳罰は必要だと思う。つらい想いをして初めて、犯した罪の反省に結びつくと思うから」

山下さんは、少年の両親への不信が大きいとも言う。弁護士を通じ、これまで四度会ったが誠意を感じたことは一度もない。最初に会った時、母親はサングラスをしていた。「うちの子がしたと、いまでも信じていない」とも言った。別の面談の時、少年の問題行動について尋ねた。

「本当に気づかなかったのですか」

すると母親は居直ったように、いきなりテーブルを両手でたたいて叫んだ。

「だから、私たちもわからなかったって言っているんです」

これが本当であったなら、被害者の両親は永遠に救われないであろう。

## 3　今後の課題

以上、少年Aが殺傷事件を起こした原因を求めてきた。手記を読み、もしも自分が加害者か被害者の親であったならと思うと、いたたまれない気持ちに陥っただけに、加害者の両親の悩みや苦しみを十分に理解しながらも、批判し過ぎたかもしれない。しかし、この事件に潜む問題性に目をつむるのでは、被害者の魂は永遠に浮かばれないし、問題はいつまでも解決されない。すでに同種の事件が続発していることは、始めに述べた。あえて事実を述べ、その問題性を浮き彫りした。ここから、これまで学校教育、社会教育、青少年育成健全育成運動の実際に身を置き入れながら考え続けてきたことを基に、教育学上、何としても考え直すべきではないかと思われる課題について若干の考察を加えたい。

### 1　家庭の再建、とりわけ母性愛の問題

「殺傷事件の現場に立ち、裁判の推移を凝視し、鋭い人間観察と、かつてない豊かな視点で、社会派小説の世界を構築し、切り拓いた」とされる佐木隆三は、「重大事件の被告人を見つめて気が付くの

は、例外なく幼少期に家庭的な不幸を経験している」[19]と言っている。また、日弁連子どもの権利委員会幹事の伊藤芳朗も、その著『「少年A」の告白』の中で、氏が付添人(弁護)として担当した少年事件の経験から、事件を起こした三二人の少年について語り、結論的に「私は、少年非行事件については、一〇〇パーセント親子関係に問題があると見ています。どんなに親と関係のないところでの事件を起こしていても、ことの発端は親子関係にある」と言っている[20]。

社会の大きな変化の中で家庭の教育機能が希薄化したことが、子どもに大きな影響を及ぼしていることは、すでに学校でいじめが目立ち始めた頃から指摘されていた。すなわち、

> (いじめっ子の)保護者についてみると、仕事が忙しいなど様々な理由で、子供との接触が不十分な場合が多い。その反面、子供に対して過干渉の傾向があり、口うるさく接している。その結果、児童は、保護者から世話をやかせないと勉強や手伝いなどもほとんどしない場合が多い。
>
> (文部省『児童の友人関係をめぐる指導上の問題点』昭和五九年)

わたくしもかつて、東京都目黒区で起こった一四歳の男子中学生による「両親・祖母殺害事件」(昭和六三年七月)について考察したことがあるが[21]、この家庭には今度の神戸市における少年Aのそれと共通なものが見出される。この家庭も中流以上で教育熱心な家庭であったが、少年と両親、とりわけ

母親との絆は断ち切られており、少年が甘えられるのは祖母でしかなかったのである。

今からすでに二〇〇年前に、ペスタロッチー(J. H. Pestalozzi, 1746–1827)は「どこに一番欠陥があるのでしょうか?」と問われ、「それは居間ですよ。人間は、自分の心のためにいつでもそれを暖めてくれる暖炉のようなものが必要なんです。……人間の愛情すら、あわただしい生活の荒々しい土壌の上では芽を出しません。それは庭で育てられる美しい植物が苗床での世話や面倒を必要とするように、居間での世話や面倒を必要とするのです」と答えている[22]。産業と社会の構造的変化の中で、ペスタロッチーの時代とは比較にならないほどに家庭の機能が低下した今日、家族全体が顔を合わせ、団らんやまどいをもつ機会さえ、きわめて少ない。ペスタロッチーは「家庭は人類のすべての優れた自然の関係」であり、「人類のすべての純粋な自然的陶冶の基礎」としたのであるが[23]、今やその教育力は著しく希薄なものとなってしまった。しかし、いかに時代や社会が変わっても、人間形成の基盤はあくまで家庭にあることは間違いない。

第一六期中央教育審議会答申『新しい時代を拓く心を育てるために――次世代を育てる心を失う危機』(平成一〇年六月三〇日)が「今一度家庭を見直そう」と提唱し、続いて青少年問題審議会答申『「戦後」を超えて――青少年の自立と大人社会の責任』(平成一一年七月二三日)も、次のように訴えている。

子どもの人格形成の基礎は、家庭にある。特に、乳幼児期における親の姿勢、しつけが根本的に重要である。親は、子どもの基本的な人格形成については、学校や保育サービス等に安易に依存せず、自らに責任があることをはっきりと自覚し、基本的な倫理観や生活態度、社会規範を子どもに伝達していく責務を自覚し、子育てに参画していくことが重要である。特に、父親が、家庭内における役割・責務を自覚し、子育てに参画していくことが重要である。また、親には、学歴・学校暦を偏重したり横並び意識や同質指向にとらわれることなく、子ども本人の個性、適正等を見つめ、自主的な選択ができるよう意思形成を助けていくという姿勢が求められる。

さらに、「教育改革国民会議」もその最終報告（平成一二年一二月二二日）も次のように述べている。

教育の原点は家庭であることを自覚する。
教育という川の流れの、最初の水源の清冽な一滴となり得るのは、家庭教育である。子どものしつけは親の責任と楽しみであり、小学校入学までの幼児期に、必要な生活の基礎訓練を終えて社会に出すのが家庭の任務である。家庭は厳しいしつけの場であり、同時に、会話と笑いのある「心の庭」である。あらゆる教育は「模倣」から始まる。親の言動を子どもは善悪の区別なく無意識的に模倣することを忘れてはならない。親が人生最初の教師であることを自覚すべきである。

かつての共同体における家庭への復帰ではなく、変化した社会的状況に即した新しい家庭とそこでの子育ての在り方が求められるのである。母親の就労と子育てとの両面を可能にする環境構成も考えられなければならない。この問題について、ここで論ずるいとまはない。しかし何としても肝要なのは、母性の復興である。精神科医神谷美恵子は「人生への出発点はいつかといえば、まさに受胎の瞬間とみなすべきであろう」とし、「初めて胎児の存在を自覚した母親のこころ」に注目したのであるが[24]、最近ではフォトスコープや超音波スキャナーで母親の胎内で羊水に浮かんでいる胎児の様子を捉えることができるようになり、「母子相互作用」の意義が強調されている。そして、胎児期と乳幼児期における母子の絆が、子どもの心身の発達にとっていかに重要であるかという研究が多く出されている[25]。まさに胎教と「三つ子の魂百まで」という我が国の諺が医学的にも確認されたと言わなければならない。少年Aの生育にもこの母性愛が十分でなかったことは、これまで見てきたところである。

しかし最近、「母性」に対して批判的な態度をとる傾向が強くなっている。平成一〇年度『厚生白書』にさえ「三歳神話には合理的根拠はない」と書かれており、先の伊藤芳朗も「〝母性本能〟なるものには懐疑的である」[26]としている。とはいえ、共にその根拠は明確にされていない。そうして、伊藤の著書に紹介されているほとんどの少年が母親への愛情を求めており、乳幼児期からの母親の養育態度にいわゆる無償の愛が欠如していることを認めざるを得ない。

これに対して林道義は、「私は、女性は母性(の可能性)を生まれつき持っていると考えている。そして母性は子どもにとって非常に大切なものだと考えており、母性の大切さを強調することも必要なことだと考えている。そして母性が大切だとか本能的だという命題そのものは、女性を少しも圧迫したり、抑圧するものではないと思っている。その命題が女性を不幸にするのは、母性の理解が間違っているだけである」とし、「人間の母親の母性行動は、いくつもの触発因子によって解発される。たとえば妊娠中や分娩のときの、わが子が自分の中におり、自分から出たという体感、幼児の笑顔、泣き声、乳を吸われる感覚、それによるホルモンの分泌など、複数の感覚的なサインが母親の母性本能を刺激することが非常に多くの研究によって証明されている。母性本能は産んだというただ一つの物理的な事実によって解発されるのではなく、多分に心理的な効果を持つ子どもからのいくつものサインや、子どもとのコミュニケーションによって解発される」[27]と述べている。

やはり神谷美恵子が「男女を問わず、すべての人間が母親またはその代理人の〃女性的原理〃によって少なくとも乳幼児期は育てられているという事実の重みは、圧倒的なものとしてつねにあらゆる人のあたまに入れられているべきであると思う」[28]と述べていることは、少年非行や問題行動の事例を知れば知るほど正当であると考えることができる。もとよりそれを支える父親の役割と責任が忘れられてはならない。フロム(Erich Fromm, 1900−1980)が次のように言っていることは示唆深い[29]。

幼児は母の無条件的な愛と配慮とを、精神的にはもちろんだが、生理的にも必要としている。六歳以後の児童は、父親の愛、その権威とその指導とを必要としている。母親は子どもの生命を安全にする機能をもち、父親はその子どもが生まれてきた特殊な社会が彼に直面させる問題にうちかつことを教え、指導するという機能をもっているのである。

かつては子どもは神仏からの「授かりもの」や「預かりもの」とされ、受胎とともに子どもは宝とされ、その「子宝」はいくら生活が苦しくても、両親や肉親によって神仏への祈りとともにそれこそ手塩にかけて育てられてきた(30)。しかし今日、子どもは作るものとする傾向が強く、しかも子どもの人間形成よりも、進学競争に駆り立てることに忙しく、それも個々の子どもの個性や適性は考慮されていない。それに、子育てのことは母親の責任であるとする父親、子どもを祖父母に任せきりにする親、子育てのことはまるで行政の責任であるかのように考え、安易に学校園や行政サービスに委託する親も少なくないように思われる。まして、パチンコに熱中しているあいだに車中に放置したままの我が子を熱射病で死に至らせた母親や児童虐待のことをニュースで知ると、暗澹とした気持ちを抱かずにはいられない。いくら忙しくても、家族の団らんの一時をもつことに努め、子どもとの絆を強固なものにしていきたい。両親は子どもにとって、先に挙げた高山の言葉を借りるならば、「自分がどこで遊んでいてもちゃんと見守ってくれるという絶対的な存在」でなければならないのである。大切なのは、親が子どもに接する時間の量よりも、その質なのである。

それにしても最近、子どもの心中を汲み取ることなく、自分本位の感情をむき出しにして子どもを叱りつけるだけの母親が増えてはいないか。それで子どもはおとなしくなるであろうが、そこから生じる恐怖心や欲求不満は積もり積もっていつか爆発しはしないか。普通の家の普通の子どもが突然キレるのは、ここに原因がありはしないか。特に感情の起伏の大きい幼少年期には、母親が嬰児の時にふところに暖かく抱きしめ、授乳していたのと同じ気持ちで我が子に接し、情緒の安定を図る必要がある。この中で、ペスタロッチーのいわゆる「目と目、面と面、心と心」をもって、子どもの何気ない仕種《しぐさ》や表情から健康や心の内奥にあるものを汲み取りながら、いわば「七つ褒め、三つ叱る」という態度で、基本的な生活習慣と自立心を育てたい。そうして、最初は家事手伝いから始め、家族の一員としての役割を自ら積極的に果たすように仕向けることが大切である。フリットナー(W. Flitner, 1889–1950)も、家庭生活の中でなされる教育的機能を「模倣のための模範と共働のための示範。この一番簡単で一番根源的な教育法」[31]と呼んでいる。

この家庭教育の在り方については、かつて教育学・心理学・健康学を専攻する同人との共同研究を書物にまとめ発表したことがある[32]。これは今日にもそのまま当てはまると思われるが、さらにそれを次の比叡山天台第二五三世座主山田恵諦猊下(一八八五―一九九四年)の言葉によって深めなければならないと考えている[33]。

家庭教育は人間を人間として完成せしめる出発点。だからちんまりと孤立した、親子が寝るだけの場所であってはならぬ。ここに親子が住んでいるのは、遠い先祖からの血の繋がりがあるからです。心の繋がりは文化の繋がりです。民族の繋がりは国家の繋がりです。

家庭教育の第一歩は、自己の家庭の歴史を子どもに教えることだと思う。おじいさん、おばあさんから、自分たち夫婦に至り、あんたにつながっているという家庭の歴史を、小学生のうちに教える。それがご先祖というものを大切にする気持ちを育てることになる。ご先祖などというと、古くさいと思うかもしれないが、先祖、つまりその家の歴史を無視するところから家庭の崩壊が始まっている。

これと関わって、第一六期中教審が次のように提唱していることにも注目したい。

宗教的情操をはぐくむ上で、我が国における家庭内の年中行事や催事の持つ意義は大きい。日本人の宗教観や倫理観は、日常生活そのものと深く結びついている。我が国の伝統的な家庭内行事は、例えば、初詣や節分で無病息災を祈ったり、家族一緒に墓参りをして先祖と自分との関係に思いを馳せることなどを通じて、人間の力を超えたものに対する畏敬の念を深めるなど、宗教的な情操をはぐくむ契機となってきた。こうした意義にもかかわらず、効率性が追求され、親も子どもも〝ゆとり〟を失いがちな現代社会において、家庭内行事はおろそかにされつつあるように思われる。また、モノが豊かになる中、例えば、お祭りにおける〝ご馳走〟などを通じて得られた喜びや家族の一体感などの効用も保持しにくくなってきている。今一度、我々は、さまざまな家庭内行事の意味やその在り方について再評価してみるべきではないだろうか。また、日本固有の伝統的な行事を大切にするだけでなく、例えばアメリカ等で盛んなホームパーティは、よりよい人間関係をつくる力を子どもにはぐくむ一助になると言われているが、それぞれの家々で新しい催事を創り出すことも大いに試みてほしい。

## 2　地域連帯感の回復と教育力の活性化及び青少年社会参加の推進

かつての共同体では、地域住民は互いに知り合っており、子どもが悪いことや危険なことをやっている時には注意し合い、地域の子どもは地域全体で育てようとしていた。忙しい時や不在する時には隣の人に子どもを預け、一時の世話を依頼もした。子どもたちもよちよち歩きの時から、近所の友だちと遊んだ。喧嘩しながらもすぐに仲直りし、人間関係を育てて、節度を守ることや互いに助け合うことを身に付けていった。子どもたちの家の周りは大自然であった。彼らはその山野を思う存分駆け巡りながら、無意識のうちに健康力を養い、自然を見る目や畏敬する心が育てられていった。異年齢集団の中で自然物から玩具を作って伝統的な遊びを行ったし、また、村祭り、花祭り、地蔵盆などの地域行事に参加し、年長者から地域の伝統やしきたりを教えられながら、世間を知り、集団生活の基礎がおのずと養われていた。この意味において、地域社会はその自然的環境や歴史的・文化的環境とともに、人間形成のための大教場だったと言える。学校教育は上述した家庭とこの地域社会における生活や体験を基盤としてなされたのであり、フリットナーも言うように、「学校が付加しなければならなかったものは、特に規律と精神的集中と、それから初歩的教科の学校的な技術と学問的に思考の行われる精神的世界との出会いであった」[34]のである。

しかし最近では、少年Aを育てたような地域環境が、全国のどのニュータウンにも一般的なものとなっている。地域連帯感は希薄なものとなったばかりか、隣家との付き合いさえも煩わしいものとして極力避け、道で出会っても挨拶をも交わさず、ひたすら個人的な生活の享受を追い求めている。まさに「隣の人は何する人ぞ」である。そうして、地域に何か問題があると、悉く行政の責任に転嫁し、地域住民として当然なすべきことさえも、その実現を行政当局に強く求めていく。地域住民として打ち揃って行う行事も少なく、子どもも近所の友だちと戸外で遊ばない。この傾向は、旧来の地域にあっても都市化の中で進行しつつあり、地域の教育力はきわめて希薄化しているのである。

家庭は、もっとも私的な、自他のプライバシーを侵したり侵されたりすることのない生活領域である。とはいえ、その家庭は孤立したものでは決してなく、昔から「遠い親類よりも近くの他人」などと言われているように、近隣との有形無形の相互的支援関係の中で成り立っているのであり、それがなかったとしたら、一日たりとも安心して生活できないであろう。子育ての面からも、核家族化や少子化の傾向が進む中で子どもの社会化を図るためには、地域の連帯感を深め、その教育力を高めることが大切となってくる。高齢者と子どもたちとの交流の場をもち、生活の知恵や伝統的なものが伝承されていくことも望まれる。

汚濁と騒音の中では心に安らぎや落ち着きを抱くことができないとあれば、水と緑に滲み、花の香りのある生活環境が住民の汗によって築き上げられていかなければならない。また、青少年に有害なポスターや自動販売機等に対しては、「読まない、買わない、売らない」、あるいは「視ない、買わない、土地を貸さない」などのキャッチ・フレーズの下に、業者に自粛を求めつつ排除に努め、浄化していくことが求められる。ここから、地域から非行に走る青少年は出さない、地域の安全は皆の力によって守っていこうとする非行・犯罪未然防止の取り組み、交通安全運動、さらには地域福祉活動もなされていく。これには、警察当局、社会福祉協議会、青少年育成市・町・村・学区民会議、少年補導委員連絡協議会をはじめ関係諸機関・諸団体との連携協力が必要となることは言うまでもない。先の中教審答申も、子育てのために「地域社会の力を生かそう」と呼びかけているのである。

このような地域環境の中で、住民の連帯感を基に「あいさつ運動」、「声かけ運動」、パトロール活動等、青少年の健全育成に資する取り組みを行うとともに、子ども会、スポーツ少年団等、青少年に係る社会教育関係団体の育成を図り、文化や体育等の活動を促進することが必要となる。特に「自然とは疎遠」で「勤労には無縁」な今日の子どもたちに自然体験や勤労体験、奉仕体験等を養うことが大切である。この体験的基盤の欠如から学校での学習内容が情意性を基に具体的意味内容を伴って理解されることなく、単なる抽象的・概念的把握に留まっており、これが学力低下の原因ともなっている。また、子どもが実体験をすることなく、テレビやパソコンなどの室内遊戯に興じ、仮想現実(virtual reality)に生きるとしたら、仮想の世界と現実の世界とが同一視されることともなるであろう。すでにテレビが普及し始めた時に、ドイツの評論家アンダース(Günter Anders)も「縁遠いものが身近なものとなるとき、身近なものが縁遠くなる。幻想の世界が現実味をおびるとき、現実は幻界となる」と言っている[35]。少年Aの場合も、このことが感じられてならないし、あのバスジャックした少年にもその傾性があったことが指摘されている。さらに性格形成の面からも、犯罪心理学者グルック(Sceldon Glueck)も、「今日の少年たちが、ふところ手をしていて、なんでもほしいものが、できあがったものとして与えられるので、ほとんど努力する必要がない。そこで、ある意味において、人生に退屈するところにも、非行化の原因がある」[36]と言っているのである。さらに地域行事等への参加を通じて、青少年の社会参加を促すことが求められる。青少年も今日の社会を担う世代である。それぞれの年齢段階における発達的特質に応じた社会参加を行うことによって、彼らは社会における自己の位置と責任に目覚めていくのである[37]。この地域社会における青少年社会活動は、特に二〇〇二年からの週五日制学校園の完全実施の面からも、より促進されることが望まれるのである。

先の中教審答申も「地域社会の力を生かそう」と提唱し、青少年問題審議会答申も「青少年は地域社会からはぐくむ」という視点から、「青少年育成の基盤となる地域コミュニティの形成」を唱えている。わたくしも青少年の健全育成は地域づくりと表裏一体的なものと考え、このことのために早くから「新しい故郷の創造」を提唱してきた。ここで「新しい故郷」とは、単に生まれ故郷だけを意味するものではなく、自分の居住地が生まれたところであろうが、新しく住み着いたところであろうが、また、山間僻地であろうが都市部であろうが、ともかく自己と緊密に結びついた生活の中心ないし基盤であり、しかもそこから世界に開かれた生活共同体、さらに、そこでは自他のプライバシーが尊重される中で、私的・個人的な契機と公的・集団的な契機との緊張的・離接的統一が図られている生活共同体である。つまり、個人の私的生活を互いに大切にし合うこと(離)と、住民たちが共に地域活動を行うこと(接)とが、住民の相互理解のなかでバランスよくなされることが大切なのである。このような新しい故郷を創造するために、親と子が一緒になって汗を流し合うことをも促したい(38)。

もし少年Aに幼い時からの親友や先輩がいたならば、自分の心の悩みや苦しみを語ることができたであろうし、両親にも家族ぐるみで心おきなく付き合っている仲間がいたならば、我が子の問題行動についても相談し、助け合いの中で親としての対応もなされ得たことであろう。一部の同級生が事件を起こしたのはAに違いないと感づいていたのは、Aが日ごろから度重なる問題行動を起こしていたからである。しかしそれは陰での囁きに留まっており、また、街には暴走族が横行し、シンナー族がたむろしていてもそれに対する地域の対応は何もなされていなかったように思われてならない。当初に目指されていた「交番も置かない住民自治による街づくり」は、やはり「空想」に過ぎなかったのだろうか。もちろん一部幹部の抱く政治的イデオロギーによって街づくりを行おうとするのは、大きな問題であろう。住民一人一人の抱く政治的・宗教的信条を尊重し、それを大切にしながら協力し合い、助け合いながら生活する地域づくりこそ、真に求められているものであろう。

「教育改革国民会議」の最終答申も、当然、「地域の教育力を高めるため、公民館活動など自主的な社会教育活動への積極的支援を行う。〝教育の日〟を設けるなど、地域における教育への関心と支援を高めるための取り組みを進める」と謳っている。

### 3　家庭・学校・地域社会が一体となった心の教育の推進

平成一一年八月一二日付で文部省が発表した「学校基本調査」によると、昨年度に不登校で三〇日以上学校を休んだ小・中学生は、全国で一二万八〇〇〇人と過去最大を記録した。同省はまたその翌日に、小・中・高等学校の児童・生徒が同年度に学校内で起こした「暴力行為」が約三万五二〇〇件と、これまた過去最多であるとする「問題行動調査」の結果を発表した。しかしより以上に問題なのは、「生活や学習の集団的基盤」としての「学級」を経営することが困難となっている問題状況が全国的に存在するとされ、それが「学級崩壊」とまで称されている状況である。この問題に対して文部省から研究を委嘱された国立教育研究所は、その研究結果を平成一二年三月に「学級経営をめぐる問題の現状とその対応──関係者間の信頼と連携による魅力ある学級づくり」として発表した。ここでは「学級崩壊」という呼び方はなされていない。それは「事態の深刻さを強烈に意識させる響きを持つ」とはいえ、「複雑な状況をじっくりと多面的に捉えていく姿を弱めてしまう危険をはらんでいる」という理由からである。そうして、「子どもたちが教室内で勝手な行動をして教師の指導に従わず、授業が成立しないなど、集団教育という学校の機能が成立しない学級の状態が一定期間継続し、学級担任による通常の手法では問題解決ができない状態に立ち至っている場合」が、「学級がうまく機能していない状況」と呼ばれているのである。この調査では「学級がうまく機能していない状況」に「教師の学級経営が柔軟性を欠いている事例」が約七割と多く、次に「授業の内容と方法に不満をもつ子どもがいる事例」が多かったとしながら、しかし指導力がある教師であってもかなり指導が困難な学級が存在することも指摘されている。そうして、この「学級がうまく機能しない状況」には複雑な要因が絡み合っており、しかもそれらが複合して新しい状況を生み出している。ここはそれらに対して説明する場ではないが、社会と家庭の大きな変化の中で人間形成の基盤が弱体化し、その中で育ってきた児童・生徒の意識や行動の実態が教師に十分に把握されることなく、それに適応した指導の在り方が見出さていないことが、このような教育困難状況を引き起こしている大きな原因であること否めない。ともあれ、今日、学校教育の成立さえ危ぶまれており、まさに学校教育が危機的状態にあると言わなければならない。

「教育改革国民会議」も、次のように言うのである。

いまや二十一世紀の入り口に立つ私たちの現実を見るなら、日本の教育の荒廃は見過ごせないものがある。いじめ、不登校、校内暴力、学級崩壊、凶悪な青少年犯罪の続発など教育をめぐる現状は深刻であり、このままでは社会が立ちゆかなく危機にひんしている。

このことに鑑み、学校は家庭との連絡を特に密にし、学校・学年・学級通信や授業参観等を通じて子どもの現状について認識を深めることが大切である。そうして、保護者が子どもの実態を自覚し、教師と胸襟を開いてこの教育危機を克服するための方途を考え合うことが望まれる。さらに「開かれた学校」として関係諸機関・諸団体との連携・協力を図り、家庭・学校・地域社会がそれぞれの教育機能の特質を生かして連携協力していく体制を樹立することが強く求められるのである。もちろんこの中で、戦後五〇年の教育の中での問題点も多く出てくることになろう。このことを前提として、学校教育の再建のために、特に次のことを提唱しておきたい。

### Ⅰ　地域に開かれた学校経営と関係諸機関・諸団体との連携協力の強化

子どもの生活の場は、端的に言って、家庭と学校と地域社会である。これらは生活の場であるとともに、人間形成の場でもある。この三者が共通な人間教育の目標の下に、それぞれの独自の教育機能を生かして協働してこそ、十全な人間形成がなされ得るのである。学校はこのことに鑑み、もっと地域に開かれ、信頼され、支援されるものとならなければならない。このため、まず、地域の特質や課題を生かした学校経営を行うことはもちろんのこと、地域の教材化や文化的・教育的施設・設備の有効利用、地域の人材を招聘した特別指導、学校開放の促進を図ることが大切となる。今度新設される「総合的な学習の時間」の成否は、この地域の有効利用にかかっていると言っても過言ではなかろう。

この中で生涯教育体制の理念に則り、学校でこそ育てられるべきこと、学校でしか育てられ得ないことを明確にしながら、本来、家庭や地域社会の教育機能に委ねられるべきことは徐々にそれに返し、それとの連携協力の中で子どもの人間形成を図っていくのである。先に述べた地域の青少年育成活動に子どもが参加するよう奨励し、これに基づいた授業等を行うことも考えられる。このことは、上述した週五日制学校園の面からも大切となる。ともあれ、今日の学校はあまりにも多くの荷物を背負い込み過ぎている。もっとゆとりをもたせたい。学校は人間形成に対して万能ではないのである。それだけに、学校教育の独自性・専門性に係る事項に対しては、全責任を担うことが求められることになる。

それとも関係し、これまで学校はとかく地域から遊離し、学校で起こった問題も、すべて秘密裡に処理しようとする傾向が少なくなかったように思われる。しかし、これだけ複雑化した生徒指導に係る問題の悉くが、学校内だけで解決され得るだろうか。それではかえって、解決を困難にしていることもなりかねない。凶悪な事件を起こした少年二五人について動機や犯行に至るまでの経過を調査した前述の警察庁の調査では、その九割に何らかの「前兆行動」があったと報告されている。しかし、それがすべて見過ごされていたのである。問題行動の「早期発見と早期治療」の大切さについてはこれまでもつねに指摘されてきたのであるが、これには児童相談所等の専門機関の援助を得なければならないし、非行や虞犯《ぐはん》行為に対しては警察等や少年補導委員に、また、児童福祉面からの措置を必要とする場合には、民生・児童委員ないし主任児童委員に援助・協力を仰がなかったならば、解決不可能な問題も多いのである。さらに、有害環境の浄化等に対しては、青少年育成団体等の活動に負うこととなる。また、この団体が中心となって、学校教育が支援されるよう連携を強めることが忘れられてはならないのである。このように、地域の関係諸機関・諸団体との連携協力をより強化することが求められるのであり、「教育改革国民会議」も、「親はわが子を安心して通える学校であってほしいと願っている。そのためには、学校が孤立して存在するのではなく、親や地域とともにある存在にならなければならない。良い学校になるかどうかはコミュニティ次第である。コミュニティが学校をつくり、学校がコミュニティをつくるという視点が必要である」と言うのである。

## Ⅱ　学校と家庭との協働の強化

すでに述べたように、子育ての基盤が家庭にあり、しかも子どもの問題行動の多くがそれに起因しているとしたら、学校と家庭との協働をより強化することが肝要となる[39]。今日、我が子の問題行動をすべて学校の責任に転嫁し、子どもの前で学校や教師に対する批判を平気で行う親が多いということをよく耳にする。これは保護者が子どもの意識や行動の現状と学校の教育方針に対する無理解によることが少なくないのではなかろうか。保護者の学校や教師に対する何気ない疑念が不信となり、それはさらに増幅されて学校批判となっていく。保護者のこの疑念や不信を取り除き、学校に対する信頼を確かなものにするためには、学校と教師は保護者と胸襟を開いて忌憚なく語り合い、家庭での子どもの生活状態を知り、保護者の意見に耳を傾けながら、学校での子どものありのままの姿を知らせ、学校の教育方針について理解を図っていくことを根気強く行っていく必要がある。そこから家庭と学校それぞれの責任と役割を明確にして、互いに協力し合うことに努めていきたい。学校は敷居を低くし、保護者が気軽に訪問し易いようにし、授業参観等を通じて研修活動を促進しなければならない。時には保護者・子ども・教職員が一緒に行う活動も行っていこう。この意味において、ＰＴＡ活動のさらなる活性化が求められるのである[40]。シェルスキー(H. Schelsky, 1912–)も「両親の基礎的な人格的な権威の強化と同時に、児童と青年に対する両親の権威と学校の権威との相互的な支え合いと強化を図ること」が[41]、今日、もっとも必要であると言っている。問題の子どもに対しては、そのプライバシーを大切にしながら、保護者との連絡をより密にすることは言うまでもない。

## Ⅲ　全教職員の共通理解と全体的対応

しかし上述したように、学校が地域に開かれたものとなり、特に保護者との協働を推進するとなると、学校には様々な意見や要望が寄せられることになる。それらには謙虚に耳を傾け、有益な意見は大いに参考にする必要があるが、しかし、これによって右往左往してはならず、あくまで教育の中立性や独自性はあくまで遵守し、学校の教育方針を貫徹していくことが大切である。このため、学校の教育方針が全教職員の共通理解の下に確固たるものとして作成され、全員がそれに基づいて一貫した態度で児童・生徒に臨むことが求められる。各教師がバラバラな対応を行っていては混乱が生じるし、子どもからも保護者からも不信を招くことになる。これまで教育困難校とされた学校では、とかく教職員間でのイデオロギー対立のために、それがなされ得なかったことは否めない。個々人の思想・信条の自由が尊重されるべきことは当然であるとしても、公教育に携わる専門職、特に教育公務員としては、特定の思想・信条に基づく教育を行うことは許されない。価値観の多様性の中で教職員からは多様な意見が出されるであろうが、「対立に関する討論を始めるより前に、共通性が肯定されることを意識」[42]し合うこと、多様性の中に共通性を求め、合意に達すべく努めたいのである。

このことのために、わたくしは「もしこの子が自分の子であったなら、どのように対処するか、また、学校に何をどのようにお願いするか」という、いわば一人の親としてのごく当たり前の常識感覚に立ち返ることを提唱したい。特定のイデオロギーや教説からの討論ではとかく子どもから遊離したものとなるし、対立もかえって深まるであろう。しかし、専門職としての教師の良識に基づくものであるならば、全員の合意に達することは可能であると考える。これを「子供たちの自分さがしを扶ける営み」（中教審）、ペスタロッチーの言葉を借りるならば、「自助への援助」(Hilfe zur Selbsthilfe)としての教育の本質に照らして確定していくのである。

この意味において、これからの教職員には教育技術もさることながら、豊かな人間性に根ざした中正な教育観をもつことがより大切となる。特に学校長等学校管理者には、厳正で権威のあるリーダーシップが求められるのである。特に今度新たに設けられる「学校評議会」が功を奏するか奏しないかは、一にかかって学校長の識見にあると言っても過言でなかろう。

## Ⅳ　児童・生徒観の転換

ルソー(J. J. Rousseau, 1712–1778)は、その著『エミール』の冒頭で「造物主の手を出る時は凡てのものが善であるが、人間の手に移されると凡ての物が悪くなってしまう」[43]と述べ、人間の性善に対する絶対的な信頼の下に、人間がなるべく手を加えないで児童を自由に成長させ、自然の発達に即して彼自身に学ばせることを教育の原則にすることを強調した。ルソーのこの楽観主義的な児童観が近代教育学の基礎となった。特に二〇世紀に至り、ルソーの影響の下に「教育の最大の秘訣は教育せざることにあり」とするスウェーデンの女流評論家エレン・ケイ(Ellen Key, 1849–1926)の『児童の世紀』(一九〇〇年）にも促されながら、「一切を児童から」（Alles vom Kinde aus!）とする教育的立場は新教育運動を促し、これがアメリカの進歩主義（Progressivisum）の教育思想の基調となって戦後我が国の教育にも君臨した。環境決定論を説くマルクス主義的教育論もまた、ある意味において同じと言えよう。これに対してペスタロッチーは、このルソーの影響を強く受けながらも、その楽観的な性善説とは異なり、人間の内にある利己心、つまり悪に向かおうとする衝動と、好意、つまり善に向かおうとする衝動とを区別し、その葛藤の中に人間の本性を見た[44]。しかし、ルソーの描いた空想が大きな力となり、ペスタロッチーの志向した真の人間像は埋没してしまったのである。ヴァインシュトック（H. Weinstock, 1889–1960）は、「ここに現代の教育の二重の悲劇がある」[45]と言っている。

実際、学校時代には品行方正学業優等とされていた人間が悪の道に走ったり、また反対に若い時に悪童とされていた人間が後に人格者として尊敬された例は、数限りなく多い。グアルディーニ（R. Guardini, 1885–1968）も、「人間精神は善をなすことも悪をなすことも自由である。……人間は自由であるから、自己の権力を思いのままに用いることができる。しかしこれこそ、まさしく権力が狂った方向に、悪の方向か破壊の方向か、ともあれ狂った方向に用いられる可能性をはらんでいる。……自由の決断が正しい方向に投じられる保証は何もない。……人間は神の手で善きものとして創られながら神の手を離れていったもの、すなわち、みずからの決断で悪を選び、いままた神の創造物を堕落させんと決意した精神的本性である」[46]と言うように、人間本性のうちには善悪の両面が宿っていると言うべきであり、人間の自由も理性も絶対的なものではない。善と悪、向上と堕落、崇高と粗野、光と闇、神と悪魔などの混血児、それこそが現実の人間の具体的な全体的な姿と言わなければならないのである。この両面が具体的・全体的に捉えられる必要があろう。

特に戦後我が国における教育はアメリカの進歩主義の強い影響の下に、あまりにも楽観的に過ぎる自由教育思想を盲信し、児童・生徒の自主性・自発性を過剰に尊重し、それが極端な放任主義や許容主義に陥った。非指示的療法(nondirective counseling)を強調するカウンセリング理論が一般の学校の授業論にまで拡大されようともした。平成に入ってから提唱された「新しい学力観」も、それが児童・生徒の興味や関心を重視するあまり、彼らの放縦な行動を黙認し、基礎・基本の習得を疎かにしたものであるとしたら、それは児童中心主義の愚を犯したものと言えよう。また、この自主性の尊重ということが悪用され、生徒の集団活動の中で核となる生徒を通じて一部教師集団のイデオロギーが活かされ、それを絶対的なものとして学校運営を牛耳るようなことさえ行われた。これらの放任主義・許容主義は今日にもまだ尾を引いているばかりか、一部では「個性尊重」や「人権尊重」という美名の下に増進さえされている。教育の場では児童・生徒に自主性・自発性を育てることこそ肝要なのであり、それは放縦を容認することからはなされ得ない。また、「個性」と「主我性」とは決して同じではない筈である。あまりにも楽観主義的な児童観・生徒観とそれに基づく教育観に対する徹底的な反省とその克服が求められるのである。杉谷雅文は人間を具体的・全体的に捉え、児童・生徒の指導に当たっては、

「子どもたちは、うまくやってくれるであろうか、りっぱにやってくれればいいが」という子ども観を持てと主張している(47)。わたくしもカント(I. Kant, 1742–1804)以来の人間観を検討する中で、この立場に立ちたい(48)。これも、人の子の親であるならば、普通の教師であるならば、日々の生活や教育実践の中でだれもが抱く、ごく当たり前の児童・生徒観であると言えよう。そこには、あの子なら「きっとやってくれる」という、子どもに対する期待と信頼の念とともに、「もしかして誤り、失敗し、道を踏み外しはしないだろうか」という、細やかな気づかいと不安と恐れの情が込められている。前者では自主・自発が尊重されるし、後者では指導や注意や警告が要求されることになる。この両者が入り混ざり、統一された形で子どもに接することが大切である。この指導観によって、生活と学習の「基礎・基本」の確実な定着を図り、「生きる力」を育てていきたい。

なお、思春期に入り自我に目覚め始まりつつある小学校高学年児や中学生は、精神、感情の動揺の激しい不安の年齢期、つまり反抗期にある。それだけに、何事をも語り合い、相談し合うことのできる友人を求めている。しかしそれ以上に、自分を理解し、人生上のあらゆる悩みや問題に対して相談に乗り、助言してもらうことのできる先輩や指導者を求めている。「理解してほしい、しかし叱ってほしい」、「反抗する、しかし指導してほしい」という相反する気持ちを抱いているのが、青年期特有の心理なのである。その際、彼はいかなる人を頼りにし指導を受けたいのか。このことについて、シュプランガーは、次のように言っている(49)。

> 青年が頼ろうとする人物は、いかなる人間的なものにも冷淡でなく、すでに若干の（人生上の）戦いの勝利を経験しているような人物である。

このような心の友や真に尊敬できる先輩、指導者は、心身をぶっつけ合う取り組みのなかでこそ得られるのであるが、今日の子供たちにそれがなされていないために、内心が孤独であるところから、荒れる中学生が出てくるのであろう。教師は生徒たちの心の奥底にひしめくものを理解し、共に考えながら自分の人生経験から助言を与え、時には厳しく諭し、生徒自らが悩みを解消することができるよう支援していくことが大切となる。生徒は表面では反抗していても、内心では愛と信頼に裏づけられた厳しさを待ち望んでいることを忘れてはならない。わたくしの附属中学校長としての経験から、ある意味において、生徒は自分の言動に対して教師がいかに反応するかをテストしているとも言える。生徒に対していかにも理解がありそうでいながら真剣に対応せず人生の指針をも示すことのできない教師は、そこで権威と信頼を失墜することになるのである。

ちなみに大正年間に私塾称好塾《しょうこうじゅく》を開いて孫のような青年と接することに生き甲斐を見出しながら、密かに「まさかの時に国の役に立つ人材を育成を念じていた」杉浦重剛（一八五五―一九二四年）について、塾生の座談録に次のことが紹介されている。まず、「先生の塾生に対する、慈翁の孫児に於けるが如し。常に曰く『此所へ来てかうして居るのが僕の唯一の慰安なんぢゃ。好きでなければ出来ないよ』」とある。教師は学校が好きでないと勤まらない仕事なのである。また、「四十年前一弟子初めて先生に見えし時、校庭に枯葦原あるを見て、これに火をつけたら面白いでせうと言ふ。先生答へて曰く『わしもさう思ふがただやらんだけぢゃ』某深く其言に感じ今に至って忘れず」とある。腕白盛りの青年の心に共感しながら、その善悪については説教としてでなく自己の決意として示しているのである(50)。

## Ⅴ　自己の存在意義に目覚めさせる

ペスタロッチーは、「家庭教育のもつ長所は学校教育によって模倣されなければならないということ、また後者は前者を模倣することによって初めて人類に何か貢献することができる」(51)と言っている。家庭の機能が希薄化した今日、教室を子どもたちにとってまるで「居間」にいるかのような抱擁感の中で学習や活動ができるような生活の場とすることがより必要となる。シュプランガーも、今日の学校は「共に学習する場」であっても「完全な共同生活の場」となっていないとし、次のように言っている(52)。

生徒間の影響が道徳教育に対して十分に活用されていない。教育よりも教授が優先していることとは間違いない。家庭がまだ性格陶冶を保証することができ、それに適切であった限りはそれで悪くなかった。単なる学習学校の伝統が根強い。……学級の中で一緒に(miteinander)学習はしている。しかし、一緒に、少なくとも互いのために(füreinander)生活していない。

第一五期中教審第一次答申にも同様なことが述べられている。

学校は、子どもたちにとって共に学習する場であると同時に共に生活する場として、〔ゆとり〕があり、高い機能を備えた教育環境を持つ。

そこでは、当然、教師は、先の児童・生徒観に基づき、「子どもたちを一つの物差しでなく、多元的、多様な物差しで見、子どもたち一人一人のよさや可能性を見出し、それを伸ばすという視点を重視する」(中教審)ことが大切である。また、子どもたちにはそれこそカウンセリング・マインドで接し、一人ひとりの子どもの心の内奥に秘められているものを汲み取り、適切な指導・助言を行わなければならない。もちろんそこでは、「社会生活上のルールを身に付け、〝よいことはよい、悪いことは悪い〟と自覚できるよう繰り返ししっかりと指導し」(教課審)、自立と協力の態度を育てることが求められる。

学校経営研究会報告書『学級をめぐる問題の現状とその対応――関係者間の信頼と連携による魅力ある学級づくり』(平成一二年三月)は、「学級がうまく機能しない状況」、いわゆる「学級崩壊」を生み出している現状を、その学級の事例を通じて検討し、回復事例を通じて今後の取り組みについても考察しているが、そこでは次のことが指摘されている。

(1)「学級がうまく機能していない状況」を安易に当事者の外側から定義したり、数量化しないで、状況を的確に読み取ること。

(2)「学級がうまく機能していない状況」にある一つの「原因」によって、その「結果」が生まれたかのように、単純な対応関係として捉えないこと。

(3) 安易に問題解決のための特効薬を求めるのでなく、一つ一つ丁寧に問題状況を解きほぐし、複合している諸要因に対処していくこと。

まさにその通りであり、「学級がうまく機能していない状況」に陥る危険性を早期に発見し、早期に対応することがもっとも大切であろう。その際、学級構成員一人ひとりの心の内奥にひしめくものを敏感に感じ取る眼が問題となってくる。それは見ようとする心なしには見ることができない。これは子ども間でのいじめについても同様であり、捉えようとする心なしには捉えられないと言わなければならない。

ともあれ、先の「居間」づくりは、教師の行う学級経営と児童・生徒が行う学級活動とがまるで車の両輪のように作用し合って築き上げられていかなければならないのであるが、その「居間」づくりの活動はもとより、学習活動、体験活動をはじめ生活のあらゆる場で、一人ひとりの子どもの持ち味やよさが発揮され得るよう配慮し、叱咤鼓舞激励しながら、その子なりの成就感や成功感を抱くようにしていくのである。たとえその子のやったことが全体から見れば劣っていたとしても、その子なりに少しでも進歩した点を認めてやり、褒めてやりたい。特に集団的活動の中で、自分のやったことが皆に役立った、有意義だった、自分は皆から必要とされているのだということに気付かせ、自己の存在感や充実感、責任感に目覚めさせていきたい。シュプランガーも言っている(53)。

思春期前の子供は、いったいどうして小さな責任を好んで引き受けようとする気を起こすのだろうか？　小さな責任がすでに真剣な世界のなんらかの場で必要とされ、また、そのことをいくらかなりとも頼りにされている時に、子供の自己感情が高まるからである。……すでに純良種の犬は、自分の主人の書類鞄を口にくわえて家に運んでもいいとされることをどれほど誇らしげに思っているかを、自己の気取った態度の全体で示している。子供もまた、自分らに責任のある課題が託されるならば、それに誇りを持つのである。子供はそこからすでにまた、「汝自身に注意せよ！」という定言的命令を理解することを学ぶのである。それは同時に、「汝自身を尊重せよ！」という他の命令を理解することへの一段階である。

神戸市の少年Aが、「これからも透明な人間であり続けるボクを、せめてあなた達の空想の中だけでも実在の人間として認めて頂きたい」と言っているのは、まさに自己の存在を認めてほしいという訴えであり、西鉄バスジャック事件を起こした佐賀県の少年も、その酒鬼薔薇聖斗をヒーロー視しており、バスジャックによって自己を誇示しようとしたものだったのである。一般に非行に走る少年には、自分の心が安定する場をどこにも見出すことができず、友人にも真に受け入れられず、教師や先輩からも声をかけられることもなく、自己の存在を認められないことから、自己の存在価値を見失っている者が多いように思われる。だから派手な服装やオートーバイの雷運転等を通じて自己を目立たせようとするのであり、極端な場合にはそれが殺人にまで及ぶと言うべきであろう。たとえささやかなことであっても、個々の子どものよさを見つけ出し、激励してやりたいものである。

## Ⅵ　「体験」に根ざした授業の創建

すでに述べたように、かつて子どもたちは家庭の手伝いや野外での遊びの中で、自然の事物の本質や諸関係を自分の目で直接に見、自分の手で直接触れ、捉え、あるいは山野を駆け回ったり、素朴な材料から組み立てたりするようなことが、おのずとなされていた。学校の授業もこの体験的基盤の上になされていたので、教えられたことも、彼らの情意に支えられ、具体的意味内容のあるものとして捉えられていた。しかし今日では、社会や家庭の激変のなかでこの体験的基盤はいちじるしく希薄となってしまった。今日の子どもは自然とは疎遠、勤労とは無縁となり、とかくバーチュアル・リアリティの中に生きていると言わざるを得ない。しかも、受験戦争のあおりのなかで、抽象的な概念や法則の暗記に忙しい。これが子どもの人格形成に大きな問題を投げかけており、また、知育偏重という嘆きのなかで真の学力が形成されない一因となっていることは否めないのである。

もとより家庭や地域社会がその教育力を回復し、子どもの体験を耕すことに勤めなければならない。しかしまた、学校もその独自な課題を達成するために必要な活動を意図的・計画的に行い、体験的基盤の欠如を補わなかったならば、十全な人間形成とはなり得ない。新学習指導要領において体験的な活動が重視されており、特に「総合的な学習の時間」が特設されたのは、時宜を得たものと言えよう。

では、この体験的な活動を真に人間形成に生かすために、どうすればよいのか。このことについて、体験の意味から考えてみたい。

### (1)　体験とは

われわれは、普通、「初体験」とは言っても、「初経験」とは言わない。それだけに体験は全我的な関わりであり、個人の内面に印象深く刻み込まれている。知的というよりは、むしろ情意的に体得されている。また、ある人にとっては強力な印象となった体験も、他の人にとっては何ごともないようなことがあるように、体験はきわめて個人的・個性的なものである。

それでは体験と経験とはどのように異なるのか。これについて、篠原助市博士の所説は示唆的である[54]。すなわち、

> 体験とは、事物の直接の認識。換言すれば、事物が自我の直接に意識される限り、一切の精神過程を、一般に体験という。すなわち、体験はいわば自我と対象との直接の接触状態にして、いまだ認識または経験にあらず。この意味においてもまた、体験は抽象的なる思考または経験に高まらんがためには知的な加工を必要とし、反対に一切の認識および経験は体験をその基礎に有す。

ここから、次のことが提言されることになる。

### (2)　三つの提言

**①　事前・事後指導のあり方を考えるとともに、教科等の関連を図ること**

体験を基盤にしない認識は、それが自我に直接意識されていないので、抽象的な思考に留まらざるを得ない。しかしまた、とくに感動的な体験であっても、それが体験の次元にそのまま留まっていても意味がない。体験は情意性が強いだけに、その知的な裏付けが必要であるし、また、それが個人的・

個性的なものである以上、客観化がなされなかったならば、主観的・独断的なものに陥りがちとなる。まさにカントの言い方を借りるならば、「体験なき知見は空虚であり、知見なき体験は盲目である」と言わざるを得ない。篠原博士が「知的な加工」を必要とするゆえんでもある。

このため、体験した内容に対する知的に省察や意味付けが考えられなければならないのであり、体験的な活動を行うに際して、その事前・事後の学習はもとより、その活動と教科等との関連を図り、指導に生かすことが大切となる。道徳の時間にしても、「豊かな体験」を道徳的価値の面から反省的考察を行い、その内面的自覚を図ってこそ、効果あるものとなる。従来、えてして体験的な活動と知見の啓培とが別々になされていなかっただろうか。

② 体験の意味付けを行い、その精選を考えること

体験が「自我に直接に意識される」あるいは「自我と対象との直接の接触状態」であるとしたら、それはつねに全体的に体得されており、そこから多様な展開が可能となる。

例えば学校菜園の取り組みが、今日の子どもに飼育栽培や勤労の体験が欠如しているところから企てられたとしても、それを制作活動に資したならば美術となるし、作文にすれば国語科と関係する。道徳教育の面から考えても、そこでは単に勤労愛だけではなく、自然愛、生命尊重、友情、連帯協同、責任、不撓不屈、感謝などの諸徳が発動している。

このように考えるならば、いかに体験的な活動が重視されなければならないとしても、さほど多く

のものを行う必要はなかろう。むしろ児童・生徒に対して真に深い感動を呼び起こし、意味あるものとして多様に展開されるものを精選し、充実したものたらしめることの方が効果が多いだろう。このために、現行の体験的な活動を、学校教育目標、教科等の目標および内容に照らして意味付けし、体系化し、教育課程のなかに明確に位置づけることが大切となる。これまでこのことが十分でなかったために、体験的な活動のいたずらな増加がなされ、いわば行事に追われがちとなったことはなかったろうか。

### ③　全体的・根源的な体験を重視すること

ここでの全体的とは、身体と知・情・意の人間諸能力の全体であるとともに、例えば耕作から生産、ないし設計から製作・完成に至る過程の全体である。人間諸能力の全体が統一的に発動されるためには、野性的な遊びや家庭での手伝い、農業的・手工業的な労作、など根源的な体験がなされる必要がある。我が国の伝承的な遊びのなかにも、このような全体的・根源的な体験となるものが少なくない。

シュプランガーも言うように、「いかに複雑な現代の文化でも、もっとも簡単な原的形式に還元することが可能」[(55)]なのであり、そこからの理解が図られてこそ、認識も確かなものとなり、創造もなされていく。にもかかわらず、今日の子どもは複雑な完成品を取り扱うことはできても、その根底にある基礎的原理については知らないし、出来上がる過程については関心がない。アメリカの犯罪学者グルックはここに青少年非行増大の一因を見出していることはすでに述べた。

子どもたちがもっと自然に親しみ、野性的な生活や伝承的な遊びを自由にすることのできる場と機会を積極的に設定することはもとより、掃除や動植物の飼育・栽培・手工業的労作などを中心とする勤労体験を育むことを重視したいのである。「教育改革国民会議」も特に「奉仕活動」の意義を強調し、次のように言っている。

> 奉仕活動を全員が行うようにする。
> 今までの教育は要求することに主力を置いたものであった。しかしこれからは、与えられ、与えることの双方が、個人と社会の中で温かい潮流をつくることが望まれる。
> 個人の自立と発見は、自然に自分の周囲にいる他者への献身や奉仕を可能にし、さらにはまだ会ったことのないもっと大勢の人の幸福を願う公的な視野にまで広がる方向性を持つ。思いやりの心を育てるためにも奉仕学習を進めることが必要である。

筆者はかつて滋賀大学教育学部附属中学校長を併任した時、これまでの校外学習の全面的な見直しを行い、その意味付けと体系化を行った。この関わりのなかで、三年生の秋季校外学習は福祉施設参観に変更したし、また、全生徒がテーマ別にグループを組み、自主的に学習する「びわ湖学習」も活発となって、自己教育力を育てていった。これが一般教科の学習にも大きく資し、今回の学習指導要領に求められている「選択教科」の実施をも容易にしたのである(56)。

## Ⅶ「心の教育」の充実

第一六期中教審答申は、「未来に向けてもう一度我々の足元を見直そう」と呼びかけ、次のように言っている。

> 我が国は、自由で民主的な国家として、国民が豊かで暮らせる社会を形成し、世界の平和に貢献しようとする努力を続けてきた。また、我が国は、継承すべき優れた文化や伝統的諸価値を持っている。誠実さや勤勉さ、互いを思いやって協調する〝和の精神〟、自然を畏敬し調和しようとする心、宗教的情操などは、我々の生活の中で大切にされてきた。そうして我が国の先人たちの努力、伝統や文化を誇りとしながら、これからの新しい時代を積極的に切り拓いていく日本人を育てていかなければならないのである。

この後半に求められているのは、まさに日本の心を育てることである。そしてこの日本の心を育てることこそ、「教育国民会議」のもっとも求めるところであったと言える。上述したような教育困難状況を招いてきた大きな原因の一つがその心の育ちの貧しさにあり、また小論では触れることができなかったが、山下京子さんに愛児を失った絶望の中で「生きる力」を蘇らせたのも、彼女の内なる「心の豊かさ」であると考えられるのである。この「心の教育」は、自然や人間の力を超えたものに対する畏敬の念に基づいてこそなされ得る。家庭・学校・地域社会がそれぞれの教育機能の特質を生かしながらこれに取り組まなかったならば、今日の教育困難状況を克服することはできないし、まして国際社会の中で信頼される日本人を育てることはとうていできない。これについては、わたくしが会長を務める滋賀県学校道徳教育振興会議で、「人間の力を超えたものへの畏敬の念を育てる」を平成九年度の主題として審議し、滋賀県教育委員会に提言した(57)。また、それに示唆されて考察した「宗教的情操の陶冶」の在り方については、次章で考察する。

### 4　その他の問題

この他、この事件等を通じて、今日、真剣に考え直されるべき重要な問題が浮かび上がってくる。これについては専門外であるので、問題提起のみ行っておきたい。

#### 1　少年犯罪の現状と現行「少年法」の問題

「少年法」の目的は、「少年の健全な育成を期し、非行のある少年に対して性格の矯正及び環境の調整に関する保護処分を行うとともに、少年及び少年の福祉を害する成人の刑事事件について特別の措置を講ずる」ことにある。この法律で「少年」とは二〇歳に満たない者、「成人」とは満二〇歳以上の者である。ちなみに一四歳未満の者は「刑事未成年者」とされ、たとえ犯罪を犯しても一切の刑事責任は問われず、「児童福祉法」の定めに従うこととなる。この「少年法」の基本理念は少年の人権に配慮し、その保護、更生を重んじることにある。このことに何ら異議を唱える者ではない。しかし、この「少年法」は、昭和二三年にアメリカの保護主義の影響の下に制定されたものであり、それ以来すでに五二年を経ている。本国のアメリカでも、何回かの改正がなされたと聞いている。何しろ社会の変化は著しいし、少年の身体的発達や性的成熟も加速されているにもかかわらず、精神的発達がそれに伴わないことは、「成熟加速現象」(acceleration)として早くから指摘されてきた。特に善悪の判断と自立心、自己規制力が育っていないのである。一般の犯罪も凶悪化する中で、少年による犯罪も大きく変質している。果たして現行少年法でこの変化した状況に適正に機能し得るのだろうか、特にそれには被害者の立場が欠落してはいないかと案じざるを得ない。このことについては、児玉昭平氏の手記『被害者の人権』と土師守氏の手記『淳』は共にわが子を殺された父親の訴えとして胸を打つし、また黒沼克史がその著『少年にわが子を殺された親たち』の中で紹介している「少年犯罪被害当事者の会」の願いは、大切な問題提起を行ったものと考えたい(58)。

犯罪を犯した少年に真の更生を求めるのであるならば、その少年のこれからの長い人生のことを考え、人権が尊重されなければならないことは当然である。しかし、黒沼は少年犯罪の被害当事者を取材した多くの経験に基づき、犯罪を犯した「少年に罪の意識をしっかりと意識させ、自分の罪の深さを正しく認めて反省することによって、初めて少年の健全育成はスタートすると思っています」と述べている[59]。また、佐木隆三も恵心(源信)僧都(九四二―一〇一七年)の「麁《そ》強の悪業は、人をして覚悟せしむ」という言葉を「若いとき悪事をはたらいた者が、自らの行為が罪であることに気づくと、すっかり生まれ変わることができるという意味」であると解釈し、少年犯罪で少年院に収容された者の再犯率は約二〇%と言われており、約八〇%が矯正改善されていることから、この言葉に「ずっしりとした重みを感じる」と言っている[60]。確かに自分が侵した罪を罪として自覚し、深く改悛することこそが、更生の出発点でなければならない。

しかし、平成一二年版『犯罪白書』によると、平成一一年中の「少年刑法犯検挙人口」は、交通関係事犯を除き、一六万四二二四人であるが、このうち家裁から地検へ逆送されたのは僅か一三九人で、検挙人全体の〇・〇八五パーセントに過ぎない。果たしてこれで正しい事実認定がなされているのだろうか。

現行少年法の事実認定が浮き彫りになったのは、平成五年一月に起こった「山形マット死」事件であろう。ここでは家裁と高裁で判断が無罪と有罪に分かれ、事実上、「弁護士側だけがいて検察側はいない、じつに不平等な〝裁判〟になってしまった」のであるが、この原因となったのは、「目撃証人がはっきりと答えていた内容が、弁護士たちの巧妙な質問によって自信を喪失させられ、ついには〝わかりません〞にいたっている」ことにあったとされている(61)。黒沼克史は「法律関係者、とりわけ弁護士のなかには、少年事件の一面だけを強調して裏面を見ようとしない傾向がある。とくに刑事を専門にしてきた弁護士は、自分たちにとっての正義は、捜査機関などの国家権力から市民を守ることだと思い込んできた人たちが多いのではあるまいか」(62)と言うのであるが、確かに加害者の人権は守られようとしているが、その犯罪者の反対側にいる弱者としての被害者に対しては彼らの視界に入っていないような感じがしないでもない。少年犯罪者のなかには少年法によって自分たちが守られていることをよく知っている者も少なくなく、先の西鉄高速バス乗っ取り事件の犯人は、事件直前にノート七枚分のメモを書いていたが、そのうちの二枚分は次のような記事で埋められていたのである(63)。

一三歳以下はなにしてもいいんだよ!!
児童相談所に通告されて　はいおしまい
ほんとにそれだけよ
一六以上は控えめに!!
起訴されちゃうからね!!
一八以上はもう大人!!

死刑になっちゃうよ!!
一四未満は逮捕されない
やりたい放題やれ!!
悪いことするならいまのうち

ちなみに、「山形マット死事件」の「主犯格のA少年は、逮捕時に開口一番、〃僕は一四歳だから逮捕されないんでしょう〃と、捜査員に聞いたそうです。一四歳で逮捕されないというのは誤解ですが、多分、A少年の発言は、〃一四歳だから逆送はない。せいぜい少年院送り〃という現実を意識していたからこそ飛び出したのでしょう」と、被害者有平君の父親児玉昭平氏も述べておられる(64)。

では逆送されず保護処分で済まされた加害者は、心からの改悛をなし得たのであろうか。要領よく振る舞い、表面的にはいかにも反省したかのような態度を取り、いわゆる「面従腹背」の術を覚えたことになってはいないか。そこでも前述したあの楽観的な児童・生徒観からの脱却が求められるのであるが、それがなされていたであろうか。それだけに保護観察に当たる保護司のご苦労が思いやられるのであるが、それにはやはり限界もあろう。一般に単に遊びやいたずら心としてやった万引き等の「遊び型非行」が、それに対する最初の対応の甘さから「初発型非行」となってエスカレートし、本格的な少年非行へと進んでいくと言われている。初発時にしっかりと改悛させておかなかったら、再び悪の道に踏み入ることになる。本人の将来のことを考えると、適正な「愛の鞭」が必要であり、このため相応の懲罰を科すことも必要と考えるのである。特に加害者自身が被害者やその家族らの怒りや苦しみ、悲しみはもとより、自らの家族らの苦衷を感じ取り、自分が犯した罪がいかに祖先や神仏に顔向けができないものであり、社会的に絶対に許されないことであったかを自覚し、深く改悛するに至ることができたかが問題である。そうでなかったならば、再び悪の道に走ることは間違いないであろう。

過日、婦女強姦罪で逮捕された少年が無罪を宣告された。拘留期間中に福祉施設でボランティア活動を行ったことによって、改悛と償いがなされ得たとされたのであろうか。また、同裁判官は、中学校時代から非行を繰り返した上、強姦致傷で逮捕され地検に送致された際に脱走した少年に対して、執行猶予の判決を下したのである。女性の人格に大きな障害を与える性犯罪は、今日、重罪化の傾向にあるし、また被害者対策の重要性が強く叫ばれているにもかかわらずである。強姦に遭った被害者が、誰にも口にすることのできない「一生癒すことのできない心の傷を負った」(65)ことを思いやると、素人ながらもこの裁定には大きな問題が残りはしないかと思わざるを得ない。強姦に遭った女性は、羞恥心と外聞を慮ることから警察に訴えることさえためらうことが少なくないと聞いている。まして、第一審に不服を抱いても、控訴することは到底できないであろう。これでは泣き寝入りするしかない。この判決が被害者側の耐え忍べない気持ちはもとより、住民の意思や、捜査官の苦労がどれだけ汲み取れたのかも疑問である。仄聞するところでは、少年の父親は最初の強姦事件の際に責任を痛感し、自主的に退職せざるを得なかったという。にもかかわらず、この少年は、最初の犯行から一一カ月後、判決後僅か二カ月足らずのうちに自動車盗をはたらき、再逮捕された。この温情的判決は、少年の改悛と更生に何ら役立っていなかったのである。

今度の青少年問題審議会が、現代社会の風潮として「社会の中で人間らしく生きる上で最低限守らなければならない基本的なルールがあるという認識が希薄になり、おろそかにされている」ことや「特定の価値を自分に都合のいいように解釈して、一方的に主張する傾向がみられる」ことに問題点があるとして、「このようにある特定の価値に固執することによって、諸価値相互のバランスが崩れている。例えば〝人権〟と〝公共の福祉〟の関係でいえば、戦前の反省から人権の重要性が強調されてきたが、〝人権〟を主張する中で、社会全体の利益を省みない行動がみられる。同様に、〝権利〟と〝責任〟の関係では、権利の行使には責任が伴うことが軽んじられがちである」としていることの意味は大きい。自他の人権を尊重することは民主主義国家の至上命題である。それだけに、一方の人権擁護に傾斜して他方の人権を無視したり、ましてそのことによって、公共の秩序と安寧が乱されるような結果を生じないよう、特に公務に携わる者はつねに心すべきであると考える。制定以来半世紀を経た「少年法」に対しては、時代や世相の変化とともに改正の必要性が論じられながら、いわゆる人権派弁護士やマスコミ関係者等の激しい反対に遭ってそれに至らなかった。ようやく平成一二年度の第一五〇回臨時国会で改正案が上程され、一一月二八日、衆議院で可決、成立した。改正反対論者も言うように、確かに少年法を改正しただけで少年犯罪は減少しないかもしれない。しかし、これまでの単なる保護主義では、犯罪を犯した少年たちを改悛にまで至らせることは到底できないであろう。少年たちに真の更生を求めるのであるならば、罰は罰として受けさせ、自らの非を自覚するとともに、被害者に対して衷心から償いを行うことを考えさせなければならないのである。

ともかく今度の「少年法」の改正によって、①刑事罰の対象年齢をこれまでの一六歳以上から一四歳以上に引き下げる、②一六歳以上の少年が故意に被害者を死亡させた場合は、原則として検察官に逆送致する、③一八歳未満で「死刑相当」から「無期刑」に緩和された場合、現行の「七年後経過の仮出所」規定は適用しないなど、法の適正化が図られているし、また、少年審判における事実認定手続きにも、例えば、死刑や無期懲役に相当する事件での検察官の審判出席や、審判結果に対する検察側の抗告受理の申し立ての容認、三人の裁判官による裁定合議制等が導入されている。さらに、被害者側から不満のあった少年審判の閉鎖性も、事件記録の閲覧・コピーや意見陳述を被害者側に一定範囲を認めるほか審判結果の通知制度も導入されることになった。

「保護主義の理念に反する」などとして改正に反対した側を考慮して、付則として「施行五年後の見直し」が盛り込まれているが、むしろ今後何よりも求められるのは、「加害者ばかりを優先した審判ではなく、被害者の心情を考慮した審判」がなされることでなければならない。何しろ加害者側には、家庭裁判所での「審判」に際して弁護士を付添人として依頼することが可能である。その弁護費用も「法律扶助協会」に申し出て経済的に困窮していると認定される場合には支出されることになっている。その弁護士が不処分を目指して努力することは、当然予想される。前述したあの「山形マット死事件」のようなことさえ起こり得るのである。児玉昭平氏によれば、「ある加害少年の祖母は、〝うちはいい弁護士をつけたから、絶対に大手を振って歩けるようにしてやる〟と吹聴して歩いていました」[66]ということである。その児玉氏が「有平は二度殺されたのです。一度目は、少年たちによって。二度目は家裁によって」と言われるのも[67]、当然であろう。

しかも、この「審判」は家庭裁判所で非公開でなされるために、被害者側はそれに立ち会うことができないし、自分の意見を述べる機会さえない。今度の改正によって一定範囲は認められるようになったが、これまでは犯行の事実関係や審判の内容も、被害者側には全く開示されなかったのである。さらに、被害者側が損害賠償請求を行うとしたら、民事裁判での弁護士への着手金や調査費用、捜査資料のコピー代はもとより、原告側証人及び被告側の双方の旅費に至るまで、すべて原告側が負担しなければならないのである。今後は、親権者に対して、犯罪を未然に防止すべき注意義務と損害賠償責任を科すことをも考えられなければならないのではないか。

## 2　被害者対策の問題

上述のこととも関連し、被害者に対する支援活動の促進が真剣に考えられなければならない。実際、肉親、とりわけ愛する我が子を殺された両親の悲しみや苦しみ、さらに加害者に対する憤りはいかばかりであろうか。児玉昭平、山下京子、土師守、中村聖志・唯子諸氏の手記や黒沼克史氏の著書は、何人も涙なしには読むことができないであろう(68)。総理府は平成一二年一二月一六日に、初めて実施した「犯罪被害者に関する世論調査」の結果を発表した。政府の犯罪被害者に対する保護、救済、支援策を「不十分」とした人は「どちらかといえば不十分」をも含めて七五・九パーセントに上っている。犯罪による直接的被害とは別に、五割を超える人が「二次被害」として精神的ショックなどを問題視し、捜査や裁判の過程での配慮とマスコミからのプライバシー保護を政府が力を入れるべき被害者対策として挙げている。また、「犯罪被害給付制度」についても、約六割が対象者やその金額を拡充した方がよいと回答し、より一層の被害者支援を求めている。

すでに警察庁においては、平成八年二月に「被害者対策要綱」を策定して被害者対策に組織的に取り組み、さらに一一年六月には、犯罪捜査において被害者対策の一層の推進を図るため、犯罪捜査規範を一部改正し、被害者等に対する配慮、被害者等に対する通知及び被害者等の保護等に関する規定が整備された。当然、都道府県の各警察もそれを今日の最重要課題の一つとして取り上げ、捜査に係る被害者への対応にも慎重な配慮が講じられており、警察本部には、住民からの各種要望及び相談に応じる窓口として「警察総合相談室」や被害者の相談窓口「犯罪被害者対策室」が設置され、積極的に被害者相談に応じるとともに、被害者になって初めて体験する刑事手続きや法的救済、心の変化等必要な情報をとりまとめたパンフレット「被害者の手引き」を作成して被害者に配布するなどして情報提供をしたり、被害者に要望に応じてカウンセリングをも実施し、心のケアにも取り組んでいる。また、平成一二年一一月一日にはいわゆる「犯罪被害者保護二法」（刑事訴訟法及び検察審査会法と犯罪被害者等の保護を図るための刑事手続きに付随する措置に関する法律）が施行され、証人尋問の際の付添い制度や被害者の意見陳述権、被害者、遺族等の優先傍聴への配慮、公判記録の閲覧・コピーの許可等が認められた。「犯罪被害者給付制度」についても見直しが行われ、給付の対象、金額が拡充される予定である。

さらに、関係諸機関・諸団体によって組織された「被害者支援連絡協議会」と警察との連携協力の下に適切な被害者支援が具体的に推進されつつある。さらにそれが、きめ細やかな地域単位の被害者ネットワークの構築へと展開され、社会全体で被害者を支援していく環境の構成を促していくことが目指されている。

その上、民間の被害者支援組織が、被害者の精神的被害の回復のためのカウンセリング活動や裁判所等への付き添え活動等に取り組み、平成一〇年五月には「全国被害者支援ネットワーク」を構築し、平成一一年五月には、「被害者の権利宣言」を公表する等、全国民に被害者支援の輪が広まりつつある。

しかし、警察の担当官[69]や専門のカウンセラーによる心のケアもさることながら、それ以上に、地域の人や知人らによって、さりげなく、しかし衷心よりなされる誠意ある日常的対応が、被害者をもっとも励まし、力づけることであろう。彩花ちゃんが入院中に泊まりがけで看病し、激励し続けた山下京子さんの高等学校時代の友人のようにである。地域の人たちによる支援も見逃されてはならない。このためにも、前述した地域連帯感の活性化と日常的な地域防犯活動の活発化が望まれるのである。

## 3　マスコミの問題

おわりに、この神戸事件に限って言えば、小・中学校側にこれ以上の対応を求めることはできないであろう。先生方のご苦心が身にしみて感じ取られる。少年Aが中学校に入学した際に受けた小学校からの報告に応じ、生徒指導担当も一学年で三人に増やされた。Aの非行に対する指導も適切になされ、また保護者への対応も、児童相談所との連携を含め、適切になされている。事件後の生徒に対する対応も慎重になされており、このため、今なお大きな傷痕を残していることは見逃されないとしても、学校の立ち直りも早かったと考えられる(70)。ただ、学校が地域との連携をどのように行っていたのかを知りたかった。また、事件後の加害者及び被害者に対する警察の対応も、それぞれの気持ちを汲み取り、人権を配慮してなされていたことは、高く評価しなければならない。

しかし、問題はマスコミの取材合戦である。児玉昭平氏は、「電話も自宅玄関のインターフォンも一日中鳴りっ放しという日がしばらく続きました。最愛の家族の命を奪われた遺族の心情などお構いなしです」と、述べておられる(71)。土師守、山下京子両氏の手記にも、被害者の心中をまったく慮ることなく、執拗に深夜まで電話をかけ、あるいは玄関先で待ち構えたり、ベルを押し続ける記者のことが語られている。所用で外出するにも、警察の力を借りなければならないとなると、これがつねに人権をアピールする報道陣のやることであろうか。そこには被害者に対する意識があまりにも欠落しているように思われてならない。被害者の人権擁護の面からもマスコミに猛省を促したいと思うのは、決してわたくしだけではなかろう。

前述した今回の総理府調査でも、被害者の二次的な被害としては、「精神的なショックや苦痛」を挙げた人が五〇・九パーセントで第一位であったが、第二位は「マスコミの取材や報道によるプライバシーの侵害」であり、一六・九パーセントの人が挙げている。また、政府に対する要望(複数回答)でも五八・一パーセントの「捜査や裁判過程での被害者への配慮」に次いで、五六・七パーセントの人が「マスコミからのプライバシー保護」を挙げているのである。なお、少年Aを巡る学校に対する取材もかなり厳しく、当初にはその責任が学校にあるような報道さえなされていたように思うのである。わたくしもかつて、少年問題についてよく新聞社等から意見を求められた。その際、それが夏休み中に学校外で起こった事故であっても、学校や教育委員会の責任を問われたことが少なくなく、反論したことを思い出す。不用意な学校批判によって、どれだけ学校の権威が失墜され、真剣に取り組んでいる教職員と児童・生徒の志気が阻喪されるかを考えて、慎重な報道がなされることを願うものである。

# おわりに

以上、神戸市少年連続殺傷事件を通じて、今日の教育困難状況を克服するための方途を求めてきた。しかし、この病巣を駆除する「特効薬」はなく、子どもの問題はあくまでそれを育ててきた大人自身の責任であることを考えるならば、われわれ大人自らのこれまでの生き方に対する徹底的な反省とその建て直しを行うことなしには、根本的な解決はないと言わなければならない[72]。この中で特に教育に職を奉じる者は、小手先の教育技術に頼るのではなく、当たり前の常識感覚と人間教育の原点に立ち帰ることが必要と思われる。拙論がこのための一助となればと念じている。

この小論を草するに当たり、神戸市少年連続殺傷事件については、特に高山文彦氏と黒沼克史氏の著書から大きな示唆を与えられたことを述べ、感謝したい。また、少年A及びその両親の言動については両親及び土師守と山下京子の両氏の手記及び産経新聞大阪本社編集局『命の重さを取材して――神戸・児童連続事件』(産経ニュースサービス、一九九七年)によったが、引用箇所を明記するのは繁雑となり過ぎるため、割愛したことをお断りしたい。なお、この事件をフロイトの精神分析学の知識と技法によって解明した研究として、柴原貞夫『少年A、なぜ精神は壊れたのか――「神戸事件」犯人に見る心の葛藤と真の犯行動機』(日本文芸社、一九九九年)がある。さらに、今日の少年犯罪の全体的状況については、年少者犯罪研究会編『少年犯罪――子供たちのＳＯＳが聞こえる』(コアラブックス)、斎藤孝『子どもたちはなぜキレるのか』（ちくま新書、平成一一年）、『少年はなぜ人を殺せたか』（宝島社、平成一二年）、影山任佐『少年はいつ犯行を決意するのか』（KKロングセラーズ）から、「少年法」については、黒沼克史『少年法を問い直す』（講談社現代新書、平成一二年）、児玉昭平氏・上掲書、三好吉忠『「少年A」はどう矯正されているのか』（小学館文庫、平成一二年）、佐々木知子『少年法は誰の見方か』（角川ONEテーマ21、平成一二年）から、また滋賀県警察本部の担当官から貴重な示唆を多く受けたことを付記しておきたい。

なお、この小論は、京都女子大学教育学会『教育学科紀要』第四〇号（平成一二年二月発行）に寄稿した論文に、その後に起こった少年非行や刊行された関係図書を参考にかなり加筆したものである。

**注・文献**

（1）高山文彦『「少年A」14歳の肖像』新潮社、一九九八年、一九〇頁。
また、前東京地検室長研究官であった佐々木知子女史（現在、参議院議員）は、今日における少年犯罪の増加と凶悪化の中で、「神戸の連続児童殺傷事件は、質量共に他を圧倒していたのです。日本の犯罪史上例を見ないとも言われた猟奇的犯行。犯人は十四歳。かつ単独犯。この事件ほど少年犯罪の低年齢化・凶悪化を世に印象づけた事件は、かつてありませんでした」と指摘されている（佐々木知子『少年法は誰の見方か』角川書店、平成一二年刊、七頁）。

(2) 高山文彦『地獄の季節』新潮社、一九九八年、四九頁。
(3) 高山文彦、同前、五一頁。
(4) 高山文彦、同前、五四頁。
(5) 高山文彦、同前、一二八頁。
(6) 高山文彦、同前、二六三頁。
(7) 参照、拙稿「今日の中学生と教育」滋賀県青少年育成県民会議編『親の願いと子どもの幸せ』ぎょうせい、一九八五年、二一―三頁、三四一―三頁。
(8) 拙稿「今日の幼児と教育」上掲書『親の願いと子どもの幸せ』九三頁以降。
(9) 高山文彦『「少年A」14歳の肖像』一三三頁。
(10) 高山文彦、同前、一三三頁。
(11) 高山文彦、同前、二三一頁。
(12) 高山文彦、同前、一八三頁。
(13) 高山文彦『「少年A」14歳の肖像』一三五頁。
(14) 高山文彦『地獄の季節』二〇三頁。
(15) 高山文彦、同前、一二八頁。
(16) 高山文彦、同前、一六七頁。
(17) 山下京子『彩花へ「生きる力」をありがとう』河出書房新社、一九九八年、一七六頁。

また、山下京子『彩花へ再び——あなたがいてくれたから』(河出書房新社、一九九九年)は、前著の思いが宗教心にまで昇華されており、感銘深い。

なお、児玉昭平『被害者の人権』(小学館文庫、平成一一年)は、「山形マット死事件」で次男の有平君を失われた父君の手記であるし、また、中村聖志・唯子『聞け、〝てるくはのる〟よ』(新潮社、平成一二年七月刊)は、京都市日野小学校男児殺害事件の被害者であるご両親による手記である。共に愛児を失われた両親の無念の思いを読み取ることができる。

(18) Yomiuri Weekly.2000.10.8.p.10.

(19) 佐木隆三『少年犯罪の風景——「親子の法廷」で考えること』東京書籍、一九九九年。一二頁以降は、氏の著書『人が人を裁くということ』(青春出版社、一九九八年)に関する一章が設けられ、少年法、精神鑑定、審判について書かれており、参考になる。

また、年少者犯罪研究会編『少年犯罪』(コアラブックス、平成一二年)には、最近の少年犯罪が整理されている。

(20) 伊藤芳郎『「少年A」の告白』小学館、一九九九年、二三六頁。

(21) 拙稿「親と教師への警鐘」下程勇吉編『親知らず　子知らず——危機に立つ親と子への警鐘』広池学園出版部、一九九〇年。

(22) J. H. Pestalozzi: Christof und Else. 1789. In: Heinrich Pestalozzi. Werke in acht Bänden. Gedankenausgabe zu seinem zweihunderten Geburtstage. 1945. S. 194.〔長田新訳『クリストフとエルゼ』長田新監修『ペスタロッチー全集』第Ⅳ巻平凡社、一九五九年、二〇八頁〕

（23）J. H. Pestalozzi: Abendstunde eines Einsiedlers. In: Henrich Pestalozzi. Werke in acht Bänden. Bd. I. 1765–1783.1945.S. 152.〔長田新訳『隠者の夕暮』岩波文庫、一九頁〕

（24）神谷美恵子『こころの旅』みすず書房、一九九二年、三頁。

（25）『現代の家庭教育――乳幼児期編』文部省、一九八四年。
『現代の家庭教育――小学校低・中学年編』文部省、一九八七年。

『現代の家庭教育――小学校高学年・中学校編』文部省、一九八九年。

青少年育成国民会議『三つ子の魂百まで――これからの家庭教育』一九八四年。

パーニー・T『胎児は見ている』（小林登訳）祥伝社、一九八七年。

宮本健作『母と子の絆』中公新書、一九九〇年。

ダフニ・マウラ、チャールズ・マウラ『赤ちゃんには世界がどう見えるか』（吉田利子訳）草思社、一九九二年。

生命尊重センター編『豊かな「いのち」――胎児は未来をはこぶ人』東信堂、一九九三年。

生命尊重センター編『生命尊重教育のすすめ――胎児を忘れていませんか』東信堂、一九九三年。

武藤隆『赤ん坊から見た世界――言語以前の風景』講談社現代新書、一九九八年。

林道義『主婦の復権』講談社、一九九八年。等々。

（26）伊藤芳朗、前掲書。七三頁。
また、小林道夫『少年審判』講談社、一九九八年。には、弁護士である氏が付添人として審判に関わった一連の少年事件について物語風に書かれている。この主人公の少女もまた、母親との確執が大きな原因となっている。それにしても、伊藤、小林両弁護士の犯罪少年更生のためのご尽力には敬服の他ない。とはいえ、すべての弁護士がこのような活動をやっていて下さるのだろうか。

(27) 林道義『主婦の復権』二〇六頁以降。なお、同著者による次の書物をも参考のこと。
『父親の復権』中公新書、一九九六年。
『父性で育てよ』ＰＨＰ研究所、一九九八年。
『フェミニズムの害悪』草思社、一九九九年。
『母性崩壊』ＰＨＰ研究所。一九九九年。
『家族崩壊』徳間書店、二〇〇〇年。

(28) 神谷美恵子、前掲書、五八頁。

(29) E. Fromm:The Art of Loving.1958.『愛するということ』(懸田克躬訳)紀伊国屋書店、一九五六年、五九頁。

(30) 参照、生命尊重センター編『豊かな「いのち」――胎児は未来をはこぶ人』東信堂、一九九三年。

(31) W. Flitner: Die Erziehung und das Leben. In: Erziehung Wozu? 1956. S. 187.(杉谷雅文他訳『新しい教育の探求』明治図書、昭和三六年、三七頁)。

(32) 滋賀県教育委員会監修・滋賀県青少年育成県民会議編集(責任者・村田昇)『親の願いと子どもの幸せ』ぎょうせい、一九八五年。

(33) 山田恵諦『道堂々』(瀬戸内寂聴編)ＮＨＫ出版、一九九五年、一二五頁。

(34) W. Flitner, a. a. O. S. 158.〔前掲訳書、三九頁〕。

(35) 清水幾太郎編『テレビジョンの功罪』(マス・レジャー選書3)紀伊国屋書店、一九六一年、一四四頁。

(36) S. Glueck: Why People 'Go Bad'? 「若い人たちはなぜ〝非行化〟するか」『日米フォーラム』一九六五年九月号。

(37) 拙稿「青少年教育の理念」佃範夫編『青少年の健全育成——理論と実践の結合』第一法規、一九八八年、八頁。

(38) 拙著『これからの社会教育』東信堂、一九九五年(特に第五章「生涯学習と新しいふるさとの創造」)。

(39) Vgl. Elternhaus und Schule. Kooperation ohne Erfolg? hrg. v. K. Schleicher. 1972.〔シュライヒャー編『家庭と学校の協力——先進八カ国・悩みの比較』(村田昇監訳)サイマル出版会、一九八一年〕。
拙編著『学校と家庭、地域社会』文渓堂、一八八九年。拙著『これからの社会教育』特に第二部「実際編」。

(40) 拙著『教育の実践原理』ミネルヴァ書房、一九七四年。一四二頁以降。

(41) H. Schelsky: Schule und Erziehung in der industrieren Gesellschaft. 1957. S. 37.

(42) E. Spranger: Volk·Staat·Erziehung. 1932. S. 106.

(43) J.J. Rousseau: Emile, ou traite de l'education. 1762.〔『エミール』第一編(平林初之輔訳)岩波文庫、一二三頁〕。

(44) Meine Nachforschungen über den Gang der Natur in der Entwicklung des Menschengechlechts. 1797. In: H. Pestalozzi. Werke in acht Bänden. Bd. II. 1946.〔「人類の発展における自然の歩みについてのわたしの探究」(虎竹正之訳)長田新監『ペスタロッチー全集』第六巻、平凡社〕。
参照、拙稿「ペスタロッチーの人間観」拙著『パウルゼン・シュプランガー教育学の研究』京都女子大学研究叢刊、四四六頁以降。

(45) H. Weinstock: Realer Humanismus. 1995. S. 39.

(46) R. Guardini: Das Ende der Neuzeit. Ein Versuch zur Orientierung. 1950. S. 94.〔仲手川良雄訳『近代の終末——方向づけへの試み』創文社、一九六三年、九七頁〕。

(47) 杉谷雅文「人間観の変遷と現代教育学」同編『現代のドイツ教育学』玉川大学出版部、一九七四年、二四六頁以降。

(48) 拙著『現代道徳教育の根本問題』明治図書、一九六八年、二七頁以降。
拙著『教育の実践原理』ミネルヴァ書房、一九七四年、二三頁以降。

(49) E. Spranger: Psychologie des Jugendalters. 24. Aufl. 1955. S. 166.

(50) 猪狩史山・中野刀水『杉浦重剛座談録』岩波文庫、一九四一年、一六八・一二二頁。

(51) Pestalozzis Brief an einen Freund über sein Aufenthalt in Stans. 1799. In: H. Pestalozzi. Werke in acht Bänden. Bd. III. 1946. S. 96.〔長田新『シュタンツ便り』岩波文庫、五二頁〕。

(52) E. Spranger: Menschenleben und Menschheitsfragen. 1963. S. 96.〔村田昇・山邊光宏訳『人間としての生き方を求めて——人間生活と心の教育』東信堂、一九九八年、九八頁〕。

(53) 同前、九九頁。
参照、拙著『生きる力と豊かな心』六七頁以降。
『心の教育の充実を求めて』九四頁以降。
前掲拙稿「青少年教育の理念」八頁以降。

(54) 篠原助市『増訂教育辞典』宝文館、一九三五年。

(55) シュプランガー、村田昇他訳「基礎的なものの効果性」『教育学的展望——現代の教育問題』東信堂、一九八七年、一一〇頁以降。
(56) 滋賀大学教育学部附属中学校著『選択履修と総合学習の新しい展開』図書文化、一九九一年。
(57)『道徳教育振興だより――人間の力を超えたものへの畏敬の念を深める』滋賀県教育委員会、一九九八年三月。
(58) 児玉昭平『被害者の人権』小学館文庫、一九九九年。
土師守『淳』新潮社、一九九八年。
中村聖志・唯子『聞け、〝てるくはのる〟よ』新潮社、二〇〇〇年。
黒沼克史『少年に殺された親たち』草思社、一九九九年、二八〇頁以降。
(59) 黒沼克史『少年に殺された親たち』二八二頁。
(60) 佐々木隆三、上掲書、一二頁。なお、平成一二年版『犯罪白書』によれば、平成一一年中に保護観察が終了した者の再犯率は、二二・五パーセントとなっている。
(61) 黒沼克史『少年法を問い直す』講談社現代新書、二〇〇〇年、六三頁。
(62) 同前、五一頁。
(63) Yomiuri Weekly. 2000. 10. 8. P.9.
(64) 児玉昭平『被害者の人権』二五頁。
(65) 板谷利加子『御直披』角川書店、一九九八年。一六〇頁。
(66) 児玉昭平、前掲書、一五七頁。
(67) 児玉昭平、前掲書、六六頁。

(68) 土師守『淳』新潮社、一九九九年。
山下京子『彩花へ「生きる力」をありがとう』河出書房新社、一九九八年。『彩花へ再び――あなたがいてくれたから』同社、一九九九年。

児玉昭平『被害者の人権』小学館文庫、一九九九年。

中村聖志・唯子『聞け〝てるくはのる〟よ』新潮社、二〇〇〇年。

黒沼克史『少年に殺された親たち』は、「少年犯罪被害当事者の会」の家族の親たちの赤裸々な語りを基にして書かれたものであり、そこでは「子どもに先立たれる親の悲しみはとても深い。病死であろうと事故死であろうと。けれども、未成年者に子どもの命を奪われるということは、悲しみという言葉だけでは表現できない、おそらくはもっとも厳しい痛恨事であろう。それは単に殺されるという痛みにとどまらない。加害者が二〇歳に満たないというそれだけの理由で、子どもの死がしかるべき死として扱われない不条理に出会うのだ。……〝非行少年の保護を目的として〟少年法を盾に取ったり悪用したりする風潮がまかり通るなかで、いつしか妙な社会通念ができあがってしまった気がする。世間が加害者側の人権を主張する一方で、いかに被害者側の人権が置き去りにされてきたか、親たちは現実を突きつけられて初めて憤怒するのである。つまり、それは法律の問題だけに限定される不条理ではないのだ」と述べられている(七頁)。
(69) 参照、板谷利加子、前掲書。
(70) 吉岡忍「友が丘中学　少年が残した傷」『文芸春秋』一九九九年八月号。
(71) 児玉昭平、前掲書、九九頁。

(72) 第一六期中央教育審議会答申『新しい時代を拓く心を育てるために──次世代を育てる心を失う危機』(平成一〇年六月三〇日)には、「子どもたちに豊かな人間性がはぐくまれるためには、大人社会全体のモラルの低下を問い直す必要がある。我々は、特に、次のような風潮が、子どもたちに大きな影響を及ぼしていると考える」とあり、その風潮として、①社会全体や他人のことを考えず、もっぱら個人の利害得失を優先すること。②他者への責任転嫁など、責任感が欠如していること。③モノ・カネ等の物質的な価値や快楽を優先すること。④夢や目標の実現に向けた努力、特に社会をよりよくしていこうとする真摯な努力を軽視すること。⑤ゆとりの大切さを忘れ、もっぱら利便性や効率性を重視していること。が挙げられている。

# 第3章　宗教的情操の陶冶
## ――「生命に対する畏敬の念」を基に――

### はじめに――人間の心を喪失した現代

昭和五〇年頃から戦後第三のピークと称されていた青少年非行がまだ沈静化されていない中で、今日、いじめの増加とそれを苦にした自殺、学級崩壊、授業不成立、援助交際など、より複雑で深刻な問題行動が指摘されている。それればかりか、少年による殺傷事件など、世を戦慄に陥れる事件さえ続発している。この時第一六期中央教育審議会は、幼児期からの心の教育の必要を強く訴え、平成一〇年六月三〇日に『新しい時代を拓く心を育てるために』と題する答申を行ったのであるが、その副題が「次世代を育てる心を失う危機」とされていることが注目される。

このような状況をもたらしてきた原因は複雑であり、それを一該に言うことは難しい。しかしその大きな原因の一つが、戦後の我が国があまりにも経済優先であり、物や金銭の追求に走り過ぎたことから、心や意味の世界を軽視したことにあるのは否めない。これとも関わって、個人主義的、享楽主義的な風潮が風靡し、我が国のよき伝統や美風が失われ、価値観も混乱し、家庭の教育機能と地域の連帯感も希薄なものとなってしまったのである。

前記中教審答申は、「子どもたちに豊かな人間性がはぐくまれるためには、大人社会全体のモラルの低下を問い直す必要がある。我々は、特に、次のような風潮が、子どもたちに大きな影響を及ぼしていると考える」とし、以下のことを挙げている。

① 社会全体や他人のことを考えず、もっぱら個人の利害特質を優先すること。
② 他者への責任転嫁など、責任感が欠如していること。
③ モノ・カネ等の物質的な価値や快楽を優先すること。
④ 夢や目標の実現に向けた努力、特に社会をよりよくしていこうとする真摯な努力を軽視すること。
⑤ ゆとりの大切さを忘れ、専ら利便性や効率性を重視すること。

残念ながらそれらを否定することができない。戦後の我が国があまりにも経済優先であり、物質的価値の追求に忙し過ぎたことから、このような風潮がもたらされたと言わざるを得ない。そればかりか教育界では、先の経済優先の下に進学競争が激化し、受験のための教育に忙しかったし、さらに、科学的合理主義を信奉するいわゆる進歩的文化人たちの声高い論調の影響からか、道徳教育に対する激しい抵抗に見られたように、心の問題は等閑にされたばかりか、まして「人間の力を超えたもの」などは非合理的なものとして排除する傾向が強かったと言わなければならない。これで真の人間性が育つ筈はないのである。

第一五期中央教育審議会答申では、これからの複雑に変化し、先行き不透明とさえ言えるこれからの社会に求められる資質や能力を「生きる力」とし、それが単に「理性的な判断力や合理的な精神だけでなく、美しいものや自然に感動する心といった柔らかな感性」を含むものとし、今後、「子どもたちが身につけるべき〝生きる力〟の核となる豊かな人間性」として、特に次の「感性や心」を挙げるのである。

① 美しいものや自然に感動する心などの柔らかな感性
② よい行いに感銘し、間違った行いを憎むといった正義感や公正さを重んじる心
③ 生命を大切にし、人権を尊重する心などの基本的な倫理観
④ 他人を思いやる心や優しさ、相手の立場になって考えたり、共感することのできる温かい心、

ボランティア活動など社会的貢献の精神

⑤　自立心、自己抑制力、責任感

⑥　他者との共生や異質的なものへの寛容　　など。

すでにペスタロッチー(J. H. Pestalozzi, 1746–1827)もナポレオン戦役後の一八一五年に、彼の「時代」に向けて次のように言っている[1]。

> 生の高き見方なしには、人間本性は、いかなる種類の市民的な憲法によっても、大衆としてのそれ自身のいかなる種類の構成によっても、また、それのいかなる種類の集団的存在そのものによっても、純化されるものではない。

中教審の挙げた「感性や心」とは、まさにペスタロッチーの求めた「生の高き見方」を育てるものであると言うべきであり、それらを総括する究極的なものの育成がなされなければならないのである。この意味において、今日、「心の教育」の充実が求められるのであるが、まず、その「心」とは何かが問われなければならない。

## １　心の意味とその作用

最近、「心の時代」とか「心の教育」とかよく言われる。しかし、その「心とは何か」については、あまり明確でない。『日本語大辞典』(講談社)によれば、「こころ」とは、「①人間の知識・感情・意志などの働きのもとになっているもの、精神。mind. ②自分の考え・気持ちのもっとも深いところ、まごころ。heart. ③考え、思慮。thought. ④ある行動に対するつもり、意志。will. ⑤感じていること、気持ち、気。feeling. ⑥情け、思いやり、人情。sympathy. ⑦ことばなどの真の意味、意義。meaning. ⑧たましい、性根。spirit. 」となっている。これによれば、日本語の「心」には英語の八種類もの意味内容が含まれていると言うことができる。したがって、「心」とは極めて日本語的な言葉であり、実際には「心」と漢字で書くよりも、平仮名で「こころ」と示す方が、すべての意味内容が感じ取られるのかもしれない。ともあれ、心とは、知・情・意などに分化する以前の全体的な・基盤的なもの、中心的なものであることには違いない。

さて、その心の働きであるが、それは知的な判断の結果からというよりは、むしろもっとも直接的に作用する心身一如的なものとして、生理的・身体的領域と心理的・精神的領域とが分化する以前の、いわば生命力ともいうべき場から起こっている。例えばある対象の美に心を打たれたり、また、ある人の行為に心温まる感動や共感を覚えたり、また反対に、憎悪や嫉妬の感情を抱くのも、その行為に対してなんらかの道徳律に照らして判断した結果からでない。しかしそこには、その人に固有な価値志向が潜在的・持続的なものとして作用している。これをコーフィン(J. H. Coffin)は「感情に彩られた判断」と言っているが、これがその人の意識全体を彩り、意識全体を揺り動かし、人格全体の傾向性を形づくっているのである。もちろん、いわばこの情緒的反応として起こる「感情に彩られた判断」は「理性に裏づけられた判断」によって純化され、価値観にまで高められていく必要がある。心の作用が人間の全精神活動の基としての全体的なものであり、全我的でありながらも、知的よりは、むしろ情意性が強いものであることに留意しなければならない。したがって、合理性や効率性の重視の中で心の世界が軽視されてはならないのであるが、逆にまた、心の世界の重視ということが単に情意に流されるものとならないよう配慮することが求められるのである。

ところである時、比叡山天台座主山田恵諦《えたい》大僧正(一八八五―一九九四年)がわたくしにふと、「現在、心の世界とか、心の教育とかがよく言われ、心の世界が重視されるようになったことは結構なことですが、ではその心を心たらしめるもの、つまり、心の本体を形作るものはどのように考えられているのでしょうか」とおっしゃったことがある。わたくしは、はっと目が覚めた。各人の内に潜在的・持続的に作用する価値志向を純化し、「生の高き見方」たらしめるものは何なのだろうか。それは端的に「宗教心」であると考えたい。そうして、戦後の我が国の教育において、人間性ないし心の根基とも言うべき宗教心を耕すことを疎かにしたことに、今日の「次世代を育てる心を失う危機」を招いた原因があると言っても、過言でなかろう。中教審の答申が「社会全体のモラルの低下を問い直す」ことを求め、「心の教育の充実」を唱えたことは当然であるが、その基盤となるのは宗教的情操の陶冶でなければならないのである。しかし、そのことは明確にはされていない。

小論では、文部省『学習指導要領』の趣旨に則り、特に国公立学校園における宗教的情操の陶冶の在り方について考察したい。

## 2　宗教的情操の陶冶とは

### 1　現代人と宗教

近代は「知は力なり」を信条とし、科学技術を基にして、生活の便利さや快適さ、華やかさを無限に増大してきた。しかし、人間はその輝かしい成果に酔いしれて、自己の悟性の力によって何事でもなされ得るかのような奢りや傲慢ささえ抱くに至ったと言えよう。このため、「神は死せり」とばかり、大自然の摂理や恩恵、人間の力を超えた大いなるものの存在をも忘れてしまったのである。

シュプランガー(E. Spranger, 1882–1963)は言っている(2)。

> ある場所で大火事があったとき、行動的に急いで消火に当たることをしないで、火が消えるように祈るために教会に集まるという、村びとたちの物語が、よく嘲笑的に語られる。確かに、現

代人はそのことを笑うだけである。しかしわれわれは、問題が火災ではなく、洪水であり、これに対して実際には拱手傍観せざるを得なかったと仮定しよう。そのとき祈られたとしても、いかなる祈りも荒れ狂った大河を静めることができなかったと、現代人は確信している。現代人は祈りを無駄と見なしているだろう。しかし、このような状況に直面したときにも、逃れることのできない最後を、冷静沈着な心をもって迎え得るように、心から準備しておくべきであるとは、考えていないのである。

実際、重病に罹ったり、肉親の死に直面したり、あるいは危機的状況に陥り、万策尽きたとしたら、だれもが「人事を尽くして天命を俟《ま》つ」、あるいは「すべては天慮に委ねる」とか「神仏の御加護を待つ」などという態度をもって祈るしかなかろう。そこから平静さが取り戻され、おのずと救いの道も見出されてくる。これはいわゆる「現世利益《りやく》」的な祈願ではない。それこそ、人間の力を超えた大いなるものに対する無我の帰依《きえ》と言える。もとより冷静沈着な心をもって対処しなくてはならないのは、天災・地災などの危機的状況だけではない。日常の中につねにある。そこでの在り方を、シュプランガーは「心から準備しておくべきである」と言っているのである。

われわれが少しでもよりよく、より人間らしく生きようと願うならば、日々の生活の中でつねに自己を見つめ、自ら反省することになる。すると、自らの弱さや醜さ、至らなさをいよいよ痛感させられる。にもかかわらず今日生あるのは、目には見えない何か大いなる力に支えられ、助けられているからではないかと思うに至る。悪いことはできない。誤魔化すことはできない。だれにも知られていないと思ってはいても、目には見えないもの、大いなるものには知られている。それからは逃れられない。また、それは駄目だ、いけないことだと諫止《かんし》する声が、自分の内からも聞こえてくる。それに背くことには、畏れを感じる。ここに宗教心が生じてくるのではなかろうか。

比叡山天台座主山田恵諦猊下《げいか》は、次のように言っておられる(3)

宗教というのは、神仏に畏れを抱くことです。畏れというのは、何がいいのか悪いのかの善悪を心得ることです。

そうして、この「善悪を心得ること」なしには、真に人間とはなり得ない。この意味において、次のように言っておられる(4)。

なぜ人間は宗教心を持たねばならぬのか。そりゃ、宗教心がなければ人間なんて犬猫以下の存在なのです。猫が台所のサンマを盗んだって、本能に従っただけのこと。悪いことをやったなんて思っておらん。犬が人に噛みつく場合、たいてい噛みつかれた人間のほうが悪い。人間だけが、悪いと知っとりながら、悪いことをやる。この悪いことをやめる唯一の手段が、宗教心を持つことです。

とはいえ、悪いことをしてはならないと思いながらも、人間の弱さからつい低きに流され、私利私欲に走ったり、快楽に溺れたり、怒りに狂うことになりがちである。そして、失敗を繰り返し、挫折し、苦悩を味わい尽くす。心の平静さを保つことは、至難と言えよう。ここに、目に見えない大いなるものへの無我なる帰依が求められることになる。山田元座主は、キリスト教、イスラム教、仏教の三大世界宗教と、民俗宗教としてのユダヤ教などの特質を述べた後に、次のように言っておられる(5)。

いずれにせよ、人間の心の安定と現実の幸せを祈る、というところに宗教の本質があるわけで、宗教心や信仰心によってこそ、優しさや思いやり、感謝と奉仕、真理をもとめる心、礼節、あるいは正義と不正義の判断力、人品、誠実さといったような、人間の生き方として、大切なものすべてが生まれてくる。

しかし、次のことに留意しておきたい。

他の宗教ではほとんどの場合、自分がどう生きるかについて、神の思し召しによって、神の教えに従って生きるのだといいます。仏教は、正しき人間の生きかたを自分で求めよ、と言っています(6)。
祈りは宗教の出発点であり、そのすべてである。祈りを離れたらそれは宗教ではない。ごく狭い意味での思想とか哲学になってしまう(7)。

以上のことから、科学的合理主義のみでは真に人間らしい人生を歩むことができないことを教えられる。目には見えない大いなるものへの畏敬と帰依、感謝と祈りなしには、心の安らぎ、幸せはもたらされないのである。

## 2　宗教的情操の陶冶を求めて

我が国では、古来、胎児はたましいが母親の胎内に宿ったものと考えられ、水天宮などにお参りして腹帯を絞め、無事生誕を神仏に祈願し、産まれたら氏神様に宮参りをするなど、それにまつわる伝統行事は、今でも各地に残っている。子どもは神仏からの授かりもの、預かりものであり、何にもまさる宝物として育てられてきたのである。

銀《しろがね》も金《くがね》も玉も何せむに　勝《まさ》れる宝子に及《し》かめやも　　山上　憶良（万葉集）

また、死者の霊を悼む念が強く、それが祖先崇拝ともなり、郷土の墳墓の敬いともなって表れていた。家には仏壇や神棚が祀られてあり、朝夕にはそれを拝した。家族揃って墓参し、神社仏閣にも詣でた。それればかりか、路傍の石地蔵にも一礼してから通り過ぎた。また、何か悪いことをすると、「お日様が見てござる」「お月様が見てござる」とか、「先祖様が泣いてござる」などと、親から諭《さと》された。ここから敬虔な心がおのずと子どもに養われ、悠久ないのちの存在も感得され、宗教的情操も育てられていたと言うことができる。

しかし、今はどうであろうか。子どもは作るものと考えられている。せっかく授かった胎内の尊い生命を、自分の都合だけで掻爬《そうは》してしまう。生命さえも医学によって操作される。病院で生まれて病院で死ぬことが多くなり、家族の生死に体面することもない。神仏などは迷信だ、非合理的なものは捨てなければならないと主張される。そうして、ひたすら利潤を追求し、他人との付き合いからも逃避して、個人的享楽を満喫しているのではなかろうか。そして、その生き方に自信を失い、迷いが生じると、安易に自殺や他殺に走り、また、疑似信仰や似而非宗教、さらにカルトやオカルトの集団に狂奔することとなる。これは、幼い時から宗教心が育てられていなかったことに起因すると言う他ない。

私事にわたって恐縮ではあるが、わたくしの五歳の孫娘が、仏教系幼稚園(京都府向日市・向陽幼稚園)にお世話になっている。この幼稚園では、毎朝、教室に祀《まつ》られたお仏壇に水と線香を供え、合掌しながら、後に挙げる「誓いのことば」が唱えられている。この孫娘は時たま拙宅に帰って来ると、だれにも言われないのに、自分からお仏壇にお参りする。そして老妻から新聞広告紙をもらい、その裏に描いた画を供えている。最近では『般若心経』を大きな声で誦《とな》えるようにもなった。その声に誘われてわたくしも仏間に赴き、後ろで静かに合掌する。これは、幼稚園での保育のお蔭であると言う他ない。

誓いのことば

わたしたちは　み仏様の子供です
明るく辛抱強い子供になります
優しい親切な子供になります
いつでも「ありがとう」を忘れません
み仏様　ありがとう
お父さん　お母さん　ありがとう
みなさん　ありがとう

先行き不透明とされるこれからの社会の中で、この孫も様々な苦難に出逢うことであろう。長い人生の中で悩みや迷いを抱き、挫折や失敗をも繰り返すことであろう。しかし、幼い時にみ仏様に手を合わすことから養われたものによって、きっとそれを克服していってくれるものと信じている。

この幼稚園は、すでに述べたように、仏教系の私立幼稚園である。しかし、国公立の学校園では、このようなことはなされ得ない。教育基本法の第九条によって、特定の宗教教育は禁止されているからである。しかしそのことは、宗教的情操の陶冶を否定するものでは決してない。教育基本法制定時の文部大臣であった田中耕太郎も、この第九条が「宗派意思を去った宗教一般に関する教育はこれを否定するものではないし」、「宗教教育自体は好ましくないどころか、教育上大いに奨励されるべき性質のものである」とし、また、「中立主義と平等取扱い主義を害しない範囲において宗教的要素が教育内容に取り入れられることは排斥すべきでないのみならず、奨励されているものと認めなければならない」と述べている(8)。

また、戦後間もない昭和二三年に教育刷新委員会が行った宗教教育に関する建議にも、「宗教心に基づく敬虔な情操の涵養は平和的文化的な民主国家の建設に欠くことのできない精神的基礎の一つ」であるとされているし、昭和三八年の教育課程審議会答申にも、「今後、宗教的あるいは芸術的な面からの情操教育が一層徹底するように……」とする要請がなされている。さらに先の臨時教育審議会答申(昭和六一年)にも、次の言葉が見出される。

「人格の完成」は、理性と自由の存在を基本として、人間が限りなく真・善・美の理想に近づこうとする営為の中にある。教育的努力の究極的目標としての「人格の完成」は、個々の自然的人間を超えて普遍的、理想的、超越的な究極の価値を永遠に求め続ける人間の営みの中にこそある。このように人格はなんらかの目的を達成するための手段ではなく、それ自体が自己目的的であるから、品位と尊厳をもつものとなる。個性重視という考え方の場合も、このような人格の完成を目的とするものである。

このことからも、「人格の完成」を目指す我が国の教育において、「超越的な価値」を追求する宗教教育なしには、品位と尊厳をもつ世界の中の日本人の育成はなされ得ないことが理解されるのである。「教育改革国民会議」もその最終報告(平成一二年一二月二二日)において、「新しい時代を生きる日本人の育成、伝統、文化の尊重、発展などの観点から教育基本法を考えていくことが必要」であることを強調する中で、宗教教育に関しては次のように主張している。

宗教教育に関しては、宗教を人間の実存的な深みにかかわるものとしてとらえ、宗教が長い年月を通じて蓄積してきた人間理解、人格陶冶の方策について、もっと教育の中で考え、宗教的な情操をはぐくむという視点から議論する必要がある。

　これに基づいてやがて教育基本法の見直しが行われるとしたら、教育における宗教的情操の陶冶の位置づけはより明確化されることになるであろう。とはいえ、やはりここには困難な問題がある。このことについてシュプランガーは、「人間性への教育」を図るためには「自己自身に、すなわち、聖なる声を聞き始める人間の内面のかのより深い領域の中に導く」ことが、なんとしてもなされなければならないのであるが、義務教育段階にある児童・生徒には、発達的特質から宗教に対する最初の器官しか開くことができないことと、宗教的な神秘を解釈することにおいては保護者の宗教的信仰がまちまちであることから、二重の限界があるとしながらも、次のように言っていることに注目したい[9]。

> 　しかし、「内面性を覚醒する」ことだけはできる。……主要なことは、教師が子供の内面性一般を開くべき鍵を得るように努めることである。というのは、現世以上のもの、先験的なものへの通路は、もっとも深いところにおいてのみ開かれるからである。

だから、「人間性」ないし「人格の完成」を目指す教育においては、子どもの内奥にまどろむものを「覚醒」し、その内面性一般を開く鍵を得るように援助しなければならないのであり、またそれが可能であるということになる。その鍵を得させるものが、まさに「宗教的情操の陶冶」であると言わなければならない。

ところで、昭和六二年の教育課程審議会答申では、「豊かな心をもち、たくましく生きる人間の育成を図ること」と関わって、特に道徳教育の目標の中に「生命に対する畏敬の念」が、従来の「人間尊重の精神」に新たに加えられた。同時に、その「内容」に関しては、「自然を愛し、生命を尊び、美しいものや崇高なものに触れ、人間としての自覚を深めるものが求められた。不肖わたくしは、この時の「学習指導要領小学校(道徳)作成協力者会議」の委員を拝命し、ほぼ五年間にわたりこの改善に加わった。その際、この「生命に対する畏敬の念」こそは戦後教育の中で等閑にされていたものであり、これからの教育はこれを基礎にしなければならないし、ここから宗教的情操の陶冶もなされ得ると考えた。そうして「内容項目」の見直しに当たっても、可能な限りこの視点から提言したのである。

ここで宗教的情操とは、端的に聖なるものを志向する価値感情と言えるが、その宗教的情操の陶冶とは、これまでの中央教育審議会、臨時教育審議会、教育課程審議会等の答申にも鑑み、大自然の包み込む大いなるもの、生命のもつ神秘さ、偉大な芸術作品やだれからも感動を呼ぶような人間の行為の根底にある崇高なもの、人間の理性の及ぶ範囲や限界を超えながらも人間の存在を支えている大いなるものに目を向け、人間としての自覚をより深めていくことを目指すものと考えた。もとよりこれが、特定の宗教・宗派に対する信仰を教えたり奨励したりするものでないことは明らかである。

生命に対する畏敬の念を基に宗教的情操の陶冶を図るためには、まず、畏敬とは何か、また畏敬されるべき生命とは何かが問われなければならない。

## 3　畏敬とは

「畏敬」とは、辞書によれば「心から敬うこと。畏れ敬うこと」である。ドイツ語でも"Ehrfürcht"は、「畏れる」(fürchten)と「敬う」(eheren)という相反する二つの言葉の合成語であり、日本語と同様である。そうしてこれは、独特な二重構造を特徴とするものとされている。これに対してボルノー(O. F. Bollnow, 1903–1991)は、次のように言っている[10]。

> 畏敬には敬うという意味での尊敬と、畏怖、つまり尊いものを傷つけたり、あるいは不躾にもそれを踏みにじったりすることを禁じる内気と恥ずかしさとがしっかりと結び付いており、これを識別することができず、それ事態がすでに一切の合理的な説明を拒否する宗教的事件に根ざす概念である。（傍点は筆者）

確かにわれわれは、大自然の作用や美しさや素晴らしさ、不思議さや神秘さとともに、その不気味さや人力ではとうていかなわない恐ろしさをも感じている。また、人間の理性の及ぶ範囲や限界を超えたものでありながらも、自己を支えている何か大いなるものの存在に気づく時、それに対する畏敬の念とともに、棄損や冒涜に畏怖の念をもたずにはいられない。このような畏敬の念とは、相反する両面が一体化された高次な情操であり、ここから自己の至らなさや弱さに気づき、あるいは目覚め、人間としての在り方や生き方に対して深まりが生じると考えられる。

ここにわれわれは、これまでの人間絶対主義から脱し、自らの本来的な人間としての在り方や生き方について真摯に問い直さなければならない。そこから、自己の有限性や相対性に目覚め、謙虚で敬虔な心をもって生きていくことが求められてくる。そうして「畏敬の念」に立脚した倫理観や価値観の構築が必要となるのである。

ここで、ゲーテ(J. W. v. Goethe, 1749–1823)がその著『ヴィルヘルム・マイスターの遍歴時代』の中で挙げた三つの「畏敬」が想起される。すなわち、「われわれの上なるものへの畏敬」、「われわれの下なるものへの畏敬」、「われわれと等しいものへの畏敬」である。彼はこの三つの畏敬が一緒になって真の宗教を生み出し、自惚《うぬぼ》れと利己心によって卑俗なものへ引き込まれない「自己自身への畏敬」という最高の畏敬が展開されるとしている。

そうして彼は、

> 生まれのよい、健康な子供たちは、多くのものを身に付けている。自然はどの子供にも生涯の

> あいだに必要とするものを、ことごとく与えている。これを伸ばしてやるのが私たちの義務であるが、時にはひとりでにもっとよく発展することもある。しかし、ただ一つのものだけは、生まれながらにもっている者はだれもいない。しかもそれは、人間があらゆる方面にわたって人間であるためには、すべてがかかっている一点なのである。……それが畏敬である。（傍点は筆者）

と述べ[11]、畏敬の念は始めから備わっているものでなく、「後から加えなければならないもの」であること、そして畏敬によって初めて真の人間性が高まるとしているのである。

これに対してシュプランガーは、このゲーテの考えに大きな賛意を表しながらも、彼がこの「一つのより高い感性」を「人間に加えなければならない」とするのはよくないのであり、それは「成長しつつある者の深いところにまどろんでいる状態で用意されているもの」を「目覚ます」ことが必要であると言っている[12]。わたくしもこのシュプランガーの見解を支持したい。というのは、子どもには幼い時から畏敬の念に導く萌芽的なものが宿されていると考えられるからである。

## 4　畏敬されるべき生命

それでは「畏敬されるべき生命」とは何かが問題となってくる。

## １「生への畏敬」

近代思想家の中で「生への畏敬」を唱えた最初の人として、アフリカの奥地で現地人の伝導と診療に生涯を捧げたシュヴァイツァー(A. Schweitzer, 1875–1965)を挙げることには、なんぴとにも異論がなかろう。彼はアルザスのカイゼルスベルクに牧師の子として生まれ、地元のストラースベルク大学で神学を修め、学位を取得するとともに母校の講師となった。彼が学者として、またバッハの演奏家として将来に期待をかけられながらも、三〇歳の時にすべてを放棄して医学の勉強を始め、一九一三年、医師免許の取得とともに、アフリカのコンゴに渡り、ランバレーネで現地人の医療と伝道に生涯を捧げたことは有名である。

このシュヴァイツァーが永年にわたって悩み続けていた問題は、デカルト(R. Descartes, 1595–1650)のいわゆる「われ思惟するがゆえにわれあり」(cogito, ergo sum)に発する近代の人間中心の合理主義的な思想であった。これでは人間以外のものはすべて対象として考察され、利用されるしかなく、自然や動植物も人間に役立つために神から贈られたものと解されてしまうことになるのである。近代の人間はこの思想の下に無限の進歩を追い求めてきた。これによって外面的な生活の繁栄が築かれたとはいえ、反面、内面的な生活において、様々な頽廃がもたらされてきた。シュヴァイツァーは、これは「自然に内在する進歩の力を絶対的なものとして信仰し、倫理的理想などは不必要であり、知識と能力で事足りる」としてきたこととの結果であると考え、この「近世伝統の倫理的世界の人生肯定」に「現代文化の頽廃」の原因があるとしたのである。彼が世界および人生をそれ自体価値あるものとして肯定する世界・人生肯定の世界観と、それを否定する精神・人生否定の世界観とをめぐって苦悶し、現実に即して解決し得る倫理的な世界観・人生否定的世界観を確立しようとしたのである。

シュヴァイツァーは、一九一五年の九月、夕焼けのきれいな日に診療のために現地人の小さな船に乗って、オゴーウェ河を溯って行った。船中でも彼はこの問題について考え続けていたのであるが、その船が河馬の大群の中に入って行った時に、彼の脳裏に天啓のようにひらめいたのが、「生への畏敬」(venerato vitae. Ehrfürcht vor dem Leben)という言葉であり、これによって永年悩み続けてきたことがようやく氷解したのである。それ以来、彼は「われは生きんとする生命に取り囲まれた、生きんとする生命である」とし、この「生きんとする意志」は人間だけでなく、すべての生物に等しく備わっているものである。人間も生物もともに生きようとする意志をもった存在である限り、「自分の生命に対するのと同じように生命の一切の意志に同等の生命への畏敬を払い」、「人間の手の届くすべての生命に援助の手を差し伸べるという意志」をもつことが必要であり、生きとし生けるものとの共感、共鳴、共生としての人生を求めていったのである。「生への畏敬」の倫理とは、端的に「すべての愛、献身、また苦痛とよろこびの同感、協力などと名づけられる一切のことを包含」するものであり、また、「生への畏敬によって動機づけられた生命に対する献身」でなければならないのである(13)。このようにして、彼は従来の「倫理学が、本来、人間と社会に対する人間の行動にのみ関わっている」ことを批判して、生きとし生けるものとの共感、共鳴、共生としての人生を求めていったのである。この「人間と生物との関係を扱う」倫理学を基礎付けようとしたシュヴァイツァーの思想こそは、まさに西洋倫理学のコペルニクス的展開と言ってよかろう。

## 2　日本の心

しかし、生きとし生けるものに対する共感や共鳴、共生の思念は、むしろ我が国固有なものではなかろうか。古来、日本人は自然を崇拝し、とりわけ山を祖霊の宿る神聖な場と見なし、森羅万象のすべて、海や川、土の中にも大いなるもの・聖なるものが秘められていると感じ、それに対して畏敬の念を抱いてきた。それが「一切衆生《いっさいしゅじょう》悉有仏性《しつうぶっしょう》」「山川草木《さんせんそうもく》悉皆成仏《しっかいじょうぶつ》」（『涅槃経』）とする大乗仏教と結び付き、人間は皆平等であり、草木禽獣に至るまで、生きとし生けるすべてのものは尊い存在として扱われてきたのである。我が国民間信仰の祖とされる行基菩薩（六七〇―七四九年）は、次のように詠んでいる。

> 山鳥のほろほろと鳴く声聞けば　父かとぞ思う母かとぞ思ふ

行基菩薩だけでなく、我が国には、古来、路傍の名もなき小草にも憐憫の情を感じたり、動植物を人間同様に慈しんだり、それればかりか、大自然の不可思議さから人間としての在り方や生の意味について感得した詩歌が数限りなくある。

行水の捨てどころなしむしの声　　上島鬼貫

朝顔に釣瓶とられてもらひ水　　加賀の千代女

やれ打つな蝿が手をする足をする　　一茶

生かされて　生きるいのちの　とうとさよ
名もなき草に　光　こぼれる　　梅原　真隆

小さきは　小さきままに　花さきぬ
野辺の小草の　安らぎけきをみよ　　高田　保馬

見ずや君　あすは散りゆく　花だにも
力の限り　ひとときを咲く　　九条　武子

**大漁**(14)

金子　みすゞ

朝焼け小焼けだ
大漁《たいりょう》だ
大羽鰯《おおばいわし》の
大漁だ

濱は祭りの
ようだけど
海のなかでは
何満の
鰯のとむらい
するだろう

これらはまさに「日本人の心」と言うに相応しいだろう。そうしてここから、日本人の「寛容宥和」な国民性が培われてきた。例えば仏教が崇められていた平安朝では、死刑執行は一度も行われていない。

戦場では殺し合わざるを得ないとしても、殺した相手には合掌してから立ち去り、戦いが終わると恩讐を超えて敵味方両方の死者を悼《いた》んでいる。元寇の役の後でさえも、敵味方の区別なく、戦没者を弔《とむら》っている。日清・日露の戦いにおいても、「昨日の敵は今日の友」として、捕虜を丁重に扱ったことによって我が国の国際的評価が高まったことは、よく知られている⒂。しかも、その日露戦争の最中に日本海海戦で島根県江津市沖合で敵艦隊の戦艦イルティッシュ号が沈没した際、市民たちは自分たちの生命を顧みることなく救出に当たったことが記録されている⒃。第一次大戦後においても、徳島県坂東捕虜収容所では中国青島にいたドイツ軍捕虜一〇〇〇人を迎え入れたのであるが、ここでは市民たちとの温かい交流が行われ、三年後の帰国時には、ベートーヴェンの第九交響曲「合唱付」の演奏がなされている。これは第九の我が国初演としてもあまりにも有名である⒄。このような実例を挙げれば限りがなかろう。今日、戦時中に日本軍によって海外でなされたという蛮行のことが一部の人たちによっていかにも事実であるかのように内部告発されているが、このことが青少年にいかなる悪影響を与えていることであろうか。万一これが確定的事実であったとしたら、この日本古来の「寛容宥和」の心がいつから失われてしまったのだろうか。そうならばいっそう「人びとの心の中に平和の砦を築き上げる」ことこそ肝要であり、この日本の心の蘇りを図ることが必要となってくる。このことを念頭に置きながら、生命の意味を探っていきたい。

## 3 生命の意味

### 1 生命の不思議さ

遺伝子研究の世界的権威者である村上和雄博士は、人間の生命について、次のように言っておられる(18)。

> 私どもは、母の胎内で十月十日、胎児として過ごした後、生まれてきます。母の胎内で過ごす間に、三五億年にわたる生物の進化の歴史の再現を行うのです。……従って、私どもの生命は、生まれた時には、地球生命三五億歳です。私ども一人一人の命は、三五億年の地球上の生命の歴史を背負っているのです。自分一人の命ではないのです。
>
> (人間の遺伝子には)三〇億塩基の情報量、言い換えれば、大百貨事典千冊分に相当する莫大な情報量が極微の空間(一グラムの二〇〇〇億分の二)に整然と書き込まれているのです。一グラムの二〇〇〇億分の一の重さというのは、……米一粒の約五〇億分の一です。すなわち、世界の人口五〇億人の遺伝子情報をすべて集めても、米一粒の重さにしかならないのです!

ここから村上博士は、現代の科学をもってしても一つの黴《かび》さえも作ることができないのであり、まして、これほど複雑で精緻な構造を備えた人間の生命など、作れる筈はとうていあり得ないとし、「これは想像を絶すること」であり、「これは、もう神様か仏様の働きと名づける意外には言いようがないほどである」と述べておられる。これが我が国先端科学の第一人者の発言であるだけに、いっそうの重みを感じざるを得ない。

さらに村上博士は、この「遺伝子信号を書き込み、それを整然と働かせている、私どもには見えない偉大な存在」を「サムシング・グレート」と呼び、その贈り物に対して感謝することの必要を説いておられる。実際、人間の身体の中の細胞の一つ一つに、人間を生かす強い力が作用している。五臓六腑が、人間を生かすために絶え間なく働いている。人間自身の意思とは無関係にである。この意味において、身体の中の無限なものの力や働きによって人間は生かされているのである。これは人間だけでなく、生きとし生けるすべてのものについても言える。このような力を考える時、そこには不思議な神秘や大きな恵みが働いていることに気づかざるを得ない。実に複雑で高度な機能を備えた人間の生命は、人間の力を超えた、まさに神仏のなせる業《わざ》であるとしか言いようのないものと考えられているのである。

次の詩からも、平素忘れていたことに気づかされる(19)。

## いき

まど　みちお

いきを　とめたら
だれだって　しぬ
でも　わすれていても
いきは　じぶんで
いきを　している

ああなんでだろう
かみさまが
いきに　そうさせて
みんなをいかして
くださっているんだな
みんなを　ほんとに
だいすきなので……

## ‖　生命の得難さ

この生きとし生けるものの中で、人間が人間として生を享けることの難しさは、今日では科学的にも証明されるところであるが(20)、特に仏教では仏陀の「盲亀浮木《もうきふぼく》」(『法華経』巻七)の説などによって教えられるものであった。つまり、大海に住む盲目の亀が百年に一度海中から頭を出し、そこへ風の吹くままに流されて来た一枚の流木に開けられた節穴《ふしあな》にその頭を偶然に入れるという程に、人間が人間としての生を享けることは難しいと言うのである。そうして、日本仏教の祖師たちは、自己を厳しく見つめる中で「人身の受け難きこと」を深く自覚し、それを求道《ぐどう》の基としてきたのではなかろうか。特にその日本仏教の基礎を築いた伝教大師最澄(七六七—八二二年)は、一九歳の時に東大寺で具足戒《ぐそくかい》を受けて正式に僧としての資格を得、官学僧として将来の身分や地位が保証されているにもかかわらず、僅か三カ月で一切を捨てて比叡山に籠り、求道一筋の生活に入られた。その際に書かれた『願文《がんもん》』には、人生の無常を強く感じる中で自己を厳しく見つめ、「愚《ぐ》が中の極愚《ごくぐ》、狂《きょう》が中の極狂《ごくきょう》、塵禿《じんとく》の有情《うじょう》、低下《ていげ》の最澄《さいちょう》」(「禅定にばかりうつつをぬかして、智慧を磨こうとしないものは愚者であり、智慧を磨くことばかりにかたよって、禅定を修するという実践に欠けるものを狂人というそうだが、愚者のなかのきわめつけの愚者、狂人のなかのきわめつけの狂人、塵あくたのような禿頭の生きもの、最低最下の最澄」……木内尭央『悲願に生きる・最澄』)とまで懺悔の念が表明されている。そうして、生きとし生けるものには、「四生《ししょう》」という、四通りの生まれ方、つまり「胎生《たいしょう》」(母胎から生まれる)、「卵生《らんしょう》」(鳥のように、卵から生まれる)、「化生《けしょう》」

（天人などのように、とつぜん成人の姿で生ずる）、「湿生《しっしょう》」（ウジなどのようにじめじめしたところから湧く）があるが、特に多くの胎生の中でも人間としてこの世に生を享けたのは、まさに「大海《たいかい》の針《はり》、妙高《みょうこう》の糸《いと》」（大海の真ん中で針を見つけたり、妙高山の頂上から糸をたらして、麓に置いた針に通そうとすること）に例えられるほどに有難くして有り得たものであることを自覚し、そのことに感謝するとともに、そうである以上は、短い一生を無益に過ごすのではなく、自ら仏道を極め、大乗仏教によって遍く一切の衆生《しゅじょう》を教化《きょうげ》し、鎮護国家に生きようとする固い決意を述べられておられるのである(21)。

この「人身受け難きこと」と「仏法聞き難きこと」を次の『法句教《ほっくきょう》』（一八二）の教えとともに、深く噛みしめたい。

ひとの生《しょう》を
うくるはかたく
やがて死すべきものの
いま生命《いのち》あるはありがたし
正法《みのり》を
耳にするはかたく
諸仏《みほとけ》の

得レ生ニズルヲ人—道ニ難ク、
生レズル寿ヲ亦難レク得、
世—間ニ有レル仏難ク、

世に出づるも
ありがたし

仏―法難シレ得レ聞クヲ。

（友松圓諦訳、講談社、昭和五〇年）

### Ⅲ　生命の連続性

この得がたき生命は両親から頂いたものであるが、その両親にはそれぞれの両親があり、その両親にはまたそれぞれの両親があるというように、人間の生命は過去無量の祖先の生命を受け継いだものであり、さらにそれは子々孫々を通じて永遠に繋がれていく。しかもその生命には、単に生物学的・生理学的生命だけでなく、祖先のだれもがそれぞれの時代や社会の中で精一杯生き抜いて来た限りにおいて、その思いや願いも蔵されていると考えざるを得ない。次の詩は、このことについて見事に謳いあげている(22)。

**自分の番**

相田　みつを

父と母で二人
父と母の両親で四人

そのまた両親で八人

こうして数えてゆくと
十代前で、千二十四人
二十代前では——？
なんと、百万人を超すんです

過去無量の
いのちのバトンを
受けついで
いま、ここに
自分の番を生きている
それがあなたのいのちです
それがわたしのいのちです

実際、自分の生命に関わりのある先祖は、一代の平均寿命を三〇年として計算しても、一〇代前に遡ると、およそ徳川時代の初期となるだろうか。それでわたくしに関わりの有る両親の数は、二の十乗で一〇二四人、二〇代前は鎌倉時代となろうが、一〇四万八五七六人、三〇代前では平安末期となり、一〇億七三七四万一八二四人となり、現在の日本の人口のおよそ一〇倍である。人類百万年とすると、もう数字としては捉えることは難しい。ともかくこの中のだれか一人でも欠けていたら、わたしの生命はないのである。

ここから日本人の祖霊崇拝も生じてくる。東京大学名誉教授相良亨は日本人の死生観について述べる中で、「古代人は、魂は浮遊するものであって、これが肉体に宿る時には生命になると考えた。死は、この魂からの遊離であり、再び浮動するものとなる。盆は、この先祖の魂を迎え送る行事である。……祖霊としての魂は、はじめ名をもち個性的な存在であったが、時をへると個性を失って、一つの尊い霊体に、融け込んでしまうというのである」と言っている。

さらに彼は、『日本霊位記』などから「縁の意識」について述べ、次のようにも言っている(23)。

> たまたま、いま父となり、いま子としてあるのも、それぞれ輪廻《りんね》をつづけてきた主体である。それぞれが輪廻してきた主体であると見るこの人間のある主体も注目されるが、その主体と主体とが、はかりえざる因果によって、今生において父と子としてかかわり合っているのである。それが「父子の深き縁」である。現在の親子関係も、はかりえざる不思議さに裏打ちされているのである。現在、父であり子であること、そのことがいわば霊位なのである。

ここに、親鸞聖人(一一七三―一二六二年)の次のお言葉が思い出される(『歎異抄』)。

一切の有情《うじょう》はみなもつて世々生々《せせしょうじょう》の父母兄弟《ぶもきょうだい》なり。いづれもいづれも、この順次生《じゅんじしょう》に仏《ぶつ》と成《な》りてたすけ候《そうろ》ふべきなり。

それだけに人間はだれしも、その生物学的生命は人類の歴史の中では何億兆分の一ともいうべき極微なものにしか過ぎないとしても、その生命は悠久なものであり、その根源を尋ねると、人間はいつ、どこで、どのように生を享けたとしても、この目には見えない何ものか、一つの霊体、普遍者としての大生命、宇宙の根源、相良教授の言葉を借りるならば「宇宙の大生命」、村上博士であるならば「サムシング・グレート」と結ばれていると言わなければならない。ここからも、人間の生命はまさに人間の力を超えたもののなせる業《わざ》であることを痛感せざるを得ない。そうして、自分の生命が永遠なる生命のバトンを受け継ぎ、それが次世代に引き継がれていくものであることを考えるならば、自分の生命の重さを知り、祖先を尊敬するとともに、自己を粗末に扱うことは、祖先ばかりか子々孫々までも冒涜することになり、さらに宇宙の根源ともいえる大いなるものにも背くこととともなることを自覚するに至るであろう。

## Ⅳ　生命の掛け替えなさ

村上博士は、人間の生命には三〇億塩量もの情報量が極微の空間に整然と書き込まれていることを明らかにされたのであるが、ではそこで、一組の両親からどれぐらいの種類の子どもが生まれるかについて、次のように述べておられる(24)。

> 一組の両親からは、……約七〇兆の種類の子供が生まれる可能性があるのです。あなたは、七〇兆分の一なのです。これはもう、奇跡的な数字です。まさに、あなたは、七〇兆の中から選ばれてきた、かけがえのない一人なのです。父親からの遺伝子と、母親からの遺伝子の情報を受け継いだ受精卵には生物の設計図がちゃんと、すべて入っているのです。人間がいくら努力しても書くことのできない、人間を作るための設計図です。したがって、両親は、子供を作るきっかけを与えただけで、「子供を作る」なんて、そのような傲慢なことはとてもいえません。サムシング・グレートからの贈り物なのです。

それぞれが掛け替えのない七〇兆分の一の生命であるということは、同じ両親から産まれた兄弟姉妹はおろか双生児にしても、顔形も性格も異なるように、この世には同一の人間は二人としていないことを意味している。それだけに、それぞれが尊い存在なのであり、だれもがそれぞれのよさと可能性を秘め、この世で果たすべき各々の役割や責任を負わされていると言わなければならない。まさに、

池中蓮華《ちちゅうれんげ》。大如車輪《だいにょしゃりん》。青色青光《しょうしきしょうこう》。黄色黄光《おうしきおうこう》。赤色赤光《しゃくしきしゃっこう》。白色白光《びゃくしきびゃっこう》。微妙香潔《みみょうこうけつ》。

（『仏説阿弥陀経』）

というべきであろう。次の童謡には、この心が歌われていると解したい。

**チューリップ**

咲いた　咲いた　チューリップの花が
ならんだ　ならんだ　赤　白　黄色
どの花見ても　きれいだな

近藤　宮子　作詞
井上　武士　作曲

このようにして、自分の生命の掛け替えなさに気づくならば、たとえ「お前の鼻は変だぞ」とけなさ

れても、しょげたりはしないで、堂々と胸を張って、「大好きなお母さんの鼻も長いのだ。象に生まれてきたのは素晴らしいことだと思っている」と答える次の象の子のように、自信と誇りをもち、「あるがままの自分」を大切にすることとなろう(25)。

**ぞうさん**

まど　みちお　作詞
団　伊玖磨　作曲

ぞうさん　ぞうさん
お鼻が　長いのね
そうよ　母さんも
長いのよ

ぞうさん　ぞうさん
誰が　すきなのよ
あのね　母さんが
すきなのよ

各々が掛け替えのない生命として同じ人間は二人としていないことが理解されるならば、それぞれには違いがあり、この違いにこそ意味があることが分かっていくことであろう。詩人は次のように歌っている(26)。

**私と小鳥と鈴と**

金子　みすゞ

私が両手をひろげても、
お空はちっとも飛べないが、
飛べる小鳥は私のように、
地面《ぢべた》を速く走れない。

私がからだをゆすっても、
きれいな音は出ないけど、
あの鳴る鈴は私のように
たくさんな唄は知らないよ。

鈴と、小鳥と、それから私、
みんなちがって、みんないい。

このようにそれぞれの違いを知り、その違いを生かし、互いに助け合いながら共生することがなされていくのである。同じく詩人は歌うのである(27)。

**みんなを好きに**

金子　みすゞ

わたしは好きになりたいな、
何でもかんでもみいんな。

葱も、トマトも、おさかなも、
残らず好きになりたいな。

うちのおかずは、みいんな、
母さまがおつくりになったもの。

私は好きになりたいな、
誰でもかれでもみいんな。
お医者さんでも、烏でも、
残らず好きになりたいな。
世界のものはみィんな、
神さまがおつくりになったもの。

## Ⅴ　聖なる生命

先に、人間はいつ、どこで、どのように生を享けたとしても、人間の力を超えた宇宙の根源とも言うべきものと結ばれていると言ったのであるが、それはまた、この根源的なものを媒介として、すべての人間が結ばれていると言うことができる。この人間の力を超えた宇宙の根源とも言うべきものの存在に気づき、それに対して畏敬の念を抱くならば、それと同じく結合(religio)されたすべての人間を聖なるものと感じ、相互に尊重し合うことに至るのである。

ここに、『法華経常不軽品第二十』に説かれている「常不軽《じょうふぎょう》菩薩《ぼさつ》」のことが想起される。山田恵諦前座主は、それを次のように解釈されている[28]。

遠い過去世に、大成国という国に威音王如来《いおんのうにょらい》という仏が居られた。此の国の仏は、威音王の名を称えたのであるが、初代の威音王如来の滅後、正法の時節を経て、像法の世となった頃、増上慢の僧が勢力を恣《ほしい》ままにして、聖教《しょうぎょう》が正しく流布《るふ》せられなかった。此の時に、一人の比丘がいた。此の比丘は「一切衆生には本具の仏性(生れながらにして、仏になる性分を具えている)があり、この仏性が開発すれば仏になる」ことを説き聞かされると、深くこれを信じて、本具の仏性を礼拝敬恭すると共に、この作仏を知らせようと決心し、比丘、比丘尼はもとより、一切の人々に遇うときは、

「あなたには仏性がある。菩薩道を行じて作仏せられるお方であるから、私はあなたを尊敬します。南無未来の仏さま」

といって礼拝するので、人々は侮辱せられたように感じて、罵り怒り、杖でたたいたり、石を投げたりする。比丘は遠くに逃れて、その姿が見えなくなるまで「私はあなたを軽慢しません、作仏を尊敬します」といいながら、礼拝をつづける。この比丘の所作は、いつになっても変ることがなかったので、世の人はいつとはなしに、此の比丘を、常不軽と呼ぶようになった。

ドイツの幼児教育学の創設者フレーベル(F. Fröbel, 1782–1852)も、その著『人間の教育』(一八二六年)

の冒頭に言っている(29)。

すべてのもののなかに、永遠の法則が、宿り、働き、かつ支配している。この法則は、外なるもの、すなわち自然のなかにも、内なるもの、すなわち精神のなかにも、自然と精神を統一するもの、すなわち、生命のなかにも、つねに同様に明瞭に、かつ判明に現れてきたし、またげんに現れている。……この統一者が、神である。

万物の中に神が宿るというこのフレーベルの思想は、万有在神論と称されるものであるが、ここから、キリスト教における造物主・絶対者としての神と、仏教における覚者としての仏とでは、その意味が異なるとしても、人間の生命には何か大いなるもの・神聖なるものが宿り、作用しているという考え方には、共通なものがあると言わなければならない。そうして、自他の内に宿る神聖なるものに対して畏敬の念を抱くことから、自尊とともに他者への尊敬も生じることになる。こうして、自他の人格や人権を尊重し、さらに人間愛や人類愛へと発展していくと言うべきである。

シュプランガーは、「〝人権〟に関する最古の文献には、〝すべてのたましいは、神に直結する〟と書かれている〟とあり、人権が根源的には宗教的な個人主義が全体的な生の形成の中に放射されていることを、明瞭に認識させる」(30)と言うのであるが、確かに「アメリカ独立宣言」（一七七六年）にも「われわれは、自明の理として、すべての人は平等に作られ、造物主によって、一定の奪い難い天賦の権利を付与される」とあり、また、「フランス人権宣言」も、「この国民議会は、最高の存在（神）の前で次のような人権及び市民の権利を承認し、また宣言する」という言葉から始まっているのである。我が国でもかつては「天賦人権」と称されていた。この形而上的な意味を失った人権論では、皮相的なものに陥ると言わなければならない。ここからシュプランガーも言っている[31]。

> 人間愛とは、あらゆる人間が同一の聖なる根源に由来する、したがって、あらゆる人間がこの形而上的連帯の意味で愛護され、尊敬され、愛されるべきであるという予感である。単なる社会的結合は目的的結合であり、したがって浅薄である。……真正な人間性のうちに支配するのは、すべてのひとがたましいによって結ばれているという予感、そうして、人間それ自体は聖であるという予感である。

## 4　自己を見つめる

上述したように、自己の人間としての存在及び生命そのものの意味をその根源に溯って深く捉え、その生命が人間の力を超えた大いなるものから授けられたものであり、得難く、尊く、掛け替えなく、聖なるものであることが自覚され、それに対する畏敬の念を抱くならば、それと目には見えない糸によって結ばれた自己の内なる神性ないし仏性に対して畏敬の念を抱くことになり、それが自尊の心を育てる。そしてまた、他者の内にも同じ神性ないし仏性が秘められていることを感得し、それに対して畏敬の念を抱くに至り、それが他者の人格・人権の尊重を促し、さらに人間愛ないし人類愛に発展する。また、生かされて生きることに気づくことから、自己の有限性や相対性も自覚され、奢りや傲慢からも脱され、謙虚さが生じてくる。ここから、自己がこの世に生を享けたことの意味を問い、自己の廃すべき役割や責任を求め続けることであろう。

相田みつをは、このことを次のように謳っている(32)。

わたしは無駄にこの世に生まれてきたのではない
また人間として生まれてきたからには
無駄にこの世を過ごしたくはない
私がこの世に生まれてきたのは
私でなければできない仕事が
何か一つこの世にあるからなのだ
それが社会的に高いか低いか
そんなことは問題ではない

その仕事が何であるかを見つけ
そのために精一杯の魂を
打ち込んでゆくところに
人間として生れてきた意義とよろこびがあるのだ

ここに謳われている「人間として生れてきた意義とよろこび」から、「感謝」の念が生じるとともに、それに対してお返しすること、報いること、つまり「報恩」の念が湧き起こることであろう。この感謝と報恩は、日頃お世話になっている人々に対するものだけでなく、すべての人たちに対するものでなければならない。この意味から、文部省『学習指導要領』小学校「道徳」の「内容」においても、平成元年度から高学年の「感謝」の内容項目が、次のように改められた。

日々の生活が人々の支え合いや助け合いで成り立っていることに感謝し、それにこたえるようにする。

このことと関連し、山田恵諦元座主のお言葉をも挙げておく必要がある(33)。

人間は一つのことを成功させるためには、必ず〝三つの力〟を必要とします。第一は自己の最大の努力、第二は周囲の援助、第三は神仏の加護。この三つの力が揃わないと、ものごとはうまく進まない。逆にうまくいくことは、たとえ自分では気づかんで、自分の力だけだと思っていたとしても、三つの力が備わった結果であると、仏教では説いています。

こうして、この感謝は人間に対してだけでなく、「生かされて生きること」に対する感謝へと発展していく。また、人間が生命を維持し、生存するためには、これまた「生命」をもつ動植物を食物とし、人間には有害な動植物を殺傷し、また、樹木を伐採して家屋を建て家具などを造り、さらに、住居や学校や工場や病院などを建築するためには、緑の山野にブルドーザーを入れなければならない。このことを深く考えると、わたくしたちは、人間が大自然から無限の恩恵を受けながらも、そこに生きる動植物を犠牲にせざるを得ないことに対する痛みを痛感せざるを得なくなってくる。このことに思いを致すならば、当然、無益な殺生をしたり、物を粗末に取り扱うことができなくなってくる。食前食後にも、贖罪《しょくざい》と感謝の祈りを捧げざるを得なくなってくる。自然環境を保全し、動植物を愛護するとともに、物を大切に扱うことにもなろう。

さらにこの感謝の念は、「それに応える」こと、いわば報恩としての活動に向かうことが求められてくる。この意味において、小学校「道徳」の「内容」にも次の項目が見出される。

身近な集団に進んで参加し、自分の役割を自覚し、協力して主体的に責任を果たす。

これこそ、伝教大師の「一隅を照らす」(『山家学生式』)精神と言うべきであろう。たとえささやかなことであっても、その時その場で果たすべき役割を自発的、積極的に行い、自らの責任を果たしていくことが大切なのである。

ボランティア活動にしても、弱者に対して恩恵的に施すものではなかろう。この「生かされて生きること」に対する感謝と報恩の念からおのずとなされていくものでありたい。これが、伝教大師のいわゆる「忘己利他《もうこりた》」の精神であると言ってよい。すなわち、

悪事《あくじ》を己《おのれ》に向《む》かえ、好事《こうじ》を他《た》にし、己を忘れて他を利するは慈悲の極みなり(『山家学生式』)。

このお言葉は、昭和六五年にローマ法王ヨハネ・パウロ二世が初めて来日し、我が国の宗教界の代表者たちを前に挨拶された中で引用されたものでもある。山田元座主は、法王が、次のように挨拶されたと言っておられる(34)。

ローマ法王は、「いまから千二百年ほど前に現れた偉大な宗教家・最澄の言葉を借りるならば、〈己を忘れて他を利するは慈悲の極みなり〉と言っておられる。これこそが、世界宗教の一番大切な理念であり、宗教行為であるから、世界中の宗教者がこれを用いようではありませんか」と、挨拶された。

この「忘己利他」ついて、山田恵諦元座主は、次のように解釈されている(35)。

伝教大師の「悪事を己に向かえ、好事を他に与え、己を忘れて他を利するは、慈悲の極みなり」というお言葉を略して、「忘己利他」といいます。だれもやりたがらない苦労の要る仕事を自分で引き受け、やりやすい仕事を他人に回し、自分の利益は考えずに他人の役に立つ人は、仏と同じであると、という意味。この「忘己利他」というわずか四文字をいつも胸に置きさえすれば、それがそのまま宗教になり、宗教心の発露となり、宗教生活の基本となる。

この「忘己利他」の精神は、特別な行為としてではなく、日常生活の中でつねに生かされ、実践されるべきものであろう。そのお返しも、物や金銭によるのではなく、日常生活の中でのちょっとした工夫や努力によってだれもがなし得るものであり、それによって相手に喜びや嬉しさ、ほのぼのとした気持ちを抱いて頂けることから始めていきたい。これによって、自分もまた相手から喜びや嬉しさの心を与えられるのである。仏教で言われる「無財《むざい》の七施《しちせ》」(『大蔵経・雑宝蔵経』)とは、このことを教えるものでなかろうか。すなわち、

①眼施《がんせ》……やさしい眼差しで相手に接すること。
②和顔悦色施《わげんえつじきせ》……微笑みを含んだ和やかな表情で相手に接すること。
③言施《ごんせ》……相手の心を察し、和やかで温かい思いやりから発する言葉をかけること、まず、日常生活の中での「オ・ア・シ・ス」、つまり、「おはよう、ありがとう、失礼しました、すみません」などの挨拶から始めたい。
④身施《しんせ》……自分身体の労働を惜しまず、他人のために尽くすこと。つまり、家庭では家族のために何ができるかを考え家事労働を行い、また、社会では積極的にボランティア活動に励むこと。
⑤心施《しんせ》……相手に対して心を配り、思いやりのこもった真心で接すること。
⑥牀座施《しょうざせ》……他人に席を譲ること。これはバスや電車の席などで高齢者や妊婦らに対してだけではなく、自分の地位にいつまでも恋々とせず、適時に後進の禅譲することを意味するとも解したい。
⑦房舎施《ぼうしゃせ》……たとえ一夜でも旅人を自分の家に泊めることであるが、旅に出たら野宿しなければな

らない昔とは異なり、今日では、来客に対して別け隔てなく温かく迎え入れ、真心をもって対応することと受け止めたい。

このことの具体的な展開については、故東井義雄先生の著書『喜びの種をまこう――誰にもできる無財の七施』（柏樹社、一九九〇年）に委ねよう[36]。これには、先生の感動的な実践例を通じて、国公立学校園でも宗教的情操の陶冶が十分になされ得ることをも示唆されるのである。ただ、身施について少しだけ述べておきたい。某高等学校長から聞いた話である。

授業内容についていくことができなくなり、不登校気味となってきた一女生徒を、時たまその学級担任教師が老人ホームに連れていった。ホームの老人たちは喜んで、「明日も来てね」と言うので、次の日もつい行くことになる。その次の日にもまた、……。そのうち、綴り物や洗濯などをも手伝うことになる。老人たちはますます喜んで、「あんたは気のしおらしい、いいお嬢さんやね。しっかり勉強もするのよ。頑張ってね」と皆で励ます。彼女はこのことによって、学校にも出席するようになり、見事に卒業もできた。このようにして、勉強が分からないために自己を見失い劣等感に陥っていた彼女は、老人たちから褒められ、励まされ、自己の存在意義に目覚めることができたのである。

なお、私も滋賀大学教育学部附属中学校長を併任していた際に、先生方と協議しながらこれまでの校外学習の見直しを行い、それぞれの意味付けの下に厳選と体系化を図った。その中で三年生の秋に行われていた遠足は福祉施設等への慰問に切り替え、義務教育の最後に相応しい小さな社会参加としたのである。実施後、多くの保護者から感謝の電話があった。「普通の遠足の時には帰宅しても何の話もしない。きれいだった？　お弁当はおいしかった？　などと聞いても〝別に〟としか答えは反ってきませんでした。しかし、老人ホームから帰った時には、その日に出会った老人のことや言われていたことを夕食が済んでも生き生きと語り続けました。そうして最後に、〝私の会ったおばあちゃんがね、いくら勉強のできる子になっても、自分の親をこのような所に入れる人間にはぜったいにならないでね、と言っておられた。この一言は自分にこたえたわ。おやすみ〟と、いくらか照れながら言って自分の部屋に向かった」とのこと。そうして、その後しばらくは、生徒と老人ホームとの自主的な交流が続いていた。乳児院を訪問した生徒たちなどは、親のいない乳児たちを忘れることができず、毎週自主的に院を訪問して乳児たちの世話を手伝ったのである。

「教育改革国民会議」の最終報告は「人間性豊かな日本人を育成する」ための一つの方途として「子どもの自然体験、芸術・文化体験などの体験学習を重視する。また、〝通学合宿〟などの異年齢交流や地域の社会教育活動への参加を促進する」ことを謳っているが、その中で特に「奉仕活動を全員が行うようにする」ことを重視し、次の提言を行っている。

(1)　小・中学校では二週間、高校では二カ月間、共同生活などによる奉仕活動を行う。その具体的な内容や実施方法については、子どもの成長段階などに応じて各学校の工夫によるものとする。

(2)　奉仕活動の指導には、社会各分野の経験者、青少年活動指導者などの参加を求める。親や教師をはじめとする大人もさまざまな機会に奉仕活動の参加に努める。

(3)　将来的には、満一八歳後の青年が一定期間、環境の保全や農作業、高齢者介護などさまざまな分野において奉仕活動を行うことを検討する。学校、大学、企業、地域団体などが協力してその実現のために、速やかに社会的な仕組みをつくる。

教育改革国民会議が奉仕活動を重視する理由として挙げるのは、次のことである。

> 今までの教育は要求することに主力を置いたものであった。しかしこれからは、与えられ、与えることの双方が、個人と社会の中で温かい潮流をつくることが望まれる。個人の自立と発見は、自然に自分の周囲にいる他者への献身や奉仕を可能にし、さらにはまだ会ったことのないもっと大勢の人の幸福を願う公的な視野にまで広がる方向性を持つ。思いやりの心を育てるためにも奉仕学習を進めることが必要である。

同感である。奉仕活動、ボランティア活動は「身施」、つまりは「忘己利他」の精神から自然になされてこそ意義があり、それがまた、いつか自分が知らないうちに自分に返ってきている。とはいえ、その見返りを当て込んで行うのではないのは当然である。附属中学校で福祉施設等の訪問を行った際には、担当者は施設との連絡を密にとりながら、学級活動の時間を利用して事前・事後の指導を十分に行った。訪問したのはたった一日であったとはいえ、附属養護学校との交流を盛んに行っていたこともあり、そこから自己を見つめる生徒の目が変わったことは間違いない。提言が効果的に実現されることを期待したい。

これまで「生命の尊重」と言えば、それはとかく「健康の増進と安全の保持」という生物学的・生理学的次元でしか捉えられていなかった。しかし、ここから脱し、「畏敬されるべき生命」に深く思いを寄せ、自己を見つめるならば、自己の人間としての在り方や生き方についての自覚が深まってくる。この中で、当然、自他の健康や安全の保持についても、おのずとなされていく。道徳教育の各内容項目についても、この観点から見直されるべきである。ともあれ、「生命に対する畏敬の念」を基盤にしなかったならば、心の教育は成立しない。宗教的情操の陶冶も、ここからなされていくのである。

## 5　どう育てるか

### 1　心に安らぎと落ち着きをもたらす場を構成する

現代人は近代文明の中で物質的には豊かな生活を享受しながらも、汚濁と騒音に満ちた刺激の洪水に流されがちとなり、何か慌ただしく、落ち着きのない毎日を過ごしている。人びとの心のつながりも希薄なものとなってしまっている。そこでは、自己の内面に目を向け、自らを省りみる「ゆとり」もないかのようである。これでは、人間の力を超えた大いなるものの存在に気づくことにさえ至らないであろう。真に人間らしい生活を営むためには、何よりも暮らしの中に時間的・精神的な「ゆとり」を見出すことが必要であり、特に「忙中に閑あり」とする「心のゆとり」をもつことが大切となる。

このことは、子どもにとっても同様である。学校や教室は子どもたちにとって「共に学習する場」であるとともに「共に生活する場」でもあり(37)、子どもたちが心の安らぎや落ち着きの中で真剣に学習に取り組めるよう、精神的に「ゆとり」のある教育環境として整えられなければならない。まず大きな声で朝の挨拶を交わし合うことが大切であり、ここから明るい学校生活が始まっていく。先の眼施、和顔悦色施、言施が生かされるであろう。

また、教師と子ども、子ども相互間には、温かい、良好な人間関係が築かれるべきことは言うまでもない。その際、教師は、まるであの常不軽菩薩のような心をもって、一人ひとりの子どもの内に神性や仏性が宿っているものとして、児童・生徒に対して畏敬の念をもって接し、慈愛の眼をもって子どもの心をその奥底から捉えるとともに、一つの物差しからではなく、多元的な、多様な角度から一人ひとりを見て、それぞれのもつよさや可能性を見出し、おのおのの子どもが自己の存在感や自己表現の喜びを実感できるようにしてやりたい。ここから、教師に対する「愛」や「信頼」の念が、また子ども間は「思いやり」の心が育っていく。さらに、学級や学校の生活が皆の支え合いや助け合いによって成り立っていることが感得され、それに対する感謝の念から、子どもたち自らが「共に生活するよき場」を築き上げるために、自らの「責任」を果たし、「奉仕」するように促されていく。つまり、先の身施と心施、さらには牀座施、そうして「忘己利他」の心が生かされていくのである。これを促す方途として、次のシュプランガーの言葉は実に示唆的である(38)。

思春期前の子供は、いったいどうして小さな責任を好んで引き受けようとする気を起こすのだろうか？　小さな責任がすでに真剣な世界のなんらかの場で必要とされ、また、そのことをいくらかなりとも頼りにされている時に、子供の自己感情が高まるからである。このことによって、より低次のエゴ的な自我がより高次な自己の方向に一段高められる。……すでに純良種の犬は、自分の主人の書類鞄を口にくわえて家に運んでもいいとされていることをどれほど誇らしげに思っているかを、自己の気取った態度の全体で示している。子供もまた、自分らに責任のある課題が託されるならば、それに誇りをもつのである。子供はそれによって内心から成長する。子供はそこからすでにまた、「汝自身に注意せよ！」いう定言的命令を理解することを学ぶのである。それは同時に、「汝自身を尊敬せよ！」いう他の命令を理解することへの一段階である。

この「愛」「感謝」「信頼」「思いやり」「責任」「奉仕」の心こそは、宗教的情操の基礎をなすものと見なすことができよう。

## 2　自己自身に導き入れる体験に培う

『学習指導要領』の総則に明示されているように、「豊かな体験を通して児童（生徒）の内面に根ざした道徳性を育成する」ことは、道徳教育の基本である。特に「畏敬の念」や宗教的情操の陶冶は、知的に理解されるというよりは、まず子どもの内心に感得されるものであるから、何よりも感動的な、心をゆさぶる体験に根ざして覚醒していくことが大切である。特に今日の子どもが家庭や地域社会の変化の中で、自然とは疎遠、労働とは無縁となってしまっている。ここから来る遊びや体験の欠如が、子どもの性格形成に多くの問題を投げかけている。まして、家庭や地域社会の中で年中行事として行われていたものの中には、宗教的情操を培うために有益なものが少なくなかったのであるが、それが行われなくなったり、参加したりすることが少なくなった今日では、宗教心の芽生えさえも養われていないことになる。価値ある遊びや体験を耕していくことが、これからの人間形成にとって大きな課題となってくるが(39)、本論では学校園において図られるべき体験に留めたい。

厳しい冬に耐えて芽を出し路傍に美しく咲く草花、登山で拝した御来光や雲海、夕焼けの素晴らしさ。これらのすがすがしさ、神々しさに触れ、涙が出たという体験。大空の星を仰ぎながら、ちっぽけな一人の人間として生きる者でしかないことを実感した体験。このような自然の摂理や神秘に深く感動したり、時には畏怖したりするような体験を、意図的に学校教育の中に取り入れたい。これによって子どもたちは、大自然の中で、大地に抱かれ、大いなる力によって生かされている自分を実感することができるであろう。

ともあれ、人間の生活は自然との関わりを抜きにしては語れない。自然に囲まれ、その摂理に順応し、その産物を衣食住の糧《かて》とした暮らしの中で、自然の恩恵に対する感謝の念を基に、その美しさ、素晴らしさ、不思議さ、神秘さ、恐ろしさなどを、子どもたちに感得させ、それを通して、人間としての在り方や生き方についての自覚を図らなければならない。特に我が国においては、すでに述べたように、古来の自然崇拝と大乗仏教とが結びつき、小さな虫けらの中にも聖なるものを感じ取る寛容宥和な心が育てられてきた。それだけに、自然との深い関わりの中で、日本人古来の智恵や生き方にも学びながら、人間の力を超えた大いなるものに対する畏敬の念を育てることが肝要と考える。

また、動植物の飼育栽培や勤労体験を通して、生きとし生けるものが人間の力を超えた不思議な力や神秘なものに支えられて生きているという事実を感じることが大切である。さらに、弟妹の誕生や自分の誕生日、あるいは肉親や親しい人の病気や怪我、死に接した時にはもとより、さらに日常生活の中でのテレビ、新聞記事などで出会ういわゆる美談から、それに対処する大人や教師の態度を通じて、子どもたちは敬虔なものを感じ取ることであろう。

核家族の増加とも関わって、祖父母との接触の少ない今日の子どもたちは、老人ホーム等を訪問し、経験話に耳を傾けたり、伝統的な玩具や藁細工、紙細工、手工、手芸、民芸等を学ぶことから、高齢者への畏敬の念、我が国の伝統文化や美風に対する理解も深まってくる。学校の中で地域の高齢者と子どもたちが触れ合う場を設定することも考えられよう。ここで高齢者と共になされる体験が子ども一人ひとりの感性を耕し、生活の智恵や日本人の心を学ばせ、価値観を深めさせていく場と機会ともなり得るし、その中で思いやりや優しい心も育てられていくのである。

なお、地域にある伝統や文化、祖先の代から崇拝されてきた古跡や神社仏閣、伝統行事等に接することから、あるいは遠足や旅行で訪ねる名所旧跡等に接することから、子どもたちは悠久なるものから自己を見つめ直すことができ、人間の力を超えたものへの畏敬の念を深め、宗教的情操を培っていくことができる。ただこの場合、子どもたちの保護者の信仰がまちまちであることに鑑み、他宗教に対する寛容な態度を育てるとともに、個人の信仰の自由を尊重する態度をもつことが必要となる。神社仏閣への参詣は子どもたちに強制することはできないとしても、祖先たちが崇拝し、営々と守り続けてきた尊い文化財として、そこから宗教・宗派の違いを超えて息づく悠久なものを感得させることはできないものだろうか。ともあれ教師がそれらに敬虔な態度で処することから、子どもたちもそれを感じ取ることは間違いない。

今回の教育課程審議会答申では、特に道徳教育に資するために、「ボランティア活動、自然体験活動、学校間の交流活動。高齢者をはじめ地域の人々との交流活動。観察や調査、実物に触れる活動、感性や情操をはぐくむ活動、様々な立場について考える活動等」が重視されている。教育改革国民会議の最終報告においても、体験活動が重視されていることは、すでに述べた。しかしこれが単に体験することに留まらず、しかもこれらが深い感動を伴って自己自身を深く見つめることに導き入れる体験でなければならないのである。

シュプランガーは次のように言っている(40)。

子供を自己自身に導き入れる諸体験が、学校生活の中で絶えず子供のために起こるべきである。それらの諸体験のうちでもっとも奥深いものを、われわれは「底から揺り動かすようなもの」と言うのである。そうした体験が心に刻みつけられるべきであり、もっとも恵まれた場合には、それは「持続的」でもある。すなわち、その体験は決して二度とは完全に忘れられ得ない。

ここで体験的活動を行う場合の留意点やその限界について述べる必要があろうが、それは他に譲り(41)、ともかく価値ある、感動的な体験が厳選されて実施される必要があることだけを指摘しておきたい。

## 3　感動的な文学・芸術との出会いを図る

人間は偉大な文学作品や芸術に接する時、心の内奥にまで至る深い感動を覚え、それに賞嘆するとともに、その作品の根底に凡人ではなされ得ないものを感じ取る。同様に、人間の歴史を眺める時、その営々とした流れの中に歴史を築き上げてきた人物の偉大な業績やその言行から、われわれと同じ人間でありながら、人間の業《わざ》を超えた大いなるものの存在を発見する。それは世界史という大きな舞台の上だけでなく、身近な郷土の中にもその先覚として見出される。そうしてそこから、自分自身の人間としての在り方や生き方に対する示唆を与えられ、未来への指標を見出し、大いなる理想に生きようとするのである。

特に「古典」として時間や空間を超えて現代に生き続けている作品の中には、そこから学び取るべき多くの宝物が潜んでいる。人生の苦悩を経ながら人間の本質を問い求める中でなされた、人間の力を超えた大いなるものへの思索が息づいている。特に我が国の古典には、独自の自然観や宗教観も見られるのである。時代の激しい変動の中で価値観が多様化し、そこには混乱さえ見られる今日にあって、これらの古典から「不易」なものを探り出し、確固とした足場を求めながら、「流行」に処していくことが肝要である。

シュプランガーも、文学先品などによって両親に価値ある典型を与えるとともに、特に青年を自己自身に導き入れるために、次のように言っているのである(42)。

専門の教育学の中で若人が抱く良心の苦しみに対して何ら教えられることがなかったとしたら、私は青年の生活を取り扱った小説の中に直観的な素材を求めるように奨めたい。すぐれた詩人は、必然的にすぐれた心理学者である。というのは、おそらく彼はつねに豊かな人生からの実例によって語られるように促されているであろう。彼がまたすぐれた教育学者であるかどうかを、少なくとも彼が子供たちに出会わせるであろう成人たちの姿を通じて、――とにかく彼の物語によって吟味しよう。このことによって、ひとは自分の眼を鋭くするであろう。

ビューラー (C. Bühler, 1893–1971) も言っている(43)。

若い人たちは人生を予見しようとして、彼の前に迫っているものを知ろうとし、鼓舞され、わくわくすることを願い、憧れの対象を見出す。

こうして青年は、芸術や文学を通じて自己を見つめ、自らの世界観・人生観を養っていくのである。当然、その中で宗教にも目覚めていく。

しかし、物語等によって道徳的・宗教的情操が陶冶されるのは、青年だけでない。シュプランガーは人間性への教育のために「良心に価値ある典型を与え、道徳的意識をいわば良心の世間的な状態をなしている具体的な内実で実らせることは可能である」とし、「陶冶的な想像力の感化」を重視するのであるが、彼は次のように言っている(44)。

> 子供向けの寓話が行っているように、一般的規則を直観的な物語の中に着せ込む場合には、すでに本質陶冶の核心により近づいている。道徳的説話は、その有用性の道徳とともに啓蒙主義時代に由来する平板な形式でしかほとんど知られていないので、われわれの許で不当にも厳禁されている。極東は、この術においてわれわれよりも勝れている。そうして、道徳的説話は先取りされた現実生活の像を描くことができ、その時、その像が想像力を自分のものとする。

彼はまた、違ったところでも言っている(45)。

> 今日、いわゆる道徳的説話は、いかなる年齢段階のひとにも不適切であると排撃されている。おそらく、われわれが説話をもっぱら啓蒙主義時代の著しく誇張された形式でしか知らないからであろう。日本人はもっと深い説話をもっている。しかし、本来、若い読者にはあらゆる物語が道徳的に意義ある説話になるものである。というのは、若い読者は、われわれよりもはるかに熱

烈に自分を英雄たちと同一化するからである。さまざまな事件が、真正な倫理的価値視座から描き出されていることだけは、配慮されなければならない。成長しつつある者は、彼の純粋性への根源的な性向によって、そのことを確実に感じとっている。

ここでシュプランガーが「啓蒙主義時代に由来する平板な形式」とする物語とは、善悪があからさまに描かれた説教小説や安易な勧善懲悪物語を指しているのであろう。これに対して、われわれ日本人が、幼い頃に縁側で日向ぼっこをしながら、あるいは囲炉裏を囲みながら、祖母や母から語られた、あの「むかしむかしあるところに……」で始まるお伽噺《とぎばなし》には、子どもを想像の世界に浸らせながら、社会の思いや願いを子どもの心におのずと感得させるものがあった。神秘的なものや何か大いなる力を感じさせ、畏敬の念を養うものも少なくなかった。これらは母親の背中に負われながら聞いた子守歌とともに、子どもの心の奥底に温められ、その心情を養っていたと言わなければならない。

今日の家庭でこのようなお伽噺が語られず、子守歌も聞かれなくなったことからも、学校では上述した発想を生かしながら、教師が子どもたちにお伽噺を読み聞かせることが必要となってくる。特に幼児期や小学校低学年期は、魔術期ともお伽噺期とも称されるように、童話の世界にそのまま感入することのできる年齢期にある。この時期にこそ、童話などによって美しい心や気高いものに触れ、敬虔な心の芽生えを育てたいものである。

小学校中学年期には、子どもの興味や関心は現実的なものに向かうのであるが、天体の運行や宇宙の法則性のもつ美しさ、芸術性豊かな作品や人間の行為に見る気高さなど、子どもの心の中にある「美しさや気高さ」を目覚めさせる場と機会は多い筈である。また、実生活に素材し、人間を主人公とした生活童話や現実に近い伝説・伝記などから、そこに描かれた「美しさや気高さ」を感じ取ることができるのである。

小学校高学年期には、人間のもつ心の崇高さや偉大さに感動したり、真理を求めたり、なんらかの道をひたすら極めようとする姿に心を打たれたり、偉大な芸術作品のうちに秘められた人間の業を超えたものに感動したり、さらには大自然の摂理や生命作用の神秘さ、それを包み込む大いなるものの存在に気づくことができるであろう。文学作品や、偉人、科学者、芸術家などと並んで宗教家の伝記に触れることを通じて、人間の力を超えたものに対して畏敬の念が目覚め、宗教的情操が養われていくように援助してやりたい。

さらに、中学生になると、文学的名作や人生論などに親しむことが可能となる。高等学校にあっては、仏教、キリスト教、イスラム教の三大世界宗教に対して、基礎的・客観的な理解を図ることは、これからの国際時代に鑑み、どうしても必要となる。

なお、古典的な音楽や美術が宗教的情操を培う上で大きな意義をもっていることについては、ここで述べるいとまはない。

### 4　自己を見つめる場を設定する——道徳の時間の充実

これまで述べてきた宗教的情操の陶冶は、生命に対する畏敬の念に基づくものであり、その限りでは教育活動全体の中で、各教科、特別活動等、それぞれの特質に即してそれを配慮することが求められる。しかし、その中心となるのは道徳教育であり、その要《かなめ》としての役割を果たすのが、道徳の時間である。

道徳の時間は、いうまでもなく、学校教育活動全体を通じて行われる道徳教育を「補充・深化・統合」し、「計画的、発展的な指導」を行う場と機会であるが、ここでは特に「道徳的価値の内面的自覚」を図り、内面的資質としての「道徳的実践力」を育成することが目指されている。「道徳的実践力」とは、『学習指導要領解説・道徳編』にも説明されているように、「人間としてよりよく生きていく力であり、一人一人の児童(生徒)が道徳的価値を自分の内面から自覚し、将来出会うであろう様々な場面、状況においても、道徳的価値を実現するための適切な行為を主体的に選択し、実践することができるような内面的資質」を意味している。したがって、道徳的実践力の育成とは、「基本的な生活習慣や社会生活上のルール、基本的なモラルなどにかかわる道徳的実践の指導」として、日常生活の中で児童生徒自らが実践できるように指導するものとは異なり、個々の現象面の問題に対する直接的な指導の効果は期待されておらず、むしろ「道徳的実践を自律的に行うことのできる素地としての内面的な能力」の啓培が意図されている。この特質は堅持されるべきであり、たとえ具体的な指導においては体験に基づいてなされるとしても、それが単に体験的活動のいわば事前・事後の指導まがいのものに陥ることは許されないのである。

道徳の時間は、いうまでもなく、学校教育活動を通じて行われる道徳教育を「補充・深化・統合」し、「計画的、発展的な指導」を行う場と機会であるが、ここでは特に「道徳的価値の内面的自覚」を図り、内面的資質としての「道徳的実践力」を育成することが目指されている。ここで言われている「道徳的価値」とは、端的に、文部省『学習指導要領』第三章に第二「内容」として明示されてある各内容項目であり、宗教的情操の陶冶に直接関係するのは、その第三の視点「主として自然や崇高なものとのかかわりに関すること」に含まれる三項目、徳目化するならば、①自然愛〈動植物愛護、環境保全〉、②生命尊重、③敬虔・畏敬である。これらは相互に関連し合うものであるし、また、他の三つの視点とも関連させて指導することも大切である。このことについては、ここでは述べない(46)。ともあれ、これらの道徳的価値が児童・生徒の発達的特質に即して自己の内面から自覚されるように指導されなければならないのである。

このために特に配慮されなければならないのは、前述した「自己自身に導き入れる体験」を道徳的価値の観点から省察し、それに根ざしながら「感動的な文学・芸術との出会い」がなされ、それによって自己が道徳的な感じ方や見方や考え方が拡大され、深化される中で、「わたしとは何か」「わたしは人間としていかに在るべきか、いかに生きるべきか」について考察していくことである。この中で道徳的価値が内面的に自覚され、より高い生への志向が図られなければならない。「感動的な文学・芸術との出会い」は精選された資料を通じて行われるのであるが、この資料が特に大きな意義をもつことについては言うまでもなかろう。かつてわたくしは、上廣倫理財団から依頼され、同財団が全国から募集した児童の感動的作文から道徳資料として有効に利用され得るものを選び、編集したことがある。そこでは低学年の児童にも、「敬虔・畏敬」に係る体験が驚くほどになされていた(47)。このような児童の体験を資料化することもできるし、また、これが導入部で省察され、童話や民話などによって拡げ、高め、深めることもなされ得る。あるいは終末部で利用することもあろう。これをも含め、地域に伝わる民話や先覚の伝記、さらには文学作品などから、宗教的情操を陶冶するための資料の開発が求められるのである。

道徳の時間の指導について論じる場ではないが、ただ、この時間の中でもっと静かに自己を見つめたり、自己と語り合う沈黙の場を配慮することだけは言っておきたい。ペスタロッチーはあの感動的な実践記録『シュタンツ便り』の中で、「どのような徳でも口で言う前に、まず感情を喚起するとともに、活動を目的としながらその手段として子供に沈黙させた」(48)と述べている。シュプランガーもまた、「出会いに付着する価値内容が、長く、また深く、若いたましいのうちに作用し続ける」ためには、言い換えると「価値内容がそこに根を下ろす」ためには、「多くの弁舌」よりも「沈黙の一休止」の方が効果が高いのであり、「概してわれわれは、学校において沈黙の効果性を顧慮することが、あまりにも少な過ぎるのではなかろうか？」と言っている(49)。

今日の学校では、児童・生徒に語らせることに忙しく、時には懺悔まがいのことまで全員の前で発表させていることはないであろうか。また、早急な効果を求め過ぎてはいないだろうか。内面的資質としての道徳的実践力とは、自己の内面にしかと根づき、潜在的、持続的な作用を及ぼしていくものである。それを養うためには、授業中に子どもたちがもっと密かに自己と対話する機会を図ったり、静かに余韻を残して授業を終了し、感動を心の内に温め続けさせておくことなどが必要であると思うのは、わたくしだけではなかろう。

## 5　大人（教師）の感性を磨く

畏敬の念を抱くかどうかは、その人自身の感性の問題であり、また、その世界観・人生観に深く関わる事柄である。ともあれ、まずは美しいもの、不思議なもの、崇高なものなどに、自己のたましいが揺り動かされるかどうかにかかっているのである。

アメリカの女流海洋学者であり、また環境学者であるレイチェル・カーソン（R. L. Carson, 1907－1964）は、姉の遺児である甥のロジャーと共に海辺や森の中を探検し、あるいは星空や夜の海を眺めた経験をもとに述べた書物『センス・オブ・ワンダー』（一九九六年）の中で次のように述べている(50)。

子どもたちの世界は、いつも生き生きとして新鮮で美しく、驚きと感激にみちあふれています。残念なことに、わたしたちの多くは大人になるまえに澄みきった洞察力や、美しいもの、畏敬すべきものへの直感力をにぶらせ、あるときはまったく失ってしまいます。もしわたしが、すべての子どもの成長を見守る善良な妖精に話しかける力をもっているとしたら、世界中の子どもに、生涯消えることのない〝センス・オブ・ワンダー＝神秘さや不思議さに目を見はる感性〟を授けてほしいとたのむでしょう。この感性は、やがて大人になるとやってくる倦怠と幻滅、わたしたちが自然という力の源泉から遠ざかること、つまらない人工的なものに夢中になることなどに対する、かわらぬ解毒剤になるのです。妖精の力にたよらないで、生まれつきそなわっている子どもの〝センス・オブ・ワンダー〟をいつも新鮮にたもちつづけるためには、わたしたちが住んでいる世界の喜び、感激、神秘などを子供と一緒に再発見し、感動を分かち合ってくれる大人が、少なくてもひとり、そばにいる必要があります。（傍点筆者）

彼女にとっては、「美しいもの、未知なるもの、神秘的なものに目を見はる感性」を育むことが、子どもたちへの一番大切な贈り物だったのであり、そのために子どもたちと一緒に自然を探検し、発見の喜びに胸をときめかさせようとしたのである。

日常生活の中には、子どもが自然や人間の力を超えたものに対して畏敬の念を抱き、宗教的情操を育まれる場や機会は多くある。しかし、それを感じ取れるかどうかが問題であり、その素直な感情をいっそう高めるためには、まず、大人(教師)が子どもとともに感動することが大切となる。ここに、大人(教師)自らにみずみずしい感性が要求されることとなる。また、大人(教師)の子どもへの心豊かな関わりが大切であることは、言うまでもない。例えば、美しいものには「美しい」と、大人(教師)の心を素直に表すことによって、子どもの美への感情が芽生え、育つのと同様に、畏敬の念や宗教的情操の陶冶にあっても、何らかの事象に接した際の大人(教師)の対応が大切となる。

例えば、子どもが怪我をしたり病気に罹ったりした際に、あるいは友だちや肉親が死亡した際に、大人や教師がそれにどのように対処するかによって、子どもの心に大きな違いが生じるのである。ある小学校であるが、ある子の祖母が亡くなり、その葬儀のために欠席した時に、その担任教諭は、その子の気持ちがどうであろうかを自分の体験と関わらせながら皆に語ったところ、この学級の子どもたちは、会ったこともないその友だちの祖母の死を悼む作文を書いたと言う。また、ある幼稚園であるが、園で飼育していたインコが死んだ時、すべての園児たちに一人ずつ順番に、あえて自分の指先でインコに触られて、死んだら冷たくなり、硬くなることを実感させてから、丁重に葬った。その葬儀の間中、園長はずっと合掌していたが、園児には何ら指示はしていない。公立幼稚園だったからである。その後、自分たちが捕らえたイモリやメダカを川や池に返してやる園児が増えたと言う(51)。ちなみにある幼稚園では、園で飼育していた十姉妹が死に園庭の端に穴を掘って埋めている際に、ある子が「先生、この鳥も丁寧に土のお布団をかけて上げておいたら、来年の春にはまた元気に僕たちのところに帰ってきてくれるのですね」と語ったところ、若い先生はそれに対して、「そんなことはないよ、死骸はやがて土に帰るだけよ」と答えていた。死骸が土になることは科学的知識としては正しいとしても、幼児に対する教育としてはこれでいいのだろうか。子どもの夢は無惨にも破れ、これまで可愛がっていた十姉妹も単なる物体としか残らない。こうして冷たい心だけが根を張っていく。先に、教師は常不軽菩薩のような心でと言ったのであるが、子どもは大人(教師)から信じられている、愛されていると感じることによって、人を信じ、人を愛することができるようになる。そして、それが人間の力を超えたものへの畏敬へと繋がり、宗教的情操を培っていく。大人(教師)自らが自己の人間としての在り方や生き方を追求し続け、宗教心を抱くことが、宗教的情操の陶冶への道を開くための鍵であると言わなければならない。

最後に、シュプランガーの言葉を挙げておこう(52)。

> あなたが教育を教え学ぶことのできる「技術」であると考えているとしたら、教育のために内的な前提をもっていないのであり、その職業からは決別する時にある。では、いかなる前提なのか？——あなたが子供に作用しようと努力している聖なる畏怖は、ゲーテに類似して、三つの畏敬、すなわち、倫理的・宗教的価値に対する畏敬、あなたの国民の人類的使命に対する畏敬——次の

一つに終結される。
あなたの職業の偉大さに対する畏敬。

おわりに

わたくしは昭和六二年に「滋賀県学校道徳教育振興会議」が設置されて以来、その会長を務めさせて頂き、各界を代表する委員たちと審議を重ね、毎年、そのまとめを冊子にし、滋賀県教育委員会に提言してきた。平成八年度には「〝いのち〟・〝人権〟を大切にする心を育てる教育の推進」という当年度の学校教育の重点課題に応じて『いのちを大切にする心を育てる』を、さらに平成九年度には『人間の力を超えたものへの畏敬の念を深める』を主題として、あえて宗教的情操の陶冶に係る問題に取り組んだ。時あたかも、いじめによる自殺、オウム真理教の暴挙、さらに神戸市における少年による殺傷事件等々、世を戦慄に陥れる事件が続発し、それらに対する抜本的な対応が迫られている時期であった。幸いにも各委員からその難問に対する貴重な意見を頂くことができた。この審議記録を基にして担当の滋賀県教育委員会学校教育課川那辺正指導主事が提言文の原案を作成し、それに不肖わたくしが加筆修正し、全委員の合意を得て県教育委員会に提言として提出した。この提言は『道徳教育振興だより』としてA４版六五頁の冊子にされ、滋賀県教育委員会名で県内の教育機関、全学校園に配布されている。その中で報告書に当たる部分は二〇頁であり、宗教的情操の陶冶に関する公的な文書としては全国で最初のものではなかろうか。

この章は、この提言を基にしながらその拡大・深化を図る中で、わたくし自身の所論を作り上げていったものであることを、感謝の意を表しながら付言しておきたい。思索はまだまだ不十分であるが、心の根底に宗教的情操を据えることが何としても必要であるという強い思いから、国公立の学校園においてもなされ得るであろうことを考察した。厳しいご叱正をお願いする次第である。

## 1　朝日新聞社菅原編集長の批判に答えて

この滋賀県教育委員会発行の『道徳教育振興だより』を、わたくしは朝日新聞社学芸部「こころ」編集長菅原伸郎氏にも送付した。当時、菅原氏は日本全国はもとより、ロシアやドイツへにも足を延ばして精力的な取材を行い、『朝日新聞』東京本社版の夕刊「こころ」のページに二年半ばかり「宗教と教育」に関する記事を毎週一回連載中であった。わたくしもこの取材に二、三回応じていた。当地では東京本社版の夕刊を入手し得ないため、菅原氏は何回かにわたってそのコピーを送って下さり、わたくしもそれを再コピーして大学等の関係者に配布もした。そのコピーは全部、貴重な資料として今も大切に保管している。氏と会って話しをした時には、極めて好意的・共感的であった。しかし、その連載記事を中心にまとめられた著書『宗教をどう教えるか』(朝日新聞社、平成一一年)には、わたくしたちの報告書は、かつて中教審答申に出された「期待される人間像」の「生命」理解が次第に表面的なものとなり、アニミズムの人魂《ひとだま》のようなものに考えられるようになっているのではないかということと関係して――わたくしたちの報告はその中教審答申とはまったく無関係である――、次のような厳しい批判が下されているのである(53)。

生命に対する畏敬滋賀県教育委員会の「滋賀県学校道徳教育振興会議」がまとめた報告には《「いのちをいとおしむ心」は、日本人に固有な自然崇拝と大乗仏教との精神が見事に結びついたわが国古来の思想である》と書いてあったが、この見事な結合とは、仏教でいう「仏性」を人魂のようなものと見なして、神道の神々と結び付けた神仏習合の考え方である。しかし、たとえば、鈴木大拙は『日本的霊性』(四四年、岩波文庫)の中で《古代の日本人には、本当に言う宗教はなかった。彼らは極めて素朴な自然児であった》として、婉曲に『万葉集』などのアニミズム的宗教観をからかっている。本当の霊性の目覚めは鎌倉仏教が登場してからだ、といいたいのだ。「仏性」とは本来、山や草木に宿る人魂のような概念ではない。最近の仏教学では「草木国土悉皆成仏」は日本仏教の創作だ、という見方が有力になっている。「聖なるもの」や「生命の根源」といった宗教的感情、あるいは「実存」といった根源的目覚めは、アニミズムの世界とはまったく違う次元のことなのだ。たとえば、靖国神社の「英霊」とか、「慰霊祭」といった言葉が何となく使われているが、それは「人魂」のような宗教観を前提にしているのではないか。道徳教育では「いのちの大切さ」という言葉が普通に使われているが、その「いのち」について、あまにり古い宗教観を土台にしていないだろうか。鈴木大拙が指摘したように、せめて鎌倉仏教以降の「霊性」の発展を前提にしなければ、とても科学の時代には通用しないだろう。

この批判は世界観ないし教育観の違いとしか言いようのないものであるとしても、委員会が一年間にわたり精魂を傾けて作成した見解に対する批判であり、また、わたくし自身の宗教観及び教育観に対する批判であると受け止めざるを得なかった。わたくしは早速、菅原氏に長文の書簡を出した。その文面はおおよそ次のようなものであったと思う。

わたくしたちが重視したのは、自然と生命、人間の力を超えたものに対してだれもが抱く敬虔な心を大切に育てていくことである。この意味において、われわれが目指しているのは、あくまで〝宗教的心情の陶冶〟である。それが十分に耕されているならば、ある年齢段階となって自らの信仰の対象を自らが求めていく。宗教心と信仰心とはあくまで別のものである。その違いを考えることもなく、この敬虔な心を育てることを無視ないし否定したところに戦後教育の問題があるし、今日の世相の悪化の原因がある。そして、我が国では今日あまりにも宗派性がはびこり過ぎているが、仏教とは、本来、もっとおおらかなものではないのか。このような鈴木大拙の独善的で狭隘な考え方によってますます宗派性が助長され、今日の若者たちを既成宗教からより遠ざけていくことを恐れている。そうして、小さい時から宗教心が培われていない彼らが、人生に悩むと安易にカルトやオカルトに向かうことに対して、あまりにも自派の宗派性にこだわり過ぎ、他宗派を排除しがちな偏狭さこそ、反省されるべきではなかろうか。

それに対して菅原氏から返事はなかった。そして、平成一二年末に、「〝畏敬の念〟と〝不安の心〟」（『鈴木大拙全集・第一五巻・月報』）と「宗教教育の現場を歩いて――初めに〝悲しい〟がほしい」（『大法輪』二〇〇〇年三月号）と題する二編の論考のコピーが送られてきた。この二編の論考は前述の批判的見解がさらに発展されており、氏が宗教教育について考え続けてられることに対して深い敬意を抱いた。早速拝読した。後者の論考の始めに「文部省は〝心の教育〟の必要を説き、学校も〝生命の大切さ〟を懸命に教えている。大事な取り組みなのだが、しかし、道徳教育などの現場を歩いてみて〝どこか違うな〟という印象を持ってきた」と述べられているのであるが、氏の見解は正直言って、やはりわたくしたちの考え方とはそれこそ「どこか違うな」と言う他ない。この二論考に対する所見については他日に期すこととし、ここでは氏の著書における報告批判に応えることにする。ただ仏教学専攻でないわたくしとして公正さを期すために、仏教に関する解釈は特定の学説に依らず、主として『宗教辞典』を中心に行うことに努めたい。

## Ⅰ　「草木国土悉皆成仏」はアニミズム的宗教観か？

菅原氏は「草木国土悉皆成仏」という思想を、いとも簡単に、と言うよりは極めて揶揄的に「アニミズム的宗教観」と断じている。しかし、彼はこのアニミズムを一般的な意味で「すべてのものに霊魂があると信ずること。とくに未開社会や幼児にみられる未分化な心的状態」(54)といった程度で考えているのだろうか。しかし、『宗教辞典』(55)では、「アニミズムはラテン語で気息とか霊魂・生命を意味するanimaから出た語」であり、「さまざまな霊的存在(神霊、精霊、霊魂、生霊、死霊、妖精、妖怪など)にたいする信仰・観念を指し、〈霊魂・精霊崇拝〉とか〈有霊観〉と訳される」とある。そうして、イギリスの人類学者タイラー(Tylor, E. B. 1832–1917)が「最古の人類が人間に宿る生命原理としての非物質的実体＝霊魂の存在を信じ、これを動植物・自然物にも及ぼしたことから、さまざまな霊的存在にたいする信仰・観念が生じ、霊魂・精霊崇拝がさらに進化して諸神や一神の観念を生むに至った」と仮説し、アニミズムによって宗教文化の起源と本質を説明しようとし、それが未開社会に濃厚に見られるだけでなく、開発途上社会や文明社会の諸宗教にも広く存在しており、「死者(霊)崇拝、祖先(霊)崇拝はもとより、各種動植物崇拝や山岳・海洋崇拝を含む自然崇拝もアニミズムの観念の延長上にある」としたことを紹介している。さらに、「仏教は本来霊魂・精霊崇拝を否認する立場を特徴とする宗教であるが、仏教が伝播、定着した国々においては、何らかの形でアニミズムとの習合が見られる。日本においても、とくに民衆レベルにおいて、仏教は宗教を問わずアニミズムと結合することにおいて展開した」とある。したがって、民族の宗教について考える時、アニミズム的要素を完全に否定することはできないであろう。

とは言っても、「草木国土悉皆成仏」の思想は、草木や禽獣の類いを信仰の対象にするというようなアニミズム的なものを決して意味しない。これは、あくまで「仏性」の問題として捉えなければならないのである。

「仏性」とは「仏の性質。仏としての本質。覚者（仏）となりうる可能性」(56)であるが、この仏性がすべての衆生に有るのか、それともそれを有さない衆生が一部に有るのかをめぐっては意見が分かれるのであり、古来、両者の間に激しい対立と論争がなされてきた。

とりわけ唯識法相宗は「五性各別《ごしょうかくべつ》」を唱え、「衆生が先天的に備えている素質を五種（菩薩定性《ぼさつじょうしょう》・縁覚《えんかく》定性《じょうしょう》・声聞定性《しょうもくじょうしょう》・不定性《ふじょうしょう》）に分かち、これらは永久に決定的に区別されているとする説」を説く。すなわち、人間には、(1)菩薩になるはずの者、(2)縁覚（独善的なさとりを開く人）になるはずの者、(3)声聞（小乗仏教の修行者）になるはずの者、(4)そのいずれとも定まっていない者、(5)絶対に救われない者（無種性）、という五種類の区別があって、前の三つは、それぞれ仏果・辟支仏果・阿羅漢果を得ることが定まっているが、第四はそれが決まっていない者であり、第五は永遠に迷界に沈んで苦から免れることがない者である。そうして、この五種のうち菩薩の決定性と、不定性の中で菩薩性をまじえた者とが、仏果を得て成仏できるとするのである(57)。

この小乗仏教に対して、大乗仏教は『法華経』に基づき、『涅槃経』にある「一切衆生悉皆成仏」を通念として、生きとし生けるすべてのものが成仏することができるとする。伝教大師最澄は「我日本は天下に円機已に熟し円教遂に興る」(58)と高唱し、日本国を大乗の国とし、そこに「真理を実現し、正法を樹立」(59)することが緊要であり、我が国にはその機が熟しているとして、天台法華宗を開創し、大乗戒壇の樹立に生涯を捧げられたのである。このために法相宗の学僧であり東北で大きな勢力を有していた徳一法師との間に交わされた「三一権実《ごんじつ》論争」はあまりにも有名であり、最澄の晩年の著書はほとんどこのためになされたと言っても過言でない(60)。

最澄の意図した天台法華宗は「円密禅戒」という四宗兼学の総合的な仏教であり、自らの生存中には大成し得なかったとしても、その志はその高弟たちによって継承され発展されて、「天台本覚思想」として完成されていく。ここで言われる「本覚」とは、田村芳朗によれば、「『大乗起信論』の本質の意味を拡大解釈して、生滅・変化する現実界こそが、本来、ほんとうのさとりの世界であると主張した。多種多様な事象が生起・変滅する現実のすがたこそは、永遠・普遍な真理の生成躍動のすがたであり、そこにこそ、ほんとうの生きた真理が存するということである。逆に、現実相を捨てて立てられた真理は、仮のものであり、死んだものであるとされている」(61)。この「天台本覚思想」は、「伝教大師最澄においで、すでに大乗仏教の最高クラスである法華・華厳・密教・禅などの諸思想が吸収されたが、慈覚大師円仁、智証大師円珍・五大院安禅によって密教思想が一段と推進され、叡山中興の祖といわれる慈恵大師良源から弟子の慧心僧都源信・檀那院覚運へ、さらに平安末期から鎌倉中期にかけて、仏教の代表的な諸教理を結束し、最高の哲理としての絶対的一元論の極致へとおし進めていった」[62]。そうして、「比叡山で天台本覚思想を学んだ法然、親鸞、道元、日蓮らの鎌倉仏教の祖師たちは、それぞれの角度からこの教学を乗り越えて、時代にこたえる実践的な新しい仏教運動を展開していった」[63]のである。この天台本覚思想の中に生き続けているのが、「草木国土悉皆成仏」の思想なのである。

この「草木国土悉皆成仏」とは、「草・木・国土など心を持たないもの(非情)すべてが、人間など心を持ったもの(有情)と同じように仏性があって成仏すること」[64]を意味し、「一切衆生悉有仏性」を説く『涅槃経』の思想に由来し、『大乗玄論』『探玄論』などに説く。自己も環境も一体不二であり、万有が平等の真理のあらわれであり、仏のすがたであるという思想に基づいている。天台宗で強調し、また真言宗でも説く」[63]とある。インドでは仏性の有無については、もっぱら衆生、すなわち生きとし生けるもの、有情の生物のみに関して論議されたのであるが、中国では『荘子』知北遊に「道は在らざる所無し…稊稗《ひえぐさ》に在り、…瓦甓《かわら》に在り」とあり、この道が仏教の bodhi(菩提)の意訳語として用いられることなどから、仏性は在らざる所無く、草木土石の無情のものにも在るという論議が隋唐の天台・華厳・禅等でそれぞれの立場から展開されるようになったと言う。唐の湛然《たんねん》『金剛錍論《こんごうべいろん》』の「牆壁瓦石、無情の物」もまた仏性をもつという議論がその代表的なものであり、大きな影響を与えた。我が国の道元『正法眼蔵』における仏性「草木国土これ心なり。心なるが故に衆生なり。衆生なるが故に仏性有り」なども、その延長線上に位置づけられるとされている(66)。

自然との一体を特色とする日本では、草木成仏説は比較的抵抗なく受容された。空海の六大体大説も一種の無情成仏説といえるが、特に草木成仏説が理論的に展開されたのは天台においてであり、本覚思想の中で大きく発展した。たとえば、良源に帰せられた『草木発心修行成仏記』では、草木の生・住・異・滅の相がそのまま発心・修行・菩提・涅槃であると主張されている。ともかく、天台宗の世界観では、「心も物も自己も環境も、すべて円融し、仏性のあらわれである」とされているのである。しかも、「このような思想は文芸にも大きな影響を与え、たとえば謡曲の中には〈草木国土悉皆成仏〉という表現がしばしば現れている」(67)とか、「神道をはじめ、和歌・能楽・生け花・茶の湯などの文芸の理論化に供せられた」(68)とある。このように「草木国土悉皆成仏」という思想は、人間は皆平等であり、生きとし生けるものは悉く尊いとする大乗仏教の特色を言い表すものとして重視されてきたばかりか、例えば路傍の名もなき小草からも人生の意味を見出し和歌に詠むなど、日本人の精神に大きな影響を及ぼし続けてきたものなのである。

ところで『岩波仏教辞典』には「草木国土悉皆成仏」という言葉は「早くは安然の『斟定草木成仏私記』（九世紀）に〝中陰経に云く〟として引用され、その後、謡曲などに盛んに引用されたが、現在の中陰経には見あたらず、日本で新造された可能性も大きい。しかし、〝道邃《どうずい》の『止観弘決纂義』に類似の表現が見られ、もしこれが最澄の師の道邃ならば、中国に由来することになる。〝ただ一筋に仏道をねがう時は、〈草木国土悉皆成仏〉とぞ見えける〟（曽我11貧女）」(69)とある。菅原氏が「最近の仏教学では〝草木国土悉皆成仏〟は日本仏教の創作だ、という見方が有力になっている」と言うのも、ここからかもしれない。しかし、たとえ「日本仏教の創作」であるとしても、なぜそれがいけないのか。日本人が信仰する日本仏教である。最澄が開創した天台法華宗にしても、仏教を中国からの直輸入として受け入れられたものではなく、厳密な仏典解釈に基づきながらも、我が国で初めて仏教を国家的・文化的理想の下に摂取された聖徳太子の精神を継承し、あくまで我が国の土壌の上に日本化され、全国民の悟りを開き、国家の鎮護を念ずるものであったと考えられる(70)。

それにしても、彼は「最近の仏教学で有力」とは、何を根拠に言っているのか。わたくしは仏教学の専攻でないから分からないが、友人の話によると、『本覚思想批判』（大蔵出版）の著者で「批判仏教」を提起する駒沢短期大学の袴谷憲昭氏ら、自らの仏教観の根拠を釈迦が説いたとされる仏典にのみ固執する一派は菅原氏のように考えるのかもしれない。しかし彼らは極めて視野狭窄的な発想の持ち主であり、現代の仏教学界を代表する立場では決してない、とのことである。菅原氏が日本思想史、仏教史を読むこともなく、仏性や天台本覚思想についての十分な考察もなく、「草木国土悉皆成仏」の思想を「アニミズム的宗教観」であるとか「人魂」のような宗教観であるとかと安易に揶揄し、いかにもそれが今日の仏教界の正流であるかのように結論付けているのである。

## II　日本的霊性について

仏教学専攻者ではなく、またその著作をほとんど読んでいないわたくしには、世界的に知られた鈴木大拙(一八七〇―一九六六年)の思想について、とても批判する資格はないし、その能力もない。しかし、その著書『日本的霊性』を読んだ感想を述べることは許されよう。

この書物は昭和一九年の初めに書かれ、同年一二月に出版され、昭和二一年には再版が出されたと言う。篠田英雄はその岩波文庫版の解説で、「第二次大戦の勃発当初から、我が国の敗戦の必至を信じていた著者は、そうなったときに日本が世界の精神文化に貢献すべき大なる使命は、日本的霊性的自覚の世界的意義を宣揚するよりほかにないとして、この著述を企てたに違いない、先生のこれまでの著書には、『日本的霊性』なる語はまったく見出され得ないからである」[71]と述べている。

これに対して梅原猛は、その著『美と宗教の発見』のなかで、「昭和十五年に『禅と日本文化』を書いて日本文化論を試みた鈴木大拙は昭和十九年大東亜戦争たけなわの頃『日本的霊性』という本を書き日本精神について論じた。鈴木が日本的霊性というはなはだ聞きなれない言葉を用いたのは二つの理由によるのであろう」とし、その一つは、「当時流行していた国家主義的な日本精神論に対して、自己の精神論を区別しようとするためであろう」し、また、「彼は霊性という言葉に、ただ物資にたいする精神という意味でなく、精神と物質、主観と客観との対立以前の根源的なものを意味させようとする」

のである。そうして梅原は、鈴木が「大地的霊性」と呼んだこの霊性とは、「その土地に深く根を張って、そこからもろもろの生命を生み出し、そこへもろもろの生命を帰す魂の根源的な故郷というべきものを言うのであろうか」と解釈している(72)。とは言え、鈴木自身からはこのような明確な概念規定はなされていない。

鈴木によれば「宗教意識は霊性の経験」であるが、その「霊性は或る程度の文化段階に進まぬと覚醒されぬ」ものである。古来の日本人は「極めて素朴な自然児」であり、「深刻な宗教意識がなかったこと」は『万葉集』が「古代の純朴な自然生活」しか謳われていないことからも明瞭である。平安朝文化を代表する『古今集』では「物資に恵まれた貴族生活の行楽遊戯的気分のいかに汪溢していたかがわかる」。「霊性は大地を根として生きている」ものであるが、平安朝時代も奈良朝時代もまだその大地を根としていないので、宗教意識の展開が見られない。伝教大師や弘法大師を始め立派な仏教学者も仏教者もずいぶん出ているが、「日本人はまだ仏教を知らなかった。仏教を生かして使うものを、まだ内にもっていなかった」のである。ここから鈴木は、日本に霊性が目覚めるのはようやく鎌倉時代に至ってであり、特に親鸞聖人が北国に流され関東に漂泊したことによって「大地の生命を代表して遺憾なき」を得て以来であり、また、「地方の地盤をもつ、直接農民と交渉してきた武士」が出現して以来であると結論付けるのである。したがって鈴木にあっては、「弘法大師の如き、伝教大師の如きといえども、なお大地との接触が十分でない。彼らの知性・道徳・巧業は日本民族の誇りである。が、彼らは貴族文化の産物である。それで貴族文化のもちうべき長所と短所をことごとく備えている。彼らには、平安文化の初期に出世したので、平安文化の特徴と見るべき繊弱さ・哀れさ・麗しさ・細やかさなどという情緒をもち合わさぬ大陸的なところがある」と批判するのある。

しかし彼は、我が国で聖徳太子以来発展してきた仏教を全体としていかに評価するのか、行基や弘法大師の所業、とりわけ伝教大師が日本的な土壌に適応した国教を創建するためにいかに努力されたかなどについては、何も語っていない。梅原猛も「鈴木の日本的霊性論は、深い宗教的精神が宿っていて、今日もなおわれわれにある精神的反省を与える」と、一応の評価をしながらも、「しかしここで再びわれわれが、この日本的霊性論の精神史としての客観的正しさを問うとき、われわれは多くの疑問に逢着せざるをえない」とし、「はたして日本的霊性は建国のはじめから鎌倉時代まで冬眠していたのであろうか。一千年もの間冬眠し続けるとは、よほど眠り好きな日本的霊性であらせられるようである。……ひょっとしたら眠っていたのは鈴木の方で、日本的霊性は聖徳太子において、行基において、空海において、最澄において立派に目覚めていたにもかかわらず、眠っている鈴木の眼の方が、さめているものを眠っていると見違えたのかもしれない。鈴木によれば、日本的霊性は彼がもっとも興味をもつ宗派の中にだけ目覚めるかのごとくである。彼はまず禅に興味をもったが、後に大谷大学に就任した彼は、浄土教、特に浄土真宗に興味をもった。日本的霊性は、彼の興味の範囲の中においてのみ目覚めるかのごとくである」と批判するのである(73)。先に「鈴木大拙の独善的で偏狭な考え方」

と言ったわたくしとしては、まったく同感である。鈴木は浄土真宗と禅宗だけを日本的霊性に根ざした仏教として称揚するのであるが、それではこれ以外の宗派の仏教は宗教とは言い得ないのか。これが本気で語られているとしたら、大問題であろう。

梅原はまた、日本的霊性が国粋主義的精神に対する批判として書かれたとはいえ、それからまもなく日本の敗戦とともに日本精神論が無力となったとき、日本的霊性はいままでの日本精神に対する消極的批判を積極的にし、神道に対して痛烈な批判を浴びせかけ、特に昭和二一年に出版した『霊性的日本の建設』では、これまでの日本精神をぶちこわし、大地的霊性を戦後日本の指導原理として掲げようとしたとし、「私はこれを読みながら日本的霊性なるものは、案外不自由なものであると感じたのである」と述べている。そうして、戦争の最中に激烈な言葉で戦争や神道や天皇を批判して獄舎につながれた人たちと比べ、鈴木によって語られた日本的霊性は「あまりにも用心深すぎたように思われる」し、彼は戦後、「今だから脱白に公言できるが、自分等は今度の戦争は初めから負けるものと信じて居た、また負けてくれれば日本のために好かろうとさへ思った」とか、「これは戦争終結前のものであったので、所述は自ら限られたところがある」とか、「それを余り直接に云ふと当局の忌諱にふれて、出版は不可能になる」とか、無造作に言っているのであるが、これが果たして思想家の真の態度なのか、思想家はそれを公言すべきではないのか、沈黙していていいのか。もちろん、すべての人がイエスやソクラテスの真似をすることはできず、「人は誰でも生命はおしいし、牢につながれたくないものである」が、「しかし、生命がおしく、牢につながれたくなかったら、そこで自己の不自由さと人間の弱さを自覚すべきである。こういう精神的不自由さにもかかわらず、主客の対立を越えた絶対的自由の境地を説くのはまったく奇妙なことである。もしも牧口常三郎のように、あえておのれの信念のために獄死をする宗教的勇気をもたなかったとすれば、せめて彼は戦後、神道に対して投げつけられた痛烈な批判を自分自身に対して投げつけるべきであったろう。……私にはせめて戦後の鈴木に、戦争中の多くの青年の望まざる死のための念仏をしたという痛烈な自己反省の言葉だけでもほしいと思うのである」(74)と言うのである。わたくしもこれを正論と考え、自戒の言葉として深く噛みしめなければならないと思うのである。

## Ⅲ　日本的とは

さらに、鈴木が「日本的霊性」と称しながらも、その「日本的」とは何かがまったく不明な点が問題となろう。彼自身も、「実際を言うと、〝日本的〟にはあまりにはっきりした概念がない」と言っている。そうして「神道各派が、むしろ日本的霊性を伝えていると考えてもよかろうか。が、神道にはまだ日本的霊性なるものがその純粋性を顕していない。それから神社神道または古神道などと称えられているものは、日本民族の原始的習俗の固定化したもので、霊性には触れていない」と述べるに過ぎない。大地との関わりにおいて日本的霊性が目覚めるとしても、日本人として自然的条件や歴史的風土や習慣の中で自ずと培われ自己の内にまどろんでいるものがそこで覚醒されてこそ、真に「日本的」と言い得ると言うべきだろう。ちなみに「大地性」との関わりにしても、砂漠的大地と温暖多雨の大地のそれとでは、宗教性の面にも非常な差異が生じることは、今更述べる必要もなかろう。それだけにこの「日本的」そのものの特質を明確にすることが大切であると考える。

竹内芳衛はその著『伝教大師』(日本打球社、昭和一八年)において、「鎌倉仏教は寧ろ日本化の仏教ではなくて大陸化の仏教であると見るのが妥当である。……鎌倉仏教は……純粋に日本化された仏教ではなく、宋からの直輸入仏教と、大陸への教学的飛躍を持つ宗教であり、且又日本仏教の特色であらねばならぬ鎮護国家的仏教たることの特色を欠いていることなど、到底日本的特色を担はせることの可能でないばかりか、鎌倉仏教における日本的特色をいふならば寧ろ念仏、唱題による簡易化の面というべきで、武士は当時の特権階級たる存在であって、庶民では断じてないのであるから、当時の武士は形に於いて、平安朝期の公家的特権階級が武士に変わったに過ぎない」と述べ(75)、その根拠を明らかにしているのであるが、日本人の内にまどろんでいるものがまったく無視された鈴木の「大地性」では「大陸性」として、むしろ中国の影響があるのではないかとさえ思われるのである。

これと関係し、山折哲雄は、ある国際会議のレセプションの席上で、韓国の仏教学者である李箕永氏から「中村雨紅のつくった『夕焼小焼』の歌のなかに日本人の仏教観がじつによく表現されている」(76)と、突然言われ、その「何気なく言われた言葉に虚をつかれた思いがした」ことを紹介している。

その歌詞を挙げておこう。

**夕やけこやけ**

中村　雨紅　作詞
草川　信　作曲

夕やけこやけで　日がくれて
山のお寺の　鐘がなる
お手々つないで　みな帰ろう
烏といっしょに　帰りましょう

簡単に山折説を紹介すると次のようになる。

一行目の「夕やけこやけで日が暮れて」というのは、「落日の風景」である。山の端に沈む太陽、水平線の海の彼方に落ちていく太陽、その落日の彼方にかつての日本人は浄土のイメージを重ねていたのではないか。夕焼けに映える空は、われわれに胸騒ぎがするような郷愁をさそってやまなかったのである。夕焼けを詠んだ歌はきわめて多い。

二行目の「山のお寺の鐘が鳴る」であるが、日本の仏教は山岳仏教として発展してきた。比叡山や高野山はもちろんのこと、全国各地にみられる仏教の霊場のほとんどは山の中につくられ人々の信仰を集めてきた。大晦日の深夜にその古い山寺からテレビで流される除夜の鐘の音によっても、日本人のだれもが敬虔な念に浸らされるであろう。『平家物語』の冒頭も、「祇園精舎の鐘の声、諸行無常の響きあり」という有名な言葉から始まっているが、この語り物がその後何世紀もの時代を経て我が国の代表的な国民文学となったのも、この冒頭の「お寺の鐘の音」によってではなかったろうか。

三行目の「お手々つないでみな帰ろう」は、まずは日が暮れて子どもたちが手をつなぎ合って両親のいる家に帰っていくことを映し出したものであろうが、もう少し深く読めば、陶淵明の有名な言葉である「帰去来辞」(かえりなんいざ)の言おうとするもの、つまり、「都会に出て立身出世を求めてあくせくしているうちに、故郷は荒れ果ててしまっているではないか。自分がほんらい帰るべき世界が喪なわれようとしている。そこへ帰らなくてもよいのか。望郷の思い。自己自身になることへの願いを、美しく切実につづった文章」であり、その熱い思いがみごとにうたいあげられている。

四行目の「烏といっしょに帰りましょう」は、「家」に帰るのはわれわれ人間たちだけでない。「烏もいっしょに手をたずさえて帰るんだ。人間も動物も烏たちも虫たちもいっしょに帰るべきところに帰るんだ」という、「自然との共生」や「動植物との共生」が自然な形で深々とうたいこまれている。

山折は「夕やけこやけ」をこのように解釈して、「いわれてみると、たしかにそうだという声が腹の底から聞こえてきた」とし、「日本仏教の背後に宿っている自然観と生命観が、この童謡にはみごとにうたいこまれているんですね。あるいは無常感といってもよい。……自然との共生感覚といってもよい。……そしてそこにこそ、日本人の宗教感覚の個性、すなわち日本仏教の特質を見出すことができるともいえるのではないでしょうか」と言うのである。

確かに私たちも、幼い時から何か郷愁のようなものをそそられながらこの歌を歌い続けてきたように思われる。そして、山折説に同調しながら、さらに、最初の「山」からは山全体を神聖なものと見なす日本人古来の心が、また、釣鐘の音からはなにびとをも温かく抱きしめるような響きが、さらに「お手々つないで」と「鳥といっしょに」からは「草木国土悉皆成仏」の思念が感じ取られるのである。『菊と刀』の著者であるベネディクト(R. Benedict, 1887–1948)も、日本人には「山川草木悉皆成仏」の思想があり、それは仏教国家の中でも日本だけが持つ考えであると指摘していると言われている(77)。この章の記述の中で多くの詩歌を引用したのも、そこからこのような日本の心が深く感じ取られると思ったからである。

## Ⅳ　シュヴァイツァーの「生への畏敬」と弁証法神学

しかし菅原氏は、このような思いはアニミズム的宗教観であると強く批判する。そうして、平成元年に告示された文部省学習指導要領「道徳」の目標に加えられた「生命に対する畏敬の念」は、シュヴァイツァー(A. Schweitzer, 1875–1965)の思想の流れを汲むものであり、彼の主張した「生への畏敬」はスイスの神学者カール・バルト(Karl Barth, 1886–1968)が「生への畏敬は絶対的なものではなく、神の配剤と戒めによってさまざまに弱められ、破られ、ついには止揚されることもある生への意志の中で成り立つものなのである。それは、その限界の中で動くものである。したがってまた、常にその分に安んずることもできるであろう。このことを抜きにした生への畏敬は、キリスト教的従順とは何の関係もない偶像崇拝の原理となるであろう！」と、厳しく批判したものであると述べている。シュヴァイツァーが「人間と社会に対する行動」にのみかかわる従来の倫理学から「人間と生物との関係を扱う倫理学」へコペルニクス的転回を行ったことは、すでに述べた。この新しい考え方に対して色々な立場から批判が向けられることは、当然、予想される(78)。

シュヴァイツァーを批判したバルトは、ゴーガルテン(F. Gogarten, 1887–1967)らとともに、「弁証法神学」もしくは「危機神学」を提唱し、二〇世紀初頭以来行われてきた、シュライエルマッハー(F. D. E. Schleiermacher, 1768–1934)らの神学に根拠をもつ自由主義神学に対抗して、第一次世界大戦後の神学思想に大きな影響を与えたものであるが、それは人間中心の神学から神中心の神学へと転換し、一切の思考は「神の言葉」に基づき、神の言葉を唯一の判断基準とするものである。だからそこでは、人間は自分自身からは決して何事も語らず、ただ「神から語られる」という態度をとることが謙虚と見なされるのである。

このあまりにも超越主義的・彼岸的神学に対して、シュプランガー(E. Spranger, 1882–1963)は「私がいくらかでも弁証法神学、より正確に言えばカール・バルトのそれを感じるところではどこでも、私の福音主義的キリストが反抗する。つまり、独善はまさに福音主義的でない事柄に属する、と私は確信する。そうして誰かが自らの神意識の特別な形式を、独占的にただそれだけが〝神に遭っている〟として定めるとき、これを私は独善的と感じるものである」[79]と、痛烈に批判するのである。つまり、「神からの語り」を絶対的なものとして持ち出すことは、神の名を借りて人間が主権意識をもつことがあり得る以上、決して謙虚とは言い得ないし、さらに、神からの語りそのものを人間が把握できるのかという疑問さえも起こることになる。それができると考えるのは、高慢以外の何ものでもなく、独善、独断に陥る可能性さえないとは言い得ないのである。宗教は現世の極く平凡な生活の中にその契機をもつものとし、「現世と結びついた敬虔」、つまり「現世的敬虔」を重視するシュプランガーが、バルトらの弁証法神学を批判することは当然である（参照、篠原正瑛訳『たましいの魔術』岩波書店、一九二六年）。

したがって、バルト的弁証法神学ないし危機神学がシュヴァイツァーを批判したからと言って、それを絶対視してシュヴァイツァーの思想が誤りであるとするのはおこがましいと言わなければならない。しかも、バルトを中心とした弁証法神学運動も、第一次大戦後における文化、国家、キリスト教に関する危機意識から一時は多くの賛同者を得たものの、やがて決裂して行ったことはあまりにも有名である。

それにしても、菅原氏は、文部省学習指導要領に示された「生命に対する畏敬の念」が、このシュヴァイツァーの思想を基にしているとは、何を根拠にして言っているのだろうか。文部省の公的文書としての学習指導要領で特定個人の思想に依拠することは絶対にあり得ないのであり、この改定時に委員を務めたわたくしにしても、学生時代に読んだシュヴァイツァーの書物を参考として読み直しはしたとは言うものの、それに基づいて「生命に対する畏敬の念」について意義づけたことはない。ちなみに平成元年に告示された学習指導要領において、学校における道徳教育の目標の中に従来からの「人間尊重の精神」に「生命に対する畏敬の念」が加えられた際に、「生命に対する畏敬の念」に基づく「人間尊重の精神」とすれば「人間尊重の精神」の意味がより明確になるとする意見も出されたのであるが、しかしそれでは価値の序列を作ることになり、公的文書にそぐわないという理由から、その両者は併置されたまま今日に至っているのである。

## Ⅴ　菅原氏への質問

このように考えると、菅原伸郎氏は鈴木大拙やバルトという特異な思想家や、今日の学会でとかく異端視されている仏教学者の意見にのみ依拠し、それらをいかにも絶対的なものであるかのように論じていることになる。そこに先ず問題がある。謙虚さがほしい。

氏が「宗教と教育」に関して長期にわたる連載を行い、特に宗教教育を、①宗派教育、②宗教知識教育、③宗教的情操教育、④対宗教安全教育、⑤宗教的寛容教育、の五つの意味に整理したことは高く評価したい。また、彼は「学習指導要領にある〝畏敬の念〟の指導は、アニミズムの世界観が前提になっており、自然破壊や生命倫理といった世俗の問題に流れている。そして、有限性や根源性の自覚、あるいは、かけがえのない自分への探求は忘れられる傾向にある。〝生命への畏敬〟を直接的に〝人間の尊厳〟に結び付けるような指導では、人生を深く学ぶことができない。その間に、不安や孤独や絶望といった〝どん底〟（あるいは、浄土や神の国といってもいいのだが）をまず置いて、その深さを通して教えないことには、真の自覚はもちろん、本当の慈悲も愛も生まれないはずだ」と述べているが、この前半の「アニミズムの世界観」とか「自然破壊や生命倫理といった世俗の問題に流されている」とかの所見には全く同調できないとしても、後半に述べられているいわゆる「実存」の問題から人間の有限性や根源性についての自覚にまで発展させるべきことは、当然、わたくしたちの願いとするものである。しかし、これがなされ得るか否かは、まさに指導する教師自身の世界観にかかっている。科学的合理主義のみを信奉する教師たちが、これに向かおうとしないことにこそ問題があろう。それはともかくとして、私たちの報告書、だからわたくしの本論も、ここに至るまでの宗教的情操の陶冶を論じている。

彼はさらに「道徳教育では〝いのちの大切さ〟という言葉が普通に使われているが、その〝いのち〟について、あまりに古い宗教観を土台にしていないだろうか。鈴木大拙が指摘したように、せめて鎌倉仏教以降の〝霊性〟の発展を前提にしなければ、とても科学の時代には通用しないだろう」と述べている。「あまりに古い宗教観」とは、先の「アニミズムの世界観」とか「人魂のような宗教観」とも関連して捉えられているのであろう。しかし、彼が信奉する鈴木大拙が日本人古来の自然観ないし宗教観を無視していることとの問題点は、すでに述べた。それだけに、「鎌倉仏教以降の〝霊性〟の発展を前提」にした科学の時代に生きる「いのち観」とは、具体的にいかなるものなのか、ましてそれが、これまでに述べたことから、特定の宗派性に立つものとならないか。このことについて答えてほしいものである。ちなみに、特に進歩的文化人ないし科学的合理主義に強く影響された戦後の教育界では、「生命尊重」は、「アニミズム的世界観」どころか、「健康の増進と安全の保持」という単に生物学的・生理学的次元からしか捉えられていなかった。ともかく氏の拠って立つ世界観や人間観、さらに信仰する宗教について知りたいものである。

ここで日本古来の自然観や神祇思想の流れなどについて述べることができなかったが、ともかく菅原氏はそれらに関して何ら考えることもなく、何か目新しい論をいかにも絶対であるかのように示して、我が国古来の思想はもとより日本的なものを悉く否定しようとするかのようである。事実、「神道」、「神仏習合」、「靖国神社」、「建国記念日」等の用語は、すべて否定的なニュアンスで使われている。最初の辺に「〝仏性〟を〝人魂〟のようなものと見なして……」とあったが、彼が本気でこのことを言っているとしたら、私たちの委員会とわたくし自身に対する侮辱としか言いようがない。何しろ

「人魂」とは辞書によれば「①夜間空中を浮遊する陰火。頭円く尾を引いて色は青白くして赤みあり。古来人間の魂の肉体から遊離したものと解される。②流星の俗称」[80]なのである。

とは言いながらも、わたくしの紹介によって取材された滋賀県近江町立ふたば幼稚園の「インコの葬式」の記事は極めて好意的であった(『朝日新聞』東京版夕刊・一九九七年一月二一日号。参照、本書三二一頁)。しかしその際、菅原氏の林園長に対する最初の質問は、「食前に手を合わせて合掌を強制するのは、信仰の自由をうたう憲法や、特定の宗教活動を禁止する教育基本法に違反するというクレームを受けたことがある。このことをどう思うか」であったと言う(林勉『子らと心豊かに』Ⅱ)。当幼稚園では、飽食の時代に食物に対する感謝の心が希薄になりがちとなることにも鑑み、食前食後の合掌はきちんと指導されていたが、これに対するコメントはなされていない。しかしその後、他県の学校で取材された「食前の合掌」では「黙働清掃」等とともに、信仰上の理由から反対する一部保護者や進歩的な立場ないし特定の宗派の意見を基に批判されている。菅原氏の論調が長い連載中に変化し、学校で行われている宗教的教育についての疑問や批判が強められていくことは否めない。これでは何をやっても問題にされるとばかり、学校では宗教的情操の陶冶からも逃避されはしないかと懸念するのは、わたくしだけではなさそうである。武蔵野女子大学杉原誠四郎教授も、「朝日新聞の菅原伸郎氏が朝日新聞に連載して、それをまとめて『宗教をどう教えるか』(朝日新聞、一九九九年)を出している。これは一見宗教に理解を示しているように見えるが、政教分離の問題を深く考えてはいないので、結局は、やはり宗教教育の公教育からの締め出しに手を貸している」[81]と批判しているのである。

## 2　一目の羅は鳥を得る能わず

菅原氏による批判はどうも古来日本的なものの否定に向かうもののように思われてならない。しかし、キリスト教の一立場からこの日本的なものの蘇りが求められていることに注目する必要があろう。それは、内村鑑三（一八六一―一九二〇年）によって主唱された無教会主義に強く共鳴し、「日本民族の宗教的風土を尊び、その上にキリストの生命が根づくことを願い」、熊本で原始福音に基づく伝道集会を始められた手島郁郎師（一九一〇―一九七三年）とその精神を受け継ごうとする方々である。手島師は「真の宗教、真の芸術は、国境を持たない、大聖者は民族を越えて全人類に崇敬され、偉大な芸術作品は世界共有の至宝です。しかし、それでいて、極めて民族的な風土に育った個性をもっているものです」[82]と言っておられる。この手島師が伝道集会を始められてからすでに五〇年を経過しているが、師によって始められた「原始福音の生命が働き、生けるキリストが証される集会」は、今も各地の幕屋で開かれており、その「原始福音信仰証誌」としての雑誌『生命之光』が毎月刊行されていて[83]、わたくしはキリスト教徒ではないが、熊本キリストの幕屋代表・財津正弥師のご夫人早百合様のご両親、つまり大津堅田教会の牧師であり、滋賀県選出の衆議院議員でもあった西村関一先生ご夫妻とは地域の関係等から親しくさせて頂いていたことから、毎号送って下さっている。その巻尾に毎

月掲載されている「私たちの信条」にはまったく共感する。すなわち、

**私たちの信条**

・私たちは、日本の精神的荒廃を嘆き、大和魂の振起を願う。
・私たちは、日本人の心に宗教の復興を願い、原始福音の再興を祈る。
・私たちは、無教会主義に立つ。従っていかなる教会・教派にも属さず、作らず、ただ旧新約聖書に学ぶものである。
・私たちは、キリスト教の純化を願うが、日本の他の宗教を愛し、祖師たちの人格を崇敬するものである。
・私たちは、政党・政派を超越して、愛と善意と平和をもって、日本社会の聖化を期し、社会正義と人間愛を宣揚するものである。

そうしてこの雑誌には、寡聞ながらも賀川豊彦の「マッカーサー総司令官に寄す」とか「大正生まれの心意気」とかの他の宗教雑誌等には見出されない「日本民族の心」に関わる論考が毎号に掲載されており、今年(二〇〇一年)の一月号にも「神代からの息吹き——言霊の幸わう国・日本——」と題する河盛尚哉氏の格調高い長文の随想が載せられている。また、幕屋に属される方々が上京された際に皇居

を遥拝し、明治神宮や靖国神社等に参詣された際の感動の記録も記されている。仏教界の一部に反靖国神社を強調したり、自宗派を絶対視する余り村祭りへの関わりまでも忌避する傾向さえある中で、この幕屋の方々は戦争には絶対に反対でありながらも、しかし、身を捨てて自国を守って下さった方々を抹消したら、国の将来はどうなるのかと考えられているのであり、また、正しい国史を築き上げて日本人としてのアイデンティティを確立する上での信仰を求めておられるのである。

我が国仏教の祖師である伝教大師最澄も、「一目の羅《ら》は鳥を得る能わず。一両の宗、何ぞ普《あまね》く汲むに足らん」(84)と言っておられる。このお言葉に対して山田恵諦大僧正は「鳥がひっかかるのはたった一つの目でありましても、何百もの網の目がお互いにつながり合い、結び合い、広がっていればこそ、鳥を捕えることができるのです。何だ、あたりまえのことじゃないか、と思われるかもわからんが、これは宗教というもののあり方について述べられた言葉として、一二〇〇年を経た現在でも、深く味わうべきものであります」(85)と解釈されている。実に伝教大師は他宗派を排除することなく、全教派が大同団結して、国民の済度と国家の鎮護に当たることを念願されたのであり(86)、この幕屋の方々は、仏教とキリスト教との違いはあるにせよ、大師の念願された道を歩もうとしてひたむきな努力を続けられているものとして高く評価したいのである。

ちなみに伝教大師のこの精神は、昭和六二年八月三・四日に、比叡山開創一二〇〇年を記念して開催された「比叡山宗教サミット」として開花したのであり、そこでは、中国、スリランカ、アメリカの仏教代表と、キリスト教、イスラム教、ユダヤ教、ヒンズー教、シーク教、儒教、諸宗派組織の代表、海外一六カ国の二九人と日本の宗教界代表五〇〇人によって、世界平和が祈願されたのである。主催は日本宗教代表者会議であるが、それには、教派神道連合会、全日本仏教会、日本キリスト教連合会、神社本庁、新日本宗教団体連合会の五団体を中心に、世界宗教者平和会議日本委員会、世界連邦日本宗教委員会の協力を得て組織されたと言う。このサミットは毎年この時期に、比叡山上で開催されている。

わたくしも幸いにしてその第五回記念サミットに参加させて頂く機会を得た。趣味を生かしてであるが、わたくしも四〇年前に創立に関わり団長を務めていた大津管弦楽団を指揮して、各宗教団体が自宗に所作による祈りを行い、それとともに歌われる宗教歌の伴奏を行ったのである。その時に書いたものがあるので、再録しておこう。

**子どもから世界へのメッセージ**

村田　昇

一九八七年に比叡山開創一千二百年を記念して開催された「比叡山宗教サミット」は、世界の諸宗教の代表者が参集して世界平和を祈願した画期的なものであった。今年はその五周年に当たる。

これを記念する集いが、この八月四日に、教派神道連合会、全日本仏教会、日本キリスト教連合会、神社本庁、新日本宗教団体連合会、世界連邦日本宗教委員会、世界宗教者平和会議日本委員会の七団体の共同で、盛大に挙行された。特にこの集いは、子どもたちを主役として企画された。

各団体から代表として参加した子どもたちは、午前中に京都・知恩院で行われた「フォーラム・地球と人類の未来」で、「地球環境の破壊や世界各地で起きている争いや飢え、病気で苦しんでいる仲間たちについて考え、どうすれば青く澄んだ平和な地球を取り戻せるか」について、それぞれの信仰の立場から真剣に語り合った。

午後は比叡山上での「世界平和祈りの集い」。台風の影響もあり、比叡山は真夏でも寒かった。そのなかで子どもたちは献花し、各団体の祈りの歌とともに敬虔な祈りを捧げた。そうして最後に、「二一世紀を担う私たちは、今こそ宗教を心のささえとし、平和を愛する世界の仲間と手を取り合い、小さくても決して後退することのない一歩を踏み出し、次の世紀に向かって歩み続ける」と、力強く「子どもからの平和宣言」を行ったのである。

幸いにもわたくしは、この記念すべき集いに、四〇年余り趣味として続けてきた大津管弦楽団ともに参加する機会を得、感動を共にさせて頂くことができた。これまで教育学徒として「生命に対する畏敬の念」の育成を我が国教育の根底に据えるべきことを強調し、宗教的情操の陶冶の在り方を求め続けてきたわたくしは、子どもたちの祈りの歌を指揮しながら、流れる涙を禁じることができなかった。内から勇気を喚起させられもした。

> 子どもたちは、神仏のお陰で生かされていることを常に忘れずに、一人ひとりがたとえ小さくても、身近にできることから取り組むことを誓い合い、みんなで祈り、協力し合うことを呼びかけたのであるが、わたくしたちも、この霊山から発せられた「子どもからの平和宣言」に応えなければならない。そうしてこれが日常化され、それこそ日本の心となって全世界に拡がっていくことを念じたい。それは参加しただれもの願いであろう。
>
> （日本教育会『日本教育』一九六号、平成四年一〇月）

自分の所属する宗教・宗派に対する尊崇と同様に他宗教・宗派に対しても尊崇の念を抱きながら、日本人としてのアイデンティティを求め合っていくことこそ肝要であり、そこから人類全体に対する平和と安寧のためにも手を携え合って取り組むことになるのである。偏狭な宗派意識からの脱却が強く求められていると言わなければならない。

## 注・文献

(1) J. H. Pestalozzi: An die Unschuld, den Ernst und den Edelmut meines Zeitalters und meines Vaterlands. 1815. In: Heinrich Pestalozzi, Werke in acht Bänden.hrsg. v.P. Baumgartner. 1946. S. 107.

(2) E. Spranger: Magie der Seele. 2. erw. Aufl. 1949. S. 127.

（3）瀬戸内寂聴『道堂々』日本放送出版協会、一九九五年、六一頁。参照、山田恵諦『上品の人間』大和出版、一九九二年、五〇頁。

（4）『山田恵諦の人生法話［下］生かして生かされる』法蔵館、一九九六年、一九頁。

（5）同前、一〇五頁。

（6）瀬戸内寂聴、前掲書、六五頁。参照、山田恵諦『大愚のすすめ』大和出版、一九九一年、五八頁。

（7）山田恵諦『道心は国の宝』佼成出版社、一九九一年、五八頁。

（8）田中耕太郎『教育基本法の理論』有斐閣、一九五四年、五八四頁。

（9）E. Spranger: Die Volksschule in unserer Zeit, 1950. In: Gesammelte Schriften. Bd. III. 1970. S. 189f.〔村田昇・山邊光宏訳『教育学的展望——現代の教育問題』東信堂、一九六七年、一〇七頁〕

（10）O・F・ボルノー著、森田孝・大塚恵一訳編『問いへの教育』川島書房、一九七八年、七九頁。

（11）E. Spranger: Über die Ehrfürcht. 1957. In: Menschenleben ind Menschheitsfragen. Gedsammelte Rundfunksreden, 1963.〔村田昇・山邊光宏訳『人間としての生き方を求めて——人間生活と心の教育』東信堂、一九九六年、七九頁以降〕

（12）ditto. S. 88.〔前掲訳書、九一頁〕

（13）参照、竹山道雄訳『わが人生と思想より』白水社、一九五五年、氷上英廣訳『文化と倫理』(『シュヴァイツァー著作集』第七巻)白水社、一九五七年。村田昇編『日本教育の原点を求めて——伝教大師と現代』〔第二版〕東信堂、一九九二年、二八頁以降。

（14）『金子みすゞ全集Ⅰ　美しい町』ＪＵＬＡ、一九八四年、一〇一頁。

(15)　参照、中村元『日本人の思惟方法』春秋社、一九六二年。

(16)　参照、拙著『「畏敬の念」の指導』明治図書、一九九三年、四七頁以降。明治三八年五月二八日、ロシア・バルチック艦隊のイルティッシュ号(七、五〇〇トン)が島根県江津市沖合約四キロメートルで沈没した際、地元民らが約二七〇人の乗組員の救助に当たったこと、そうしてその後、その翌年からその日を記念して運動会等を実施していたのであるが、事情によってしばらく途切れていた「ロシア祭」が復活されることは、『朝日新聞』(一九八九年五月二六日付)で読んだ。早速、島根県の畏友新宮啓氏に連絡し、多くの貴重な資料を頂くことができた。ここでは、NHK松江放送局編『島根の百年』(報光社、一九六八年六月)の記事を紹介することにする(八二頁以降)。

「イルティッシュ号は、二十七日の戦闘で、後部の舷側に三カ所も砲弾による穴ができ、やっと和木港までたどりついて、二十九日の早朝に沈没したものである。艦長以下二四四名のロシア将兵は、武器を棄て、白旗をかかげてボートで上陸した。これを迎えた村民は、夢にも思わなかったロシア軍艦の漂着に、一時は大さわぎになり、女子どもを山へ非難させたり、急を警察や郡役所に告げるなどと、ずい分とあわてたようであるが、白旗をかかげているのは降伏のしめしであることがわかって、疲れ傷ついているロシア将兵の救護にあたったという。いまも和木の小学校に残っているロシア海軍の軍服や信号旗などは、この時の記念品である」。

国を賭して戦ったいる最中に、地方でこのような美挙がなされたことを大きく評価したい。

(17)　参照、中村彰彦『二つの山河』文芸春秋、平成六年。中国の青島にいたドイツ兵捕虜のうち一〇〇〇名が坂東捕虜収容所に収監された。陸軍歩兵大佐松江豊寿所長が大人物であったことから、捕虜たちに自由を与え、市民との交流も盛んにした。坂東市には四国巡礼第一番札所である霊山寺があり、巡礼者に布施することを慈悲とする地域民の態度も捕虜たちに生きていたと思われる。

(18) 村上和雄『遺伝子からのメッセージ』日新報道、一九九二年、三〇頁。

(19)『まどみちお全詩集』(伊藤英治編)理論社、一九九二年、六六三頁。

(20) 斎藤昭俊『仏教教育入門』(佼成出版社、一九九三年)にも、「現代の医学では、人間の生命が生まれいずる条件として、女性が受胎するのにもっともよい条件が備わった時間は一カ月のうちで一‐三時間のチャンスしかないといわれている」ことが指摘されている(一一八頁)。

(21) 拙著『日本教育の原点を求めて――伝教大師と現代』〔第二版〕東信堂、一九八四年。

(22) 相田みつを『人間だもの』文化出版局、一九八四年、六八頁。

(23) 相良亨『日本人の心』東京大学出版会、一九八四年、二一五頁。

(24) 村上和雄、前掲書。一五五頁以降。

(25) 参照、『朝日新聞』一九九八年六月一日号「社説」。

(26)『金子みすゞ全集Ⅲ　さみしい王女』JULA、一九八四年、一四五頁。

(27) 同前、七七頁。

(28)『山田恵諦の人生法話［中］法華経のこころ』法蔵館、一九九六年、二三頁。

(29) F. W. A. Fröbel: Menschenerziehung.1826. In: Gesammelte pädagogische Schriften. hrsg. v. H. Zimmermann. Verlag von Philipp Reclam.S. 29.〔新居武訳『人間の教育』〔上〕岩波文庫、一一頁〕

(30) E. Spranger: Vom europäischen Bildungsideal. 1951. In: Gesammelte Schriften.Bd. Ⅷ. 1970. S. 361.

(31) E. Spranger: Erziehung zur Menschlichkeit. 1952. In: Gesammelte Schriften. Bd.I. S. 243.〔村田昇・山邊光浩訳『教育学的展望』一七七頁〕

(32) 相田みつを『いちずに一本道いちずに一つ事』角川文庫、一九九八年。

(33)『山田恵諦の人生法話〔下〕生かして生かされる』一一〇頁。

(34)『山田恵諦一〇〇歳を生きる』(私の履歴書) 法蔵館、一九九五年、九二頁。『山田恵諦の人生法話〔下〕生かして生かされる』一〇八頁。なお、法王のこの来日が機縁となって、昭和六二(一九八七)年八月の「比叡山世界宗教サミット」が開催された。

(35) 前掲、『山田恵諦の人生法話〔下〕生かして生かされる』一〇六頁。

(36) 参照、東井義雄『「いのち」の教え』佼成出版社、一九九二年。『おかげさまのどまんなか』佼成出版社、一九九三年。なお、「無財の七施」については、拙著『「畏敬の念」の指導』の中で一言している(四四頁)。

(37) E. Spranger: Erziehung zur Verantwortungsbewusstsein. 1958. In: Geammelte Schriften. Bd .I.S. 341f.〔村田昇・山邊光宏訳『人間としての生き方を求めて』九七頁〕

(38) ditto. S. 343.〔前掲訳書、九九頁〕

(39) 参照、中央教育審議会答申『新しい時代を拓く心を育てるために――次世代を育てる心を失う危機』(平成一〇年六月三〇日)。教育課程審議会答申『教育課程の改善について』(一九九八年七月二九日)。
なお、前者の中教審答申には、「宗教的情操をはぐくむ上で、我が国における家庭内の年中行事や法事のもつ意義は大きい。日本人の宗教観や倫理観は、日常生活そのものと深く結びついている。我が国の伝統的な家庭内行事は、例えば、初詣や節分で無病息災を祈ったり、家族一緒に墓参りをして先祖と自分との関係に思いを馳せることなどを通じて、人間の力を超えたものに対する畏敬の念を深めるなど、宗教的情操をはぐくむ貴重な契機となってきた。……今一度、我々は、様々な家庭内行事の意味やその在り方を再評価してみるべきではないだろうか」としている。

(40) E. Spranger: Die Volksschule in unserer Zeit. 1950. In: Gesammelte Schriften. Bd. Ⅲ. S. 197.〔村田昇・山邊光宏訳『教育学的展望』一七二頁以降〕
(41) 拙著『生きる力と豊かな心』東信堂、一九九八年。
(42) E. Spranger: Erziehung zur Menschlichkeit. 1952. In: Gesammelte Schriften. Bd.I. S. 241.〔村田昇・山邊光宏訳『教育学的展望』一七二頁〕
(43) C. Bühler: Das Seelenleben des Jugendlichen. 6. erw. Aufl. 1967.〔原田実訳『青年の精神生活』協同出版、一九六九年、二二六頁〕
(44) E. Spranger: Volksmoral und Gewissen als Eziehungsmächte. 1948. In: Gesammelte Schriften. Bd. Ⅷ. 1970. S. 316.〔村田昇・山邊光宏訳『人間としての生き方を求めて』一七五頁以降〕
(45) E. Spranger: Erziehung zur Menschlichkeit. 1952. In: Gesammelte Schriften, Bd.I. S. 236f〔村田昇・山邊光宏訳『教育学的展望』一六五頁〕
(46) 参照、拙著『「畏敬の念」の指導』五三頁以降)。
(47) 村田昇監修『小学校道徳教育資料集――児童感動作文から』上廣倫理財団、一九九三年。なお。拙著『「畏敬の念」の指導』にも、この観点からの資料と実践事例を添付している。

（48）J. H. Pestalozzi: Brief an einen Freund über seinen Aufenthalten in Stans. 1799. In: Werke in acht Bänden. Bd. Ⅲ. S. 108.〔長田新訳『隠者の夕暮・シュタンツ便り』岩波文庫。七二頁〕

（49）E. Spranger: Die Volkschule in unserer Zeit. 1950. In: Gesammelte Schriften.Bd. Ⅲ. S. 198.〔村田昇・山邊光宏訳『教育学的展望』一〇六頁以降〕

（50）Rachel L. Carson: Sense of. Wander. 1965.〔上藤恵子訳『センス・オブ・ワンダー』新潮社、一九九六年、二四頁〕

（51）参照、「宗教と教育―16―インコの葬式」『朝日新聞』(東京版夕刊)一九九七年一月二一日号。拙著『生きる力と豊かな心』四五～六頁。本書、三二一頁。

（52）E. Spranger: Zum Geleit. 1949. In: Gesammelte Schriften. Bd. Ⅲ. 1970. S. 130.

（53）菅原伸郎『宗教をどう教えるか』朝日新聞社、一九九九年、一〇七頁。

（54）『大事典ＤＥＳＫ』(Encyclopedia of Contemporary Knowledge) 講談社、一九八三年、一七五頁。

（55）中村元他『仏教辞典』岩波書店、一九八九年。一〇頁以降。

（56）中村元『佛教語大辞典』(縮刷版)東京書籍、一九八三年、一一九三頁。

（57）同前、三六六頁。参照、梶山雄一「最澄の思想」『比叡山Ⅱ　そのこころと行』大阪書籍、一九八六年。

（58）『依憑天台宗』『伝教大師全集　巻二』五八三頁。

（59）塩入亮忠『伝教大師』伝教大師奉讃会、一九三六年、四六頁。

（60）『依憑天台宗』弘仁四年。『照権実鏡』弘仁八年。『守護国界章』弘仁九年。『顕戒論』三巻、弘仁一一年。『決権実論』弘仁一一年。『顕戒論縁起』二巻、弘仁一二年。『法華秀句』三巻、弘仁一二年。参照、田村晃祐『最澄』吉川弘文館、一九八八年。高粱富雄『徳一と最澄』中公新書、一九九〇年。

(61) 田村芳朗・梅原猛『仏教の思想 5 絶対の真理』角川書店、一九七〇年、四一頁以降。参照、栗田勇『最澄と天台本覚思想』作品社、一九九六年。

(62) 田村芳朗・梅原猛、前掲書、四一頁。

(63) 村上重良『日本仏教事典』講談社学術文庫、一九八八年、七九頁。

(64) 前掲、中村元他『仏教辞典』岩波書店、五一八頁。

(65) 前掲、中村元『佛教語大辞典』(縮刷版)八七一頁。

(66) 中村元他 前掲書、六九九頁。

(67) 同前、五一九頁。

(68) 同前、七四六頁。

(69) 同前、五一九頁。

(70) 村田昇「伝教大師と心の教育をめぐって」斎藤昭俊編『仏教における心の教育の研究』新人物往来社、二〇〇一年。なお、日本人古来の宗教意識については、久保田展弘『日本宗教とは何か』新潮社、平成六年刊。同『日本多神教の風土』PHP研究所、一九九六年刊、が参考になる。

(71) 鈴木大拙『日本的霊性』岩波文庫、一九九九年、二七四頁。『日本的霊性』からの引用はすべてこれによる。頁数は略。

(72) 梅原猛『美と宗教の発見――創造的日本文化論』筑波書房、一九九六年、二八～九頁。

(73) 同前、三〇〜三一頁。
(74) 同前、三三頁。
(75) 竹内芳衛『伝教大師』日本打球社、一九四三年、三六頁以降。参照、村田昇「伝教大師と心の教育をめぐって」斎藤昭俊編『仏教における心の教育の研究』新人物往来社、二〇〇一年、一〇七頁以降。
(76) 山折哲雄『日本人の宗教感覚』NHKライブラリー、一九九七年、六七〜八頁。
(77) 黄文雄『捏造された日本史』日本文芸社、一九九七年、二〜六〇頁。
(78) 参照、シュヴァイツァー、竹山道雄訳『わが人生と思想より』白水社、一九五九年。水上英廣訳『文化と倫理』(シュヴァイツァー著作集　第七巻)白水社、一九五七年。村田昇『「畏敬の念」の指導』明治図書、一九九三年、二一頁以降。
(79) E. Spranger: Briefwechsel Eduard Spranger —— Gerhard Bohne. 1952. In: Gesammelte Schriften. Bd. IX. S. 367. 参照、山邊光宏「シュプランガー教育学の宗教的基礎」小笠原道雄監修『近代教育思想の展開』福村出版、二〇〇〇年二月、二〇四頁以降。
(80) 『大辞典』下巻、平凡社、覆刻版第一一刷、一九八〇年、三三七一頁。
(81) 『仏教教育ニュース』日本仏教教育学会・第一六号、二〇〇〇年七月一五日。
(82) 手島郁郎『日本民族と原始福音』キリスト聖書塾。一九八四年、再版・一九九七年。手島郁郎『精霊の愛』キリスト聖書塾、一九九〇年。
(83) 発行所　キリスト聖書塾。本部　〒八六〇・〇八〇四　熊本市辛島町八・一八。

(84) 最澄『天台法華宗年分縁起』『全集　巻三』二六九頁。
(85) 山田恵諦『道心は国の宝』佼成出版社、一九八七年、二〇七頁。
(86) 参照、村田昇「伝教大師と日本の心をめぐって」斎藤昭俊編『仏教における心の教育の研究』新人物往来社、二〇〇一年。

# 第4章　教育論争
## ——過去と現代

### 1　「愛国心」と道徳教育との関連はどのように考えたらよいか

日米講和条約締結当時に、文教政策として愛国心の高揚と道徳教育の振興が打ち出され、それに対する賛否の激論が展開された。道徳教育はその愛国心工作を意図するものとして、厳しい抵抗を受けたのである。

#### 1　論争のきっかけは何か

戦後わが国の道徳教育は、社会科をその中核的な担い手として、教育活動全体を通じて行うこととされていた。しかし、社会科中心の道徳教育では道徳的基準が曖昧となり、それが社会的混乱の一因となっているという批判が強まり、修身科の復活を求める声さえ出されてきた。この頃、朝鮮戦争が勃発し、米ソの冷たい戦争が深刻化するに及んで、米国の対日政策も変化し、昭和二七年四月には対日平和条約・日米安全保障条約が発効した。このような状況のなかで、戦後日本の教育改革は大きく方向転換を迫られることになる。

それに先立ち、昭和二五年一〇月に、吉田茂総理大臣は講和に向けて自立の必要を説き、文教政策としても強固な愛国心の再興を求め、さらに文部大臣・天野貞祐も、①国旗掲揚と国歌斉唱、②教育勅語に代わる新国民道徳綱領の制定、③修身科に類する教科の特設、について発言した。これが発端となって、世界観・教育観を異にする二つの立場からの賛否の激論が展開された。②と③については、教育課程審議会で否定され、修身科復活に対しては一応の決着を見たとはいうものの、道徳教育の振興と愛国心の高揚は歴代内閣に継承され、徐々にではあるが文教政策に反映されていく。やがて、昭和四一年の中央教育審議会答申「期待される人間像」へと発展する。ここでは、人類愛に通じる「正しい愛国心をもつこと」が「すぐれた国民性を伸ばすこと」とともに期待されている。

それはほぼ妥当な主張とみなされるとはいえ、同時に「象徴に敬愛の念をもつこと」が求められており、それが「日本国の象徴たる天皇を敬愛することは、その実体たる日本国を敬愛することに通じる」としている点に批判が高まっていく。

## 2　愛国心の内容は

戦前の修身科が「教育勅語」の趣旨にもとづき、「忠君愛国」の思念を鼓吹するという性格が強かったことは否定されえない。この事情を日高六郎は「とくに明治政府は、忠君と愛国とを結びつけることに腐心した。原則的には、愛国には市民的原理がふくまれているので、忠君と矛盾する面があるが、それは〝国体観念〟を導入することで、万世一系の天皇のもとに、愛国心を統合した。教育勅語には、直接〝愛国〟の語はないが、〝義勇公ニ奉シ〟という形で、軍国的愛国心が暗示されている。以後愛国心は、〝滅私奉公〟と同一視され、市民的権利の擁護という面が切りすてられた」としている(1)。

この極端な愛国心に対する強い批判や嫌悪から、戦後、いわば夕ブー視されていた愛国心論が、前述したように、日本の復興と独立を機に台頭する。日高によれば、「戦後、保守陣営と革新陣営とが、ともに〝愛国心〟の必要を強調し、いわば右と左とから、同一のシンボルの争奪戦が演じられることになった。しかしその内容はまったく異質的であることは指摘するまでもない。いま日本では、勤労者階級を中心に、アメリカの従属的立場からの開放という内容をもった前進的な〝愛国心〟が、はじめて意味をもちはじめている」(同上書)と述べているのである。もとよりこの時期には、大熊信行ら保守陣営と革新陣営との対立を超えた中正な愛国心論も多く出されている(2)。

しかしここでは、この「前進的な」立場に注目すべきである。この立場の人たちは一般的に、政府は「独立と再軍備のための愛国心の鼓吹」を行おうとするものであり、それは「再び国民生活の破壊をもたらすもの」として、危惧と警戒を強く訴えているのである。

### 3　愛国心工作としての道徳教育

この時代に前進的な立場に立つ教育学者として日教組を指導した梅根悟は、「一言でいえば、愛国心とは、国家権力が、その権力下に、力によって統禦している民衆を、単なる力による統一から、民衆に根をもった内面的な統一体にまで仕上げるために企てられた工作――愛国心工作として作り出されたものである」としている(3)。そうして、「いかなる愛国心工作もしない」教育こそ大切なのであり、それは「今日使われている民主主義教育」、言い換えると「生活教育」と呼ばれるものであり、「地道に、素直に、身辺の具体的な生活経験の中で、子どもとともに、自由な心と開かれた眼で、平和と自由と平等をさまたげている社会の機構、人間の心理の上の原因をつきとめ、それを理性的に解決してゆこうとする態度と方法を探求して学んで行く教育」なのである。ここにひそむ革命主義的路線を見逃すことができない。

このような立場からは、政府の唱える道徳教育とは、まさに愛国心工作を行うものとみなされざるをえない。当然、昭和三三年から実施された特設「道徳」は、旧修身科の復活であるとし、「道徳教育は戦争につながる」をスローガンに掲げ、激しい闘争を繰り拡げていく。

尾田幸雄は、当時のこの立場の主張を次のようにまとめている(4)。

道徳の時間の特設は民主主義に基づく戦後教育の成果を一挙にくつがえし、国民の道徳教育復活への待望を逆用して、為政者だけに都合のよい徳目を上から押しつけ、旧体制の維持保存を策するものであるばかりか、精神主義・神秘主義を復活して民主憲法改悪の足がかりとし、ついには忠君愛国を鼓吹して、国民を戦争の奉公へと導こうとするものである。

## 4　道徳教育と愛国心

しかし、昭和三三年に告示された学習指導要領に示された道徳教育は、彼らの強く主張するような性格のものだったのだろうか。

周知のように、学校における道徳教育が「教育基本法及び学校教育法に定められた教育の根本精神に基づき」「人間尊重の精神」を基本として、民主主義・文化主義・平和主義に生きる日本人の基盤としての道徳性を養うものであり、道徳の時間も、学校教育活動全体を通じて行われる道徳教育を「補充・深化・統合(・交流)」する場と機会なのである。

この精神にもとづいて道徳の「内容」も明示されたのであるが、そこでは「愛国心」も一つの内容項目として取り上げられている。

清水幾太郎もいうように、「愛国心が自分の国を愛し、その発展を願い、これに奉仕しようとする態度」[5]であるとしたら、このための教育は当然考えられなければならないし、教育の全領域においてそれぞれの特質に応じて行われることになる。道徳教育においても、その役割を果たさなければならない。問題はその愛国心の内容であるが、そこでは「日本人としての自覚を持って国を愛し」、「国際社会の一員としての国家の発展に尽す」(小学校)、また「国民としての自覚を高めるとともに、国際理解、人類愛の精神をつちかっていこう」(中学校)とあり、愛国心がつねに人類愛とかかわって捉えられている。偏狭な国粋主義ではないし、忠君愛国・滅私奉公の精神を鼓吹するものとは、決してなっていないのである。

## 5 今後の問題は何か

臨時教育審議会はその答申のなかで、「国際的視野の中で日本社会・文化の個性を自己主張でき、かつ多様な異なる文化の優れた個性をも深く理解することができる日本人の育成が不可欠」であるとし、「世界の中の日本人」を二一世紀に生きる教育の目標の一つにあげた。教育課程審議会答申(昭和六一年)も、これを受ける形で、「国際理解を深め、我が国の文化と伝統を尊重する態度の育成を重視すること」を、教育課程の基準の改善の方針の一つとしている。この方針は、新学習指導要領(平成元年告示)のなかで全教育活動に反映されたのであるが、道徳教育にあっても、目標における「日本人の育成」に「主体性のある日本人の育成」とされたのである。

これからの広い大きな国際社会のなかで、わが国のあり方とその果たすべく役割と責任を自覚し、自己の個性を生かして積極的に世界に貢献することのできる日本人の育成が求められるのであるが、このためには、当然、豊かな国際感覚と広い視野に立ちながらも、自己がよって立つ基盤にしかと根づくことが大切である。この基盤がなかったならば根なし草となり、いたずらに浮動するばかりであって、主体的な行為はなされえない。この意味において、国際性に開かれた国民性の育成が求められているのであり、わが国の文化や伝統に対する関心や理解を深め、それを尊重するとともに、日本人としての自覚をもって、新しい文化の創造と社会の発達に貢献しうる資質や能力をもつことが必要とされている。道徳教育は、この基盤としての道徳性の育成を図ろうとしているのである。

なお、道徳の「内容」も、全面的な見直しがなされている。「愛国心」にかかわる内容項目は、視点4「主として集団や社会とのかかわりに関すること」のなかで小学校第三学年および第四学年から取り入れられ、郷土やわが国の文化や伝統に関心をもち、大切にすることから、日本人としての自覚へと高まり、国際的視野に立って世界の平和と人類の幸福に貢献することへと発展していくように構成されている。この「愛国心」を含め、新たに見直された道徳の内容は、一般に好意的に受け取られているように思われる(6)。

しかし、「人間の力を超えたものは宗教的情操心と結び付きやすい。天皇への敬愛の念と二本柱にして日本人の自覚を前面に出した改定は、戦前の国民学校の修身科に似てしまった」(7)とする声も、いぜんある。このいわゆる「前進的な」立場からの意見はまだまだ教育界に隠然たる力を維持しており、国旗・国歌の問題とかかわりながら紛争を起こす原因となっているのである。

ちなみにわたくしの畏友である山田能裕大僧正から聞いたエピソードである。外遊の機会も多く、それだけに各国に知己を多くもつ高僧が、アメリカ合衆国を訪問し、ある要人と語られた際に、ふと、「わたしはコスモポリタンですから」と語ったところ、その要人は、「わたしはコスモポリタンとは話したくありません」と答えたと言う。その場合、ユニヴァーサルと言うのが適切だったようであるが、このような対話がなされ得るためには、このご両人はよほど親しい関係だったのであろう。それはともかくとして、あれだけ多くの人種が寄り集まっているアメリカで、その要人が「わたしは無国籍者とは話したくない」ということをほのめかしたことは、それこそ国際感覚に欠けるわたくしたち日本人にとって傾聴すべきものであると言わなければならない。

日本独自の風土のなかで、いく千年にもわたる歴史的伝統のなかで育ってきたわたくしたちは、いや応なしにその影響を受けており、たとえそれに嫌悪感を抱いていたとしても、それから逃れることができない。もちろん、これにはプラス面もマイナス面もあろう。マイナス面は除去しなければならないとしても、プラス面はおおいに助長することが必要であり、このすぐれた日本的なものが世界の中でいかに貢献すべきかを考えるべきであろう。自国を愛さず、尊敬しない者が、どうして他国を愛し、尊敬することができようか。互いに尊敬し合うなかでそれぞれの特徴を認め合い、相互理解と協調がなされていくのである。国際感覚と国民的自覚とは表裏一体的なものであり、国民性・民族性を基盤としない国際性とは、観念的・抽象的なものでしかなかろう。

この意味において、政治的イデオロギーを超えて、国民的コンセンサスを得た愛国心の教育を求め続けていくことが、国際化社会のなかでより肝要であるといわなければならないのである(8)。

## 2　「期待される人間像」論争

中央教育審議会は、昭和四一(一九六六)年一〇月三〇日に「期待される人間像」を発表した。それは、「各種の形態の教育機関」を「一貫する教育理念」を立てて「今後の国家社会における人間像」を明らかにしようとする意図によるものであった。これに対して、国の教育政策のあり方ともかかわって、激しい論争が展開された。反対論者は、この人間像は支配者の「期待する人間像」であり、階級的人間像であるとしたのである。

### 1　中教審答申までの経過は

昭和三八(一九六三)年六月二四日、荒木万寿夫文部大臣(当時)は中央教育審議会に「後期中等教育の拡大整備について」諮問した。そのなかで「検討すべき問題点」とされたのは、①期待する人間像について、②後期中等教育のあり方について、の二点であった。

ここでは、「科学技術の革新を基軸とする経済の高度成長とこれに伴う社会の複雑高度化および国民生活の向上は、各種の人材に対する国家社会の需要を生み、また国民の資質と能力の向上を求めてやまない」のであり、このためには後期中等教育の段階において、「それぞれの適性に従って能力を展開し、将来にわたる進路を選択決定する必要」があり、このような青少年の能力をあまねく開発して国家社会の需要にこたえ、国民の資質と能力の向上を図るために適切な教育を行うことは、当面の切実な課題となっている」とされた。

そうしてこの観点から、すべての青少年を対象として後期中等教育の「総合的、かつ画期的な拡充整備を図る」にあたっては、「各種の形態の教育機関」を「一貫する教育理念」を明らかにする必要があり、そのためには「今後の国家社会における人間像はいかにあるべきかという課題を検討する必要がある」ところから、「期待される人間像について」の諮問となったのである。

なお、この「期待される人間像」が諮問された背景には、教育基本法に示されている教育理念があまりにも普遍的・抽象的・コスモポリタン的に過ぎて、いずれの国のものか分からないとする批判に応え、日本人の理想像を具体的に示そうとする意図があったことは否めない。

この諮問を受けた中教審は、「期待される人間像」にかかる第一九特別委員会(主査＝東京学芸大学長・高坂正顕)と、「後期中等教育のあり方」にかかる第二〇特別委員会(主査＝国立教育研究所長・平塚益徳)を設置して審議を行った。

第一九特別委員会は、昭和三八年九月九日の第一回委員会以降、二五回に渡って精力的な審議を行い、同四〇年一月一一日に「期待される人間像中間草案」を発表した。これに対する各界からの意見を整理し、参考にしながら修正を加え、昭和四一年一〇月三一日に発表された中教審の「後期中等教育の拡充整備についての答申」に「別記」として公示された。

## 2　「期待される人間像」の構成

上記答申によれば、「われわれ日本人が今日当面している重要な課題」は、①技術革新が急速に進展する社会において、いかにして人間の主体性を確立するか、②国際的な緊張と日本の特殊な立場から考えて、日本人としていかに対処するか、③日本の民主主義の現状とそのあり方から考えて、今後いかに対処するか、の三つであるが、「期待される人間像」とは「これに対処できる人間となることを目標」として、「わが国の憲法および教育基本法に示された国家理想と教育理念を根底にする」とともに、「そのためにとくに身につけなければならい諸徳性と実践的な規範とをあげて期待される人間の特質を表わ」したものである。そうしてこれが、「広く一般国民、とくに青少年の教育に従事する人々が人間像を追求する場合、あるいは、政府が基本的な文教政策を検討する場合に、参考として利用されることを期待する」とされている。

この「期待される人間像」は二部構成となっており、第1部「当面する日本人の課題」では、①現代文化の特色から「人間性の向上と人間諸能力の開発」を、②今日の国際情勢から「世界に開かれた日本人」を、③日本のあり方から「民主主義の確立」を要請し、それに応えうる人間となるために「日本人としてとくに期待されるもの」が第2部で述べられている。

ここでは、①個人として、②家庭人として、③社会人として、④国民として、日本人に期待される諸徳性があげられているのであるが、全体としては、まえがきにあるように、日本教育の現状から、「日本人としての自覚をもった国民であること、強い意志をもった自主独立の個人であること」が教育の目標として十分に留意されることと、ここであげられている多くの諸徳性のうち、「その一つでも二つでも、それを自分の身につけようとして努力させること」が大切であるとされている。

とくに「国民として」では、①「正しい愛国心をもつこと」、③「すぐれた国民性を伸ばすこと」とともに、②「象徴に敬愛の念をもつこと」がうたわれており、「天皇への敬愛の念をつきつめていけば、それは日本国への敬愛の念に通ずる。けだし日本国の象徴たる天皇を敬愛することは、その実体たる日本国を敬愛することに通ずるからである。このような天皇を日本の象徴として自国の上にいただいてきたところに、日本国の独自な姿がある」としていることに注目したい。

## 3　「期待される人間像」に対する批判

「期待される人間像中間草案」が発表されて以来、賛否ほぼ相半ばする意見が激出する。この最終報告の発表に際して、主査・高坂正顕は『文部時報』に「『期待される人間像』の報告をまとめて」の一文を載せているが、それによると、この「中間草案」に対する賛否両論は、新聞・雑誌に掲載された論文や批判、団体のまとまった意見、などで約二、〇〇〇ぐらいあったとされている。

船山謙次はその著『戦後道徳教育論史(下)』(青木書店、昭和五六年)において、当時の論争に論評を加えている。それによると、この中間草案に対しては、「商業新聞のほとんどが、その社説や主張のなかで、賛同や賛美の意志を示し、草案の改善に知恵を貸した」という。

すなわち、「経済第一主義からする人間形成に対して、いわば教育本来の立場からする人間形成を打ち出すという効果を示したように思われる。もしそうであるならば、われわれはその点の評価を惜しんではならぬと思う」(毎日)。「価値観こそ、人間の人間たるゆえんだということができよう。試案のなかで述べられていることは、全部とはいはぬが、結論としておおむね結構である」(朝日)。「教育基本法に立脚した六・三教育は国籍不明の日本人を作ったといわれ、教育目標に〝国民的〟なものが欠けているというのもいまや定説である。……(この中間報告は)人間像を再発見するための一つの資である」(東京)。「人間形成の原則といわれるものが、微に入り細をうがって説かれてある。青少年の基本的な道しるべとして、一点の非の打ちどころがないほど充実した内容が盛られている」(産経)などである。

しかし、この時期において、昭和二六(一九五一)年九月の対日平和条約ならびに日米安全保障条約調印をめぐって国内を二分する保守派と革新派との激しい争いは、教育界においても文部省対日教組の戦いとして、ますます熾烈さを加えていた。当然、中教審の打ち出した「期待される人間像」に対しては、とくに革新派からは、政府・与党の文教政策とかかわらせながら、厳しい批判が打ち出された。

船山は前掲書において、この立場からの批判の主たるもののうち、もっとも詳密なものとして、矢川徳光の「『期待される人間像』とはだれのものか」および「『期待される人間像』の最終報告批判」(『文化評論』)と、桑原作次『現代教育の人間像探求』(明治図書)をあげ、肯定的な論評を行っているが、これらを跡づけるいとまはない。ここでは船山自身の「人間像所見」を要約することによって、革新派側の批判を代弁させることにしたい。

(1)　中教審の委員という「国民の代表とはいえない」人たちが、「期待される人間像」を作成して国民に強制する資格が、はたしてあるのか。……「国家(権力)が道徳教育の教師」たることは、民主主義国家において、はたして許されるべきことであろうか。

(2)　「人間像」は、戦後日本の国家原理、教育原理に違反するものではないか。……「人間像」は教育基本法の理念を具体化するものだといいながら、日本国憲法や教育基本法の理念を棚上げどころか、反憲法的、反教育基本法的イデオロギーをもちこんだものといわざるをえない。……戦後における日本の民主主義の実態化への苦悶の努力を一切否定し、「空白の時代」と称して、かわりに「天皇への敬愛の念をつきつめていけば、それは日本国への敬愛の念に通ずる」などと説き、絶対主義天皇制時代への郷愁を露骨に示すばかりか、天皇制時代におけるモラルをふたたび強制しようとしている。

(3)「物は価格をもつが、人間は品位をもち、不可侵の尊厳を有する。基本的人権の根拠もここにある」などといいながら、民主主義の基本にかかわる「基本的人権」の確立にかんしてはいささかの関心もない、というよりは無視し、否定さえしている。

(4)現体制を維持することだけが強調され、真の民主主義の社会国家を樹立すべきモラルについては一言も触れられることなく、すべての日本人のあり方＝モラルは「社会規範を重んじ社会秩序を守ること」に帰一させられている。過去への復帰的思考はあるが、未来への思考＝歴史的展望が希薄である。

(5)対外的な問題として、「われわれは、……世界的な法の秩序の確立に努めなければならない」と説いているが、それは安保条約のもとで、すなわち対米従属の「法の秩序」のもとで、「はじめて平和国家となることができる」という発想である。

(6)高坂は「人間像」は「日本人が日本人に対する期待」だというが、前者の日本人とは、一部の日本人すなわち独占資本と政府・自民党、それに保守的・反動的な思想の持ち主たちである。

(7)「人間像」には、復古的日本主義、新軍国主義、生の哲学・実存主義、一転してライシャワー主義流の近代化論、福祉国家論等、新旧とりまぜた絶対主義イデオロギーが総動員されており、そのためにか、「人間像」には「論理」の粗雑さ、矛盾が見られる。ともあれ、「人間像」には、高坂正顕の「哲学」「思想」が、その根底に据えられている。

前述したように、「期待される人間像」の最終報告は、その「中間草案」に対して寄せられたさまざまな意見によってかなりの修正が加えられたのであるが、それでも舩山らは、「その『人間像』論法は、批判論の真意が何かを理解しようとはせず、ときには論旨をすりかえ、また、ときには独断的な推測と仮定のもとに、反論と弁明をおこなっているとの感を深くせざるをえない。また、教育基本法制定の歴史的意義を無視し、またその理念(教育目的)を深所において理解・認識しようとはせず、諸批判にも耳をかさず、『期待される人間像』(高坂哲学)を教育現場におしつけしているものである」とし、徹底的に対決を深めていく。

### 4 目標像と過程像

上述した政治的イデオロギーにもとづく批判とは異なり、教育学の論理からなされた代表的なものとして、村井実の批判がある(9)。

村井は、人間像という言葉の内容を「目標像」と「過程像」との二つに分けて考える。目標像というのは、人間をそこに導くことをめざす目標のイメージであり、過程像というのは、目標がどうあれ、人間をそれぞれの目的にむかわせる過程のイメージである。

村井によれば、目標像としての人間像は、本来、人間の一人ひとりにまかさるべき性質のものであり、「(目標像としての)人間像」をみずからつくり出していくことのできる人間こそが、「期待される人間像」なのである。したがって、「(目標像としての)期待される人間像」を論議することは、それが権威や権力に支持されて国民の上に支配的となった場合には、国民の精神的・倫理的な自由が脅かされることになるので、無益であるだけでなく、かえって有害である。しかし、「(過程像としての)期待される人間像」は、人間がそれぞれの人間像を目標として描いて倫理的に生きようとする場合に、その生きる過程はどういうものとして期待されるかは、だれかがそれを決定することができないが、人間であるかぎり、常に論議すべきであるので、十分に慎重な論議と研究に値する。

中教審の「期待される人間像」に対しては、大勢はきわめて批判的であるにもかかわらず、そこにかかれている人間像がまったく誤りであることを立証した例が見当たらないのは、その背景にかくされている「過程像」に眼が向けられていないからである。

過程像の対立を目標像の対立と受けとめる錯覚が、資本主義国家対社会主義国家、旧教育対新教育の間にはげしい感情的対立を生じさせているのであり、この錯覚から目覚め、抽象的で曖昧な「目標」についての感情的な論争に代わって、具体的な「過程」についての合理的で実質的な討議を行うことこそ、教育研究の根本問題でなければならない。

しかし、村井は、「期待される人間像」の背後にある過程像については「私のもっとも好まず、また危険にすら見える過程像」とするにとどめ、論述していない。村井の提案にもかかわらず、「期待される人間像」論争が、教育学固有の問題として展開されなかったことが惜しまれる。

おわりに、市川昭午のことばをって、まとめに替えることにしたい。

> これ（期待する人間像）は、各個人が理想とする人間像を求めるときの参考に供するもので、国民に押しつけるものでなく、具体的な取扱いは教育機関や教員の判断に任されるとされた。そのためか、その後人々から顧みられることは少なく、今日ではほとんど忘れられた存在となっている。その意味では日本人としての理想像を明確にしようとした側の期待も、またナショナリズムの再興を恐れる側の危惧もともに当たらなかったと言えよう[10][11]。

## 3　国旗・国歌の問題

### 1　学習指導要領に則る

今日、自虐史観に基づく教育によって日本人としての誇りや責任を喪失させようとする教育がもっとも明瞭に現れているのが、国旗・国歌の指導であろう。この問題によって広島県の高等学校長が自殺したり、国立第二小学校長のように児童から土下座を強いられたりしたことが報道されている。そこまでのことはなくとも、次のような学校は小・中・高を問わず、いぜん多いのである。すなわち、それらの学校では、毎年、卒業式の時期になると、卒業式での国旗掲揚と国歌斉唱をめぐって、職員会議で喧喧囂囂《けんけんごうごう》たる論議が交わされる。学校長は「国旗及び国歌に関する法律」が公布されたことに鑑み、今年こそは児童にとって厳粛で感動深い卒業式をと願い、教頭や教務主任とも話し合い、運営委員会にもそのことが諮られ、式次第案等も具体的に決定された。ＰＴＡ役員会にも協力が依頼されたところが、その案が職員会議に提出され、国旗掲揚と国歌斉唱に話が及ぶと、職員団体のリーダー格である一教論が口火を切って、論争が始まった。これまでは、「法制化されていない国旗・国歌を、なぜ強制するのか」が問われていたが、「国旗・国歌法」が成立した今では、戦争に加担した「日の丸」と「君が代」を強制し、日本国憲法で保証されている「思想及び良心の自由」を侵害する恐れがあると強弁した。そうして、学習指導要領には法的拘束力はなく、大綱的なものに過ぎないと主張したのである。国旗・国歌の指導についてはいろいろな考え方があることは否定されない。「思想及び良心の自由」を保証するのは当然であるとしても、公教育としてそれを克服し混乱を乗り越える指導について、どのように考えたらよいのだろうか。

「国旗及び国歌に関する法律」は、長年の慣行により、国民の間に国旗及び国歌として定着していた「日章旗」及び「君が代」について、成文法でその根拠を求めたものである。とはいえ、この法律の施行によって、学校における国旗及び国歌に関する指導の取扱いに変化が加わることはない。現行通り、学習指導要領に基づき、児童生徒に我が国の国旗と国歌の意義を理解させ、これを尊重する態度を育てるとともに、諸外国の国旗と国歌に対しても同様に尊重する態度を育てることが求められている。そうして、学習指導要領の法的拘束性については、すでに最高裁の認めるところでもある。

国旗及び国家の指導については、とかく入学式や卒業式等と関わって問題となる。しかし肝要なのは、日常の教育のなかで学習指導要領に則った指導がなされていることであり、社会科では国歌・国旗の意義や成立について理解させ、諸外国の国旗・国歌を含めそれらを尊重する態度を育てることが、音楽の時間ではいずれの学年においても、国歌「君が代」を指導することが、入学式や卒業式などの学校行事では、国旗・国歌の意義が踏まえられて国旗掲揚と国歌斉唱が行われることが求められている。なお、それらの儀式が整然と厳粛裡になされ得るためには、日常の教育活動が秩序正しく行われていなければならないことは言うまでもない。

学校において国旗及び国歌に関する適正な指導が行われるためには、まず教師自らが国旗及び国歌に関して我が国の歴史的伝統を踏まえ、その成立や意義を正しく理解することが求められるのであり、このため学校長の強力なリーダーシップの下に、広い視野と公正な立場から研修を積み重ねながら、全教職員の共通理解を図り、一体的な対応を行っていくことが必要である。この場合、文部省初等中等教育局から出された「国旗及び国歌に関する関係資料集」(平成一一年九月)は、必読される必要があろう。学校長が山田孝雄著『君が代の歴史』(宝文館出版、昭和三一年刊)等によって研鑽したことを全教職員の前で語り、根気強く説得を続け、卒業式には何ら問題なく「国歌」の斉唱を行ったことを、直接耳にしたことがある。

「日の丸」と「君が代」に対しては、歴史観や国歌観をめぐって様々な解釈がなされている。特に「君が代」については、「君が代」の「君」は天皇を指し、天皇制は「差別」の源泉であるというのが、反対論者の最大の論拠であろう。しかし、日本国憲法第一条によれば、天皇は「日本国の象徴であり日本国民統合の象徴」である。したがって、護憲の立場からは、象徴としての天皇は尊重されなければない筈である。まして教育公務員としての教員は、あくまで憲法に従う義務がある。教育基本法の前文にも、「日本国憲法の精神」に則るよう謳われている。これに反する意見によって教育の進行が妨害される恐れがある場合には、学校長は毅然たる態度でそれに対応し、必要に応じて「職務命令」を出すことをも考える必要がある。教員が学校長の「職務命令」に従うのは、教育公務員としての当然の義務なのである。とは言え、学校が学習指導要領に基づいて国旗・国歌の指導を行うということは、児童生徒の良心にまで立ち至って強制するような趣旨のものではないし、まして憲法に定められている「思想及び良心の自由」を制約するものでは決してない。たとえば国歌を歌わなかったという理由から、児童生徒が不利益な扱いを受けるようなことのないよう十分に配慮することが必要なのである(12)。

## 2　国際化時代における国旗・国歌

筆者が若い時には、外国の交響楽団が来日すると、よく大阪のフェスティバル・ホール等に聴きに行った。どの国の交響楽団も我が国で初演する日のステージでは、必ず最初に「君が代」と自国の国歌を演奏する。それは旧ソ連の交響楽団でも例外ではない。それに対して、外国人の聴衆は全員がさっと起立する。それを見て、やむを得ず立ち上がるというのが日本人であった。そのような慣習を知らなかったと言えばそれまでであろうが、わたくしは何ともやりきれない思いを抱いたものである。

そのようなこともあり、国・県・市等の青少年海外派遣団団長として渡航した際には、訪問国の国旗・国歌を青少年に記憶させ、その国歌を耳にした場合には、かならず起立してその方を向くように指導した。このことを知らず、外国で顰蹙《ひんしゅく》をかう日本の青少年が少なくないことを耳にしていたからでもある。そうして、実際、外国人との交流の場で、彼らがいかに自国に誇りをもち、その国旗と国歌を大切にしているかを団員が感じ取ったことが度々あった。その二つだけを述べておきたい。

ドイツのヴュルツブルク市は、バイエルン州にある人口約一三万人の古都である。とは言え、一九四五年三月の空襲で市内の八五パーセントが破壊され、占領軍からは再起不能と見なされていた。しかし、生き残った市民たちは、古図や写真類を集め、それを基にして、中世の面影を残す美しい都市をみごとに再現させたのである。

一九八五(昭和六〇)年の七月二一日から一週間、このヴュルツブルク市で、国際青年年を記念して、

「親善都市等青少年交流の集い」が開催された。そこには同市と親善関係にある世界の五都市、すなわち、カーン(フランス)、ダンディ(イギリス)、大津(日本)、ローチェスター(アメリカ)、サラマンカ(スペイン)の青少年が参集し、古城のほとりにある改築されたばかりの青年宿舎で寝食を共にしながら、様々なイヴェントに参加した。幸いにもわたくしは大津市派遣団の団長を委嘱され、三〇数名の志願者から選考された一〇名の青少年(一五歳から二〇歳までの男女、他に市職員一名)と行動を友にした。わたくしにとっては一五年ぶりの訪独であり、いろいろと考えさせられたのであるが、今はそれをさておき、団員の感想とも関わりながら、これからの「世界の中の日本人」として必要なものを再認識させられたのである。

二日目午後のワークショップである。この集いのシンボル・マークづくりが行われた。言葉が十分に通じ合わない中にも、各国がミックスされた数班に分かれ、先ず、デザインの案が練られる。各班から出されたもののうちから全員の挙手によって決定されていったのであるが、選ばれたのは大津市の一高校生の図案であり、それは地球儀の周りに六カ国の国旗を配していくものであった。ほぼ全員の賛成によってあっさりと決定された図案も、いざ作製となると、なかなか捗らない。だれもが自国の国旗を中心に置き、しかも正確さを期そうとしたからである。大津市の団員だけが例外。どこに「日の丸」が置かれようが、こだわりを感じなかったという。彼らは、外国の青少年が自国の国旗に対して大きな誇りを抱いていることに驚かされたのである。

やがてブロークンなりにも会話が始まっていく。大津のこと、滋賀県のこと、日本のこと、時には「レーガン大統領についてどう思うか」などと問われても、十分に答えることができない。しかし、外国の青少年は自分の街や国のことについてよく知っており、しかも、自信と誇りをもっている。それを基にしながら他国を理解しようと努めている。そうしてそれが、自分自身の自信と誇りにもつながっており、自主性と責任感へと発展している。他国から来ていた青年たちが、大津市のように選抜されたものでなく、ほとんど申し込み順に決められた、ごく一般の青年ばかり、中にはこれが代表かとさえ思われるような青年もいただけに、大津市の青少年たちは、郷土愛や祖国愛を基にしなかったならばこれからの国際社会に生きることができないことを身をもって痛感し、これまでの自分の在り方を反省させられたのである。

さらに、平成三(一九九一)年八月のことである。わたくしはその創立に深く関わり、趣味としてではあるが、団長及び指揮者を務めていた大津管弦楽団の創立四〇周年を記念して、滋賀県と友好姉妹関係にあるアメリカ・ミシガン州への演奏旅行を企てた。現地で行われた数回の演奏会では聴衆のアンコールに応えて、最後に演奏したのは、“This Land is your Land”や“America is The Beautiful”等であったが、特に後者の“America is The Beautiful”は、アメリカの第二国歌と言われているだけあって、全聴衆が起立して自然に歌い出したのである。そこには、白色人種も有色人種もなかった。あるのはアメリカ人としての喜びと誇りでしかなかった。中には、感動のあまり目に涙している人もいた。ステージ上の団員もそれに感動し、演奏者と聴衆とが完全に一つになった。そうして、団員の誰もがアメリカに来た甲斐があったことを痛感したのである。それにしても、これほどの多民族国家において、全国民が一体となり得る歌があることが羨ましかった。我が国でそれがなされ得るのは、いつの日であろうか。待たれるところである。

なお、一〇年以上も前になるが、筆者が福岡県のある小学校を訪問した際、その学校の女性校長から聞いた話をも紹介しておこう。彼女がかつて担任した学級に韓国籍の少女がいた。学級生の名簿からそのことを知り、担任として学級指導上配慮しなければならないことをいろいろと考えていた。しかし、その子は始業式の日に「私は韓国人です」と明るく自己紹介し、その日のうちに学級の人気者となり、その後も生徒指導上の問題は何らなかったのである。このように皆に好かれる子に育てた両親はどのような方なのかと思い、家庭訪問の日を心待ちにしていた。時たま学校で体育祭が催され、開会式に国旗掲揚と国歌斉唱が行われた。その最中に私語したり、いたずらをしている子どもがいると、一人の中年男性がこの子たちの肩に手をあて、「自分の国の一番大切な旗と歌なのですよ。姿勢を正して国旗を仰ぎながら、はっきりとを歌いましょうよ」と、優しく注意して下さっていた。実はこの方がその少女の父親だったのである。彼は「私は韓国二世でして、韓国語も十分でありません。しかし、韓国人としての誇りをもち、毎夕、母国に向かって遥拝しています。自分の子どもは、日本国内で日本人としての教育を受けているのですから、今はしっかりと日本を愛する人間になってほしいのです。自分が生まれ居住している国を愛することなしに、どうして将来、母国を愛する人間になれるでしょうか」と語ったという。この校長は、真の国際人とはこの韓国人のような人なのだな、と深く感服したと言っていた。

ともあれ、国旗・国歌の問題は、国民として国際社会に生きるためにはだれもが無視し得ないものであり、それを尊重する中で自ずと自分自身に対する誇りや責任感も育っていくと言わなければならないのである。

## 4　児童・生徒観の再検討

### はじめに

二一世紀の幕が開いた。この新しい世紀こそは、戦争のない平和な世界として、全人類が手を携え合い、かけがえのない地球環境の保全と健康で心豊かで幸福な人生の構築に努めたい。とは言え、前世紀はあまりにも科学技術の勝利と物質文明の繁栄に酔いしれ、個人的な享楽の追求に忙し過ぎたために、地球環境の悪化、政治の混乱と経済の停滞、民族的・宗教的背景を伴う局地戦争、とりわけ人間の内面的生活の軽視に起因する世相の悪化は著しく、犯罪は増加するばかりか凶悪化し、今やそれが青少年による殺傷事件の続発にまで至っていると言わなければならない。

その青少年問題は、今年の成人式において、各地で一部の者であったにせよ、あまりにも傍若無人で非常識極まる振る舞いがなされ、特に高松市ではそれが刑事告訴にまで至らざるを得なかったことによって、年頭から注目を浴びたのである。もとより成人式に参加する新成人の一部の言動については、かなり前から指摘されていた。確か昭和三〇年代後半頃だったろうか。京都大学名誉教授の下程勇吉先生がわたくしに言われたことがある。「あなたも各地の成人式に記念講演の講師として招かれることがあるでしょう。どのような話をしていますか。一生懸命に話していても、新成人たちは私語ばかりしていて、聞いてくれないのですよ」と。それに対してわたくしは、「わたくしなどが招かれるのは県内の小さな町村でして、新成人の数も少なく、会場も小さいですから、まあ何とか」と答えたかと思う。この頃から式後のイベントは有名タレントによる講演や音楽演奏等に替わっていったのではなかろうか。それにしても、大学の講義においても私語が問題となり始めたのは、いつ頃からだったろうか。

ついでながら、警察庁は、このほど「平成一二年の少年非行等の概要」についてまとめた。それによると、昨年中に検挙した刑法犯少年は一三万二三三六人で、前年に比べ九三八五人(六・六%)減少し、二年連続して減少したことになる。また特別法犯少年の検挙人員は七四八一人で、前年に比べ八五九人(一〇・三%)減少したほか、触法少年は二万四七七人で、前年に比べ二〇二六人(九・〇%)減少している。しかし、凶悪犯は四年連続して二〇〇〇人を超え、依然として高水準で推移し、昨年は強盗の増加が目立った。また、社会を震撼させる特異・重大事件が相次いで発生したほか、人を死に至らしめる犯罪も高水準で推移した。また、粗暴犯の検挙人員は一万九六九一人で、前年に比べ三七六一人（二三・六％）増加し、昭和六三年以降の最悪を記録している。罪種別では、暴行（検挙人員二〇〇九人、前年比四一・七％増）、傷害（同一万〇六八七人、同二四・三％増）。脅迫（同一五七人、同一三〇・九％増）、強迫（同六七一二人、同一七・五％増）の増加が目立っている。さらに、覚醒剤乱用少年が増加している（検挙人員一一三七人、前年比一四・二％増）。無職少年の増加が七一人（同六三一人、同一二・七％増）と大きいが、高校生、中学生も増加している。なお、少年の犯罪被害も深刻化しており、平成一二年に少年が被害となった刑法犯の認知件数は三五万二七五三件で、前年に比べ三万八七六八件（一二・三％）も増加しているのである。このような現状を踏まえ、警察庁では、今年の生活安全警察の運営重点の一つに「少年非行総合対策の推進」を掲げ、非行防止と保護の両面にわたる対策を推進するように指示したのである(13)。

このような状況を生み出した原因は複雑であり、一概に言うことは難しい。当然、産業生活の激変の中で家庭と地域社会が構造的な変化をもたらし、その教育力を著しく低下させたことにも原因があろう。社会的風潮も影響する。しかし、学校教育にも大きな責任が帰せられざるを得ない。とりわけその荒れた成人式の二週間ばかり後に東京都で開幕された日本教職員組合教育研究全国集会（日教組教研集会）の開会式で、来賓の挨拶をめぐってさながら成人式騒動のような様相を呈じたとの報道がなされると、「この師にしてこの教え子あり」とばかりに、教師の指導に大きな問題点があることが指摘されても、言い逃れすることができないであろう。事実、今日の少年問題は、戦後からの教育のつけが回ってきたものと言わざるを得ない面もあることは否定できないのである。

## 1　被占領国の悲哀

滋賀県では昭和二〇年八月二四日に知事による訓令が県下各学校長宛に出され、文部省の諸処置に呼応して、国体の護持と教育の再建が呼びかけられ、曲がりなりにも九月から授業が再開されていった。滋賀県甲賀郡石部町石部国民学校でも、高等科男子は動員先の信楽から帰り、八月二一日から授業が再開されていた。ところがその石部国民学校で大事件が発生する。いわゆる「石部事件」である。当時同校の訓導であった西岡利彦氏は、この事件について自らの『回顧録』の中で次のように語っている。

> 昭和二一年九月二七日のことである。二九日が運動会になっているので、その事前指導のために子供たちを講堂に集めての全校集会のはじまろうとする時であった。千代訓練主任が〝気ヲツケ〟〝前にナラエ〟と号令をかけて指導しているとき、一台のジープが止まって一人の米人将校と一人の日本人(のちにこれがマートン中尉と通訳であることを他から聞いて知った)が、講堂正面入り口から突如入ってきた。いきなりステージにあがり〝教師はすぐ外へ出よ〟との命令、一同ただ

唖然として講堂の外に出て待機した。マートンはマドロスパイプをくわえ、演壇の腰かけて〝今までに先生に叩かれたものは手をあげよ〟との言葉、子供たちは面白半分の気持ちも手伝い、〝ワーッ〟と、歓声をあげながら手をあげている有様がうかがえた。引き続き名前をあげられた教師が呼ばれて、子供たちの前にならべられて謝罪を命じられたのである。敗戦国とはいえ、口にあらわせない屈辱を感じた。……子供たちは事件以来授業をうけず、校内をあばれまわったり、窓から出入りしたりして全くの無秩序状態となった。一〇月五日、辞令がでて筒井一男校長は退職、訓練主任は休職、外三名の関係職員の臨時異動が発表された。

しかも、この通訳官は、児童に対して、「学校の先生について何か不満があったら、遠慮なく言いなさい。これから後も先生から叱られたり、或いはまた何か君たちの意にそわぬことがあったら家へ帰って両親に報告し、さらにここへはがきか手紙で其のことを詳しく言って寄越しなさい」と述べ、滋賀軍政部の所書きまで児童に渡したのである。

滋賀県に軍政部が設けられたのは、昭和二〇年一〇月四日、米第六軍一三六連隊カーニベーニー大佐以下二九〇名が大津に進駐して以来である(先遣隊は九月三〇日)。この地方軍政部活動のなかでもっとも重視されたのが、民間情報活動と、経済、衛生の面であった。民間情報教育活動を担当したのが民間情報部(CIE)であり、主として地方教育行政当局への行政指導と学校視察(毎月五校以上の視察が義務づけられていた)を通じて、占領政策の履行のための働きかけが直接になされたのである。

滋賀県の民間情報教育課長はマートン中尉であり、その配下にジョージ・K・川口軍曹がいた。軍政部の教育官の日本側地方関係者への働きかけには、一般に、伝統や慣行に比較的柔軟な姿勢を示し、急進的な動きを警戒かつ牽制し、現実に即した実践を指導する方針をとった「漸進的対応型」と、教育政策こそが日本再生の鍵であり、それを最優先の課題として早急かつ徹底して行うという「急進的対応型」があったと言われているが、滋賀県の場合は、後者の急進的対応型の最たるものであり、彼らの軍政は全国的にみて異常な程に熱心であり、軍国主義的・超国家主義的教育の払拭を徹底して行った。しかも、その日本人通訳某は、時局に便乗して軍政部にとり入り、不当な買弁的行為をあえて辞さなかった。このため、いわゆるマートン旋風が吹きすさび、滋賀県教育界を大混乱に陥れていくのである。

まず、隠匿兵器の摘発である。終戦の混乱時に、急遽校庭などに埋められた青年学校用兵器が、偶然のことから掘り起こされることもあった。青年学校の多くが国民学校と併設であったために、時たまそこへ着任したばかりの国民学校長までもが、だれが埋めたのかも分からない兵器の発覚によって処分され、教育界を追われていったのである。各学校は、少しでも軍国主義に触れる恐れのある書籍・文献・教材教具などを焼却するのに忙しかった。教育界は、まさに戦々恐々の毎日だったのである。

それればかりか、通学の途上でも、教師が児童・生徒を整列させたり、号令をかけたりすることも、軍国主義的と見なされた。それればかりか、注意を与えたり、叱ることとさえも、不可とされた。この事情を端的に示すのが先の石部事件であるが、このような事件は、秘密にしていてもいつの間にか広まっていく。当時、隣郡の国民学校教諭であった寺井秀七郎元小学校長は、この事件について次のように語っている(14)。

> 石部事件は県下全教員に口から耳へと次第に伝わり、冷たい刃の不気味さを感じさせた。……教鞭を児童・生徒の頭上に振ったことのある教師と、県下の全校長は日夜薄氷の上に座するおもい、昨日は人の身今日は我が身、もし軍政部が自分の学校に来たが百年目、思えば勤めにも身がいらぬ憂鬱の日々であった。はたせるかな、軍政部はこうしたことの有無を学校毎三通宛英文で書いて、提出するよう命じてきた。

まさに教育の権威の失墜である。子どもにおもね、指導を放棄した学校となっていくことは疑いない。しかもこの後遺症は、後年の新制中学校の頃まで及んでいることは、当時隣りの野洲郡野洲町立野洲中学校の初代校長であった山本督次郎氏の次の述懐によって理解されるのである(15)。

> 中学校の生徒を、暗幕のある隣村の中学校まで軍政部の巡回映画を見せにつれて行かなければ

ならない。しかもその上、一定距離以上の歩行を強要することはできない。すれば校長の責任を問われる。映画は観せなければならない。そのため生徒に歩行の苦しみを与えてはならない。そこには校長の分別、保護者達にリヤカーを持ってこさせることにした。栄養不足で戦時浮腫の老父・母が、ニキビ面の息子をのせて映画につれていく長いリヤカーの行列こそ、敗戦国の姿。

先の寺井秀七郎氏は、これを「戦争に負けた大人が子どもに対しての贖罪とも見える。ともかく涙の出る漫画」と評するのであるが(上掲書)、後年「六・三制、野球ばかりが強くなり」と批判される教育の素地が、すでにここに養われていたという他ない。

## 2　新教育の実施

占領下の教育は国民学校教育の解体を目指しで行われ、修身、国史、地理の授業を停止させ、それらの教科書や教師用書が徹底的に回収焼却された。国語教科書は訂正済みの教科書が間に合わず、現に使用しているものから国防軍備などを強調したもの、戦意高揚に関するもの、国際和親を妨げるものなどを削除・修正することが指示され、各学校で指摘の部分を切り取ったり、墨で消したりして使用された。いわゆる「墨ぬり教科書」である。当時の状況を滋賀県彦根市城東小学校に勤務していた織田愛子教諭は、次のように言っている(16)。

終戦と同時に学校も徐々に整備され、授業もだんだんと平常をとりもどしましたが、衣食住のほうはますます窮乏をきわめ、加えて統制はみだされてきて、貧富の差ははげしく、富める者は買いあさり、貧する者は食事の入手はいよいよきびしく、見ながらにして入手出来ないくやしさから、人の物を盗むという事例が多く、学校においても子供の弁当や物が盗まれたり失われたりして問題になりました。

授業も開始されると同時に、教科書は以前のものは内容の訂正がなされました。戦力強化のための指導内容箇所を墨で塗り消したり、敗戦によって変わった「地理」「歴史」等も大きく墨棒で消された部分が多く、当分このような形で教科書は使用されました。新しい教科書が完全に出されるようになったのは、それからまた大分後のことでした。


昭和二一年にはアメリカ教育使節団の勧告が出され、新教育刷新委員会（総理大臣の諮問機関として二一年八月に設置され、二四年六月に教育刷新審議会と改称された）は、六・三制を協議し、文部省は『新教育指針』四分冊を二一年五月から二二年二月にかけて発刊した。これらが暗中模索の教育界に方向を提示することとなり、民主主義を基本理念とする日本教育の建設活動が進められることになる。

滋賀県ではこの『新教育指針』の研究を促進するために、二二年一月に「新教育指針研究協議会」を開催し、各都市ごとに各学校からそれぞれ男女一名の代表委員を集めて研究討議を行い、おわせて試験を実施した。また、二二年二月五日から四日間にわたり、軍政部教育係官・滋賀師範学校教育学担当教官を中心とした「滋賀県民主教育協議会」が開催された。なお、文部省も教育使節団の提示した臨時再教育計画に従って、二三年一〇月四日にアメリカ人を顧問とする教育指導者講習会（ＩＦＥＬ）を実施したのであるが、県でもそれに派遣された受講者によって講師団を組織し、一都市一会場で「新学制趣旨徹底協議会」を開催した。さらに、夏期休暇を利用した「教員再教育講習会」や、二三年四月からの週五日制に伴い、毎週土曜日に「滋賀県教職員土曜講習会」を行うなど、まさしく教員再教育のための講習会ブームが起こり、アメリカ教育やその方法が盛んに紹介されたのである。ちなみに、二三年がカリキュラム・ブームの年、二四年がガイダンス・ブームの年などと言われていたように、中央から全国に向けて計画的に流されていたのであろうか。この結果、各学校でもカリキュラム改革運動や新教育の実践研究が展開されていく。

六年間の軍隊生活から復員し、昭和二一年五月末に教職に復帰した元小学校長松下亀太郎氏は、当時のことを次のように述べている(17)。

私は学校に在籍のままで入営したので、早速もとの大溝小学校を訪ねて驚いた。校名も高島第一国民学校と変わっていた。校門内左手にあった奉安殿は跡形もなかったし、先生方は認定講習や民主教育の切替えにてんやわんやであった。そんな中で、教職員適格審査がはじまるし、マートンやジョージ川口の旋風もあり、一方では新しい教育の勢力として教職員組合活動が展開されていた。……幸いに子供の前にたって昨日まで右といっていたことを、今日から左といわなければならぬ苦しみや矛盾はなかったものの、戸惑いのまま教壇に立った私にとっては、毎日が試行錯誤の繰り返しであった。
新しい六・三・三制の施行、それに新設の社会科教育、単元学習とか、コア・カリキュラムなどわかったようなわからぬような講習会を受けながら、何とか授業をこなしていっただけの毎日であった。それに民主的教育を推進する原動力として自負していた活発な教職員組合活動にも不勉強のまま参画し、それこそ自由のはきちがえ、無責任な民主主義論議にふり回されていたのである。……先生方は混乱の最中にあったが、児童は児童なりに何かを学び合って育っていった。生半可であったし、聞きかじりの民主主義教育に過ぎなかったが、それはそれなりに子供たちに受け入れられていったようである。今から考えるときまさに汗顔のいたりである。

終戦直後における滋賀県の教育事情をいささか詳しく述べ過ぎたかもしれない。しかしこれによって、戦後の教育が極めて困難な条件の中で軍政部の強い干渉の下に急速に進められていったことが理解されるのである。

## 3 児童中心主義と生活中心主義

確か大学一回生時の昭和二三年秋頃であったろう。恩師の皇至道《すめらぎしどう》先生から「滋賀県のM小学校で行われる研究会で講演を依頼されているのだよ。一緒に来てみないか」と言われ、いわゆる鞄持ちをさせて頂いたことがある。M校は奈良女子高等師範学校附属小学校のK教諭の指導を受けながら研究してきたコア・カリキュラムの実践を公開し、その最後を郷土の生んだ大教育学者の講演で飾ろうとしたのである。

わたくしは主として一年生の授業を参観した。教室全体がM町として模型化されており、役場もあれば郵便局も小学校もある。駅舎もあって線路上には玩具の列車が配されている。ここでいわば「生活ごっこ」がなされていたのである。そうして、遠くに住む祖父母から届いた手紙に返事を書くために必要な文字を習得していく。その手紙を郵便局に出しに行き切手を買わなければならないことから、計算を学んでいく。ここでは言葉は全くコミュニケーションの道具であり、算数も単なる道具教科でしかない。先生方は極めて意欲的に取り組んでおられたのであるが、それらは後で「這い回る経験主義」とか「実のない味噌汁」(宗像誠也)などと批判されるに至ったものだったのである。そして奈良附属小のK教諭はいかにも自信に満ちて「実生活と教育との結合」を強調したのであるが、教室に作成されたM駅には闇米商人は一人もいなかった。わたくしたちが朝に下車した際には、駅の内外はその種の人たちで溢れていたのであるが。後の懇談会の席上で冗談ぎみにそのことを言うと、研究主任の先生は「いくら生活を通じて教育すると言っても、まさか教室に闇屋までは出せませんよ」とのこと。

確かにその通りであろう。すでにそこに「生活教育」の限界が存在していると言うべきであるが、提唱者・指導者たちからはその指摘が何らなされていなかった。

当時唱導されたアメリカの新教育理論はそのほとんどがジョン・デューイの名を冠して紹介されたのであろうが、しかしその中心であった「進歩主義的教育運動」(Progressive education movement) はすでにデューイ自身によってその著『経験と教育』(一九三八年) の中でその問題点が指摘されたものであった。例えば彼は次のように言っている(18)。

> 多くの新しい学校が、教材の組織に関してほとんどあるいは全然努力をせずに、また成人による指導や補導はそれがどんな形式のものでも個人の自由に対する侵害であるかのように解し、また教育は現在及び将来に交渉をもたねばならないという考えが過去に習熟することは殆どあるいは全く教育的に役割をもたないということを意味するかのように解しがちであると、私が指摘するとしたら、それが何を意味するかは了解してもらえると信じている。

その対極にあった「本質主義者」(essentialist) の理論は、当時、当時ほとんど紹介されていない。このことについてここで詳論するいとまはないが、問題としたいのは、先に述べた「栄養不足の父母たちがニキビ面の息子をのせて映画につれていく長い行列」に関わることであり、軍政部が指示した教育は子どもたちに命令したり、叱ったりすることはもとより、一切の指導を否定する児童中心主義の最たるものだったのである。

この児童中心主義とは、ルソーの『エミール』の思想を曲解し、「教育の最大の秘訣は教育せざることにあり」[19]と叫んだエレン・ケーの思想に基づくものであり、シュプランガーによれば、それに影響を受けた「今世紀の教育学の自由主義的改革教育運動にあっては、正しい自由の思想があまりにもしばしば誤って考えられている。その結果が〝無秩序と尚早な苦悩〟である。児童の不健全な崇拝は、部分的には、それなしにはひとが権威たりえないあの確固たる生活の方向づけを古い世代自身がもっていないことから起こっている。いまや〝一切は児童自身から〟起こってくるべきである。全教育の辞任！」とされるものである[20]。そうして、その運動は、「狂信的な革新論者の頭脳の中にしか根を下ろしえないほどに、常軌を逸したものとなった。それはやがては、種々の笑うべき言行へ導いた」のであり、次の結果をもたらしたと言うのである[21]。

> 私の知る限りでは、教育的自由を極度にまで推し進めようとする教育の結果は、ほとんど失敗に終わっている。もっとも好い例でも、子供らはなお弱々しいものとして残っている。譬えて見れば、彼らには骨がない。最悪の場合には、彼らは全く惰弱であり、困難な仕事を行う能力がなく、義務というものをまったく理解していない。……人間は〝障害〟を踏み越えることによって、〝障

害〟に打ち勝つことによって、初めて強くなるのである。しかるに人々は、余りにも早くに彼ら生徒から〝障害〟を取り除いてしまっている。かくして彼らは、新鮮な、愛すべき性質を所持してはいるが、彼らの性格には、肝心の強さが欠けているのである。

この楽観主義的な児童中心主義はアメリカ大陸の土壌の上にさらに拡大され、フロイトの本能昇華の理論によってさらに肉付けされて、「糖衣教育」(sugar coated education)にまで発展していったのではなかろうか。そうしてそれが、日本の軍国主義の払拭と民主化のために推進されていったのである。また、戦前の鍛錬主義教育の反動として、それを受け入れる雰囲気もあったと言える。

やがて、新教育があまりにも生活主義的でありまた児童中心的であることに対して批判が生じてくる。心理主義対論理主義、生活主義対教科主義という論争が基礎学力と道徳力の低下とも関わってなされてくる。特にそれは、昭和二六年九月、アメリカをはじめ世界四九カ国と講和条約を締結し、翌二七年四月に同条約が発効されるに及び、独立後の日本教育が問題となってくるのは当然であろう。文部省はそれに先立って、二六年に学習指導要領一般編及び各教科編の全面的な改定版(試案)を編集刊行した。この教育課程の基準となる学習指導要領は、日本の独立後、さらに昭和三三年と約一〇年後の四三・四年の二度にわたり全面改定されている。

特に三三年の時の改定とともに道徳の時間が特設されたこととも関わって、文部省と「教育課程の自主編成」及び「特設道徳反対」を唱える日教組との対立が激化し、物理的な力による反対闘争へと展開されていく。日教組はやがて社会党色を強め共産党系の日教連と二分されるが、独立後五〇年を経た今日にあっても文部省との対立は解消されないばかりか、国旗・国歌や歴史教育の問題をめぐって、児童・生徒をも巻き込みながらの反対闘争を続けている。政治の理論から教育を語るのではなく、教育の論理によって政治を克服していくべきであるのに、これがいまだになされていないところに日本教育の悲劇があるというべきであろう。

ちなみに、戦後アメリカ教育学を先導していながら、日本の独立後には日教組の講師陣営に加わり、マルクス主義的立場に立った教育学者も少なくなかった。やがて日教組が批判されるに至ると、再び違った領域に転じた方もある。

例えば戦後いち早くアメリカのカリキュラム運動の中心的な人物として、コア・カリキュラムを最高のものとして推奨されていた高名な教育学者である。H教授とでも呼んでおこう。コア・カリキュラムへの批判が高まるとともに、『近代教育史』を出版し、マルクス史観に立つ教育史の先鞭をつけられた。しかし、あの「昭和史論争」もあり(昭和三五年頃)、教育界からも「子供のいない教育史」という批判がなされると、しばらく鳴りを潜めておられたかのようであった。しかし、あのブルーナー(J. S. Bruner, 1951–)の『教育の過程』(一九六一年)が一種のブームとなり始めるとともに、早速、その権威者として立ち回られるのである。確か日本教育学会の席上だったかと思う。H教授はわたくしに「あなたは確か大津市でしたね。大津市の教育は少し遅れてはいないんですか」と言われる。「どういう意味でしょうか」とお聞きすると、「一口ではね」とのこと。そこでわたくしの方から「戦後の児童中心主義及び生活主義からの脱却がまだ十分になされていないということですか」とお聞きすると、「まあ、そういうことですね」と答えられた。わたくしはさらに、「大津市は先生から随分ご指導を受けた学校も多いようですが、先生が戦後に強調されていた児童中心主義及び生活主義とあの『近代教育史』、そして最近お出しになったブルーナーの教育内容の構造化と課題解決学習に、どのように統一性ないし整合性をつけたらいいのでしょうか。お教え頂けると、大津市に帰ってそのように申します」と言ったところ、「そのような難しいことはやめておきましょう」と、あわただしく立ち去られたのである。失礼とは存じながらも、自戒の意を込めて述べさせて頂いた。

## 4　楽観的な児童・生徒観

教育課程の基準となる学習指導要領は、ほぼ一〇年毎に改定され、今日に至っている。その間、さまざまな教育活動が展開されてきた。その流れについて述べるいとまはないが、その根底に流れ続けて来たのは、やはりあの楽観主義的な児童中心主義の児童・生徒観ではなかったろうか。そればかりか、児童・生徒の自主性・自発性の尊重、個性重視、「新しい学力観」の主張、そして曲解された「児童の権利に関する条約」等々によって、教師による指導の後退はかえって進んでいるかのように思われてならない。そうしてそれが、教師の指導力の低下をもたらすとともに、学級崩壊とまで称せられる事態や初めに述べたような少年問題の続発を生じさせている一因となってはいないかと考えさせられるのである。少し古いかもしれないが、かつてわたくしが実際に視た例を挙げておこう。

大津市の幼稚園では、一時、「自由保育」が一大ブームとなっていた。ある時、新聞記者がわたくしのところに来て、「自由保育を看板にしているある幼稚園に行ってみました。ところが廊下に張り出されている子どもの絵を見て、〝この二〇番の子の絵は面白いですね。どのような子どもですか？〟と聞いたのですが、先生は〝二〇番はだれだったかな、少し待ってください〟と、名表を見てからしか答えられないのです。その幼稚園では、子どもの顔が見えないときでも誰であるかが分かるように、スモックに背番号を縫いつけているというのですが、その番号ですぐに誰であるかが分からないとはどういうことですかね」と尋ねたのである。早速市の教育委員会で確かめると、課長は「担当の指導主事が先生の大学のY教授の指導を受けながら〝自由保育〟を推進しようとしているのですが、最近いろいろな意見が入ってきています。小学校に入学して、例えば図画の時間に、〝幼稚園では書きたくない者は書かなくてもよかったのに、小学校ではどうして書かなければならないの〟などと言う子どももいるようです。万事がこの調子なので、問題だと思ってはいます」とのこと。それからわたくしは、月に一、二度、市内の各幼稚園を訪れ、子どもたちのやりたい放題のことを多様な活動としてそのまま放任しておくばかりの保育の実際を見て、園内研究にも参加しながら先生方と考えていったのである。

このY教授は心理学の専攻で、わたくしよりも十数歳年長であった。公民館講座で同席し、「うちの子どもは漫画ばかり読んでいますが、どうしたらいいでしょうか」という母親の質問に対して、「漫画が読みたい時には存分に読ませて上げて下さい。それを叱ってやめさせてはいけません。そのうちにあきてきますから」と言うばかり。わたくしが、「先日、青年の集いで〝趣味は何?〟と聞きますと、〝読書〟と言います。そこで〝どのような書物を読んでいるの?〟と聞きますと、『平凡』とか『明星』〟と答えます。〝その雑誌以外には?〟と聞きましても、〝その他は知らない〟と言うのですね。子どもも漫画にあきた時に、果たして児童文学や伝記等に向かうのでしょうか?」と言ったのであるが、その返答はなかった。子どものやりたいことはそのままやらせばよい、そのうち子ども自身が自分の方向を見出していくというのが、当時の心理学者一般の見解だったのである。

やがてこのY教授がノン・ディレクティヴ・カウンセリングを知ってからは、いよいよ大変であった。先の「自由保育」もそれからであったが、クライアントに対する処方を一般の授業にも適応させようとしたのである。いやそれ以上に、ノン・ディレクティヴな指導を極めてディレクティヴに強要したと言ってよい。大学附属学校などの授業研究会で同席すると、「教師の指導意識が強すぎます。もっと生徒自身を活動させせられませんか」と批判はする。しかし、そのためにどうするかについては何も言わない。ある時、某助教授が「先生は批判されるばかりで、代案も出されません。まるで全共闘の学生のようですね」と言ったのには、流石にこたえたらしい。しかし、教師の指導力は極力後退させて、生徒自身を活動させるべきであるという意見は絶対に変えなかったのである。

このような指導事例は、今日もなお形を変えて行われているように思われる。その場合、わたくしがつねに思い出すのは、次のシュプランガーの言葉である。

「ルソーが楽観的な立場を弁護して、もし人間の本性が外部から、すなわち、腐敗した文化から受ける害悪に対して保護されるならば、それからは純粋なものと善なるもののみが生じうるとしている。もちろんその際、ルソーが到達したのは、本来的な自由の承認という方式ではなくて、非常に技巧的な教育者の権威の偽装に他ならない。実際、この権威なしには、あの自由の承認の方式は、教育の中で決してうまくいかない。生徒をまったく自由に放任するひとは、もはや生徒を教育していない。そうかといって、生徒をあますところなく拘束するひとも、もはや教育していない。というのは、一切の外的拘束は、最後には内的拘束とならなくてはならないからである。これで初めて真の自由である」[22]。

「自由の精神で教育しようとするひとは、まず一度は、自由とは何かを知らなければならない。それこそは、西欧の危機的状況のなかでその中心をなす重要なものである。考えられ得るのは、自己支配と責任の自由でしかない。このような自由をこそ、まず助け出さなければならない。このような自由は、容易に前提されない。そしてそのためには、人間のこの最高の倫理的善がすでに初期の段階でそのなかに示されている。一切の小さな動きを確実に捉えることが必要である。自由の精神で行う教育とは、教育学的ディレッタントにとって、適することの最も少ないものである」(23)。

「今仮に遊泳術に譬えて説明するならば、われわれはまだ一人で自由に泳ぐまでには至っていない。われわれは、まず彼らに長い縄をつけて泳がせなくてはならないが、しかし彼らが気づかぬように巧みに縄を付け、彼らに〝一人で泳いでいるかのように〟思わせておく必要がある。そしてただ危険が迫った時にのみその綱を引き締めて、彼らを安全な場所に引き戻すのである。しかしながら、われわれは正しく、間違いのないように行わなければならない。さもなくば、多くの若者たちは溺れて、破滅に瀕して終うのである」(24)。

実際、わたくしが附属中学校長を併任した際に、学校行事等において生徒に自主的な活動を行わせるために、先生方に事前・事後の指導をどれ程やってもらったことか。生徒指導主任を通じて教官会議と生徒会執行部との間の往復運動をどれだけやってもらったことか。この自己決定への援助がなされていたからこそ、生徒たちは初めて主体的な活動を行い成就感・成功感を抱くことができたのである。その場合でも「手を離せ、しかし目をそらすな」というのが、教官たちの合い言葉であった。われわれ教師にとって大切なのは、児童・生徒に自主性・自発性を育てることである。にもかかわらず、時として自主性・自発性の尊重という美名の下に放任が行われる。また、「生徒たちの意見を尊重しましょう」と言えば聞こえはよいが、しかしこの名目によって生徒の能力を超えたことに対しても生徒任せにして教師の責任を免れようとすることともなり、さらにそれによって、巧みに子どもたちのマインド・コントロールを行い、政治的に利用することもなし得るのである。

わたくしが視たある小学校六年生の学級会活動である。子どもたちは胸につける名札について討議していた。「私たちはよくそれを忘れる。それで別に不便を感じない。先生方も付けてられないことがある。止めてもいいではないか」と言うのである。それに対して、ある子が「しかし、学校で決められたことにはその理由がある筈だ。これを聞く必要がある」と言ったのであるが、担任教師は名札廃止の意見が出た場合には頷いていながら、この発言に対しては無視していた。学校としては大規模学校であり、校舎も新旧にわたっているので、全児童に同一学校意識を抱かせるために名札をつけることにしたとのことである。児童の自主的な討議とは言っても、進行助言と情報提供は教師に求められている筈である。教師の顔色を見るに敏感な子どもは、廃止の意見を強めていき、ついに学級会決定にもっていった。後の授業研究会でその教師が言うのには、「たとえ小さなことであっても、自分らの問題として討議し決定し、それを学年会で、さらに児童会で決定して学校を変えることができたならば、子どもたちは意義を感じる。そこに学級会活動の目的がある」であった。学校としての立場、つまり客観的な根拠を何ら考慮することなく、単に主観的な意見で決定させ、それがいかにも児童・生徒全体の意思であるかのようにして、結果的には教師自身の意見を通そうとする指導の典型的なものであった。このようにして、児童・生徒が巧みに政治活動に巻き込まれていく。集団主義的生活指導では、核作りと班作りが重視されるのもこのためであろうか。

わたくしの経験では、大学生も中学生も、自分を十分に理解しながら誠心誠意をもって指導していただける教師や先輩、時には親身になって叱ってくれる教師や先輩を求めていたように思われる。意識的に悪事を働き、それに対して教師がどのように対処するかをいわばテストしようとしているかのような生徒もいた。その場合、いかにも理解のありそうな態度をとったり拱手傍観するだけの教師は、軽蔑されたのである。次のシュプランガーの言葉はやはり正しかったのである。

「青少年が世に処していくに当たって、心に抱く暗々裡の憧憬、内密の希望は、一般理論によってではなく、むしろ青年を理解し、青年の個性を受け入れることによって、青年の人生の意義を示してくれるような一個の人物を見出すことである」(25)。

「青少年が頼ろうとする人物は、いかなる人間的なものにも冷淡でなく、すでに若干の(人生上の)戦いを経験しているような人物である」(26)。

## おわりに

以上、今日の少年問題を生じさせている大きな原因の一つが、あまりにも楽観的に過ぎる児童・生徒観に基づく教育が戦後の占領下に始まり、しかもそれがいかにも進歩的で民主的であるかのように支配し続けてきたことにあることを示してきた。実際、七〇余年間にわたるわたくし自身の人生を謙虚に振り返り、多くの罪過を背負い、失敗と挫折の繰り返しであった自分が、あの児童・生徒観に委ねられていたら、どうなっていただろうかと考えてみただけでも、恐ろしくなってくる。改めて両親と恩師をはじめ多くの方々による有形無形の庇護と叱責、激励と忠告等に感謝したい。それだけに、ヴァインシュトック(H. Weinstock, 1889–1960)が「ルソーの描いた空想が大きな力となり、ペスタロッチーの志向した真の人間像が埋没してしまったところに、現代教育の二重の悲劇がある」と述べている[27]ことに絶大な賛意を表するものである。今こそこれまでの楽観的な児童・生徒観から脱却し、ごく当たり前の常識感覚に根ざした真の児童・生徒観にたち還り、それに基づく指導を講ずることが求められるのである[28]。そこから教師の指導力も確立されていく。

最後に、かつてディルタイは言った[29]。

> 哲学者の最後の言葉は教育学である。なぜなら、一切の思索は行為のために存するから。

この意味において、教育哲学を専攻する者は「教育現実を哲学すること」に努め、行為のための、つまり教育実践に資するための理論を提示することが必要となる。しかし、哲学するためには先ず哲学する方法を学ばなければならず、このため教育思想史の流れのなかでいわば山の頂点に立つ一人の大思想家を選び出し、その思想の全体を謙虚に理解していくことが求められる。時代も国も異なる人物の原著に当たり、その時代や社会の中に入り込んで追思考しながら体系化していくためには、かなりの時間がかかるし、苦労も多い。しかし、それなしには、哲学することを学ぶとともに、自己の思想を形成することができない。

ちなみにわたくしが大学で教育学を修めたのは、まさに上述したアメリカ教育絶対の時代であった。しかし、長田新《おさだあらた》先生を初めとした恩師たちは安易にアメリカ教育の研究に向かうことに対して厳しく戒められた。「そのような書物は社会に出ればどうしても読まざるを得なくなる。学生時代には学生時代でないと読めない書物を読め。何事にも基礎で大切なのだ。そうして、つねに教育活動の本質を求めていくのだ」というのがその理由であった。わたくしは至らぬ身ながらもそのお教えを遵守し、学生時代にはパウルゼン(F. Paulsen, 1846–1908)を読み、その後、シュプランガー(E. Spranger, 1882–1963)を四〇年余りも読み続けてきた。とは言っても、残念ながら彼の著作の全体を読破し、完全に理解し得たとはとうてい言うことはできない。そしてこの基礎研究を行いながら、他方では、ディルタイに示唆されて、でき得る限り教育現実に身を置き入れ、その理論化と方向付けにも努めて来た。とは言っても、このことはシュプランガーの教育学理論を演繹し、その具体的実践化を図ろうとしたのでは決してない。現場の先生方と悩みをともにしながら、ひたすら「教育現実を哲学する」ことに努めたのである。五〇年近くも大学に勤務しておきながら、これまでになし得たことを考えると汗顔の至りと言う他ない。しかし、シュプランガー研究を続けてきたお陰で、この問題を含め、時流に媚びたり右往左往したりすることなく、一貫した教育学的発言を持続し、いくらかなりとも理論と実践との循環的統一を図ることができたのではなかろうかと密かに思い、恩師のご指導に感謝している(30)。

## 5　回顧と展望

### 1　偏差値教育と新しい学力観

平成七年も後わずか、それにしても今年は大変な年であった。いじめを苦にした中学生の自殺から始まり、阪神南部大地震、サリンによる無差別殺人等々と、大事件が相次いだ。特にオウム真理教による数々の暴挙は、それが宗教の名を借りてなされたものであるだけに、世を戦慄に陥れたと言ってよい。当然、オウム真理教は解散されなければならない。しかしそれが解散しても、オウム的なカルトに走る青年は皆無となるだろうか。わたくしにはそうは考えられない。教育に携わる者として、どうしてもこれを生み出した教育について反省せずにはいられない。

我が国が敗戦の混乱と虚脱から立ち上がり、経済大国として国際社会に踊り出たことは、大いに自負することができよう。しかし、あまりにも経済優先であったことは否めない。そこでは物と量の世界が重視され、とかく心や質、意味の世界が軽視された。教育の世界にあっても、進学競争のあおりを受け、いわゆる偏差値教育に忙しく、受験に強くなるための知識を教える単なる技術に陥った。特に心の教育の面は、道徳教育が一部の勢力から激しい抵抗を受け続けたことからも分かるように、あまりにも軽視された。生命の尊重も人権の確立も、世界平和の樹立等も、言葉では教えられていたに違いない。しかしそれが建て前に留まり、自己の内面から日常を支え、行為に至る倫理的エネルギーとして育てられていたであろうか。

オウムの幹部たちの子ども時代は、なべて真面目な優等生、こよなくいい子、親にとってはまさに自慢の子であったろう。しかし、人間にとってもっとも大切なものが育てられていなかった。彼らは複雑な現実に挫折すると、超能力によってその解決を求め、優秀とされた頭脳も善悪の判断を行うことができず、容易にマインド・コントロールされ、殺人機材を作ることや、犯罪を秘匿するための理屈づけに向けられたと言ってよい。彼らはまさに戦後教育の申し子であり、その極端な事例と見なさざるを得ない、いじめや非行に走る子どもたちにも、同様な傾向がありはしないだろうか。また逆に、その偏差値教育についていくことができないことからのあせりやうっぷんから、そのような行動をとらせていることはないであろうか。

最近、「新しい学力観」ということが叫ばれている。これは以上のような偏差値教育に対する反省から唱えられたものであると言ってよい。そこでは、知識や技能の習得よりも、子どもの興味や関心や能力・態度を育成することが強調されている。これは、当然のことである。学力とは、本来、学習によって獲得された知識や技能が真に身に付いて生きて働く能力を意味している。このためには、知識や技能の上からの単なる注入ではなく、子どもの興味や関心から出立し、いわば「自己自身の所産」(ペスタロッチー)となるように指導され、能力や態度にまで高められることが求められるのである。このように考えると、「新しい学力観」ではなく、いうならば「真の学力観」と言うべきであろう。それが改めて「新しい学力観」と言われなければならないとしたら、それほどにまで受験に強くなるための教育が横行しているということであろうか。

それにしても、「新しい学力観」と言われると、これまでのものが否定され、何か違ったことが求められなければならないかのように感じ取られるのではなかろうか。今日、「新しい学力観」という美名の下に、「基礎的・基本的な内容の指導を徹底」することが軽視されているように思われてならない。事実、教師による内容の指導をまるで「古い学力観」であるかのように否定し、子どもの活動を「支援」するということから、教師による「指導・助言」を後退させようとする向きさえある。

しかしたとえ子どもには今は興味や関心がなくても、「国民として必要とされる基礎的・基本的な内容」は教師によって適時性をもって指導され、身に付けさせなければならない。それが注入と暗記に終わらないためにこそ、子どもの興味や関心を喚起し、自分の問題意識として主体的に学習に取り組まさせることが必要となる。このことが忘れられ、単に子どもの興味と関心だけが尊重されて、基礎・基本の定着なしに能力や態度の育成が図られるとしたら、それは稲富栄次郎博士の言葉を借りるならば、「物を視せないで視力を陶冶し、音を聴かさないで聴力を陶冶しようとする愚」(31)を侵すこととなろう。実質的陶冶と形式的陶冶、つまり、内容の習得と能力・態度の習得とは、つねに同時的・統一的に育てるというのが、教育学の永遠の真理なのである。真の学力を育てるために、今こそ「国民として必要な基礎・基本」とは何かが探究され、それが子どもの興味・関心を生かしながら身に付けられ、「自己教育力」にまで育てていくことが必要となる。

わたくしたちは、新しいという言葉に酔いしれ、流行に流されることに陥らないように警戒したい。ましてそれが単に方法技術に矮小化されているとしたら、大きな問題である。今こそ「教育の基礎・基本」、つまり「教育の本質」に立ち返ることが強く求められていると言わなければならない(32)。

## 2　方法技術主義の克服

この「新しい学力観」という言葉が姿を現すのは、平成元年に告示された現行学習指導要領が実施に移された頃かと思う。僭越ながらわたくしもこの学習指導要領の改善に関わり、指導書の作成に至るまでおよそ五年間、毎週のように上京して協力者会議に出席したのであるが、この間、「新しい学力観」などという言葉を耳にすることは一度もなかった。ところが告示後のある研修会で某視学官からこの言葉がまるで新学習指導要領の趣旨を端的に示すものであるかのような説明をなされたのを聞き、驚きの余り、早速、特に親しくしている二、三の調査官には失礼ながら警告を申し上げた。特に

『学習指導要領』の「総則」に示されている「教育課程編成の一般方針」の1に、「基礎的・基本的な内容の指導を徹底し、個性を生かす教育の充実に努めなければならない」とあるが、この通りに解するならば、「基礎・基本」が徹底的に身に付けられてこそ「個性」が育つことになる。それで正しいのであり、基礎・基本が欠如したままでは、せいぜい個人的差異性でしか育たないことを強調した心算である。また、いずれ国会で批准されるであろう「児童の権利条約」（平成六年三月、国会承認）の本来の趣旨が悪用され、「個性重視」という美名の下に、学習面の「基礎・基本」ばかりか生活面でのそれまでもが否定される危惧を感じざるを得なかった。わたくしの危惧は不幸にも的中し、児童生徒が自分の興味や関心に基づき、個性を生かして授業中に私語をしたり立ち歩きし始めるようになったのも、これと決して無関係ではなかろう。つまり、今大きく問題となっているいわゆる「学級崩壊」と「新しい学力観」とは、結局、どこかで繋がっていたと言わざるを得ないのである。

戦後の教育はまるで方法技術万能であった。終戦直後はアメリカの新教育が次から次へと紹介され実施されたし、それ以後も教育ジャーナリズムや民間教育運動から新しい方式が次々と紹介された。教育現場はそれにくいつき、心ある人たちからは「ファッション教育」と批判さえされたのである。「××方式」が流行すると、他校に遅れじとばかり、その理論的根拠や可能性並びに限界についても考察することもなく万能視して実践する。その方式が理数科系のみに有効なものであっても、そのまま文科系にも適用させようとする。もしうまくいかなかったら、悉く排除して次の新しいものを探し出してくる。これでは一種の活気さはあるにせよ、地道で落ち着いた教育実践がなされ得るであろうか。特に問題なのは、このようなファッション教育の追求によって、先生方の主体的な教育探究の精神が弱体化し、マニュアル待ちの姿勢が作り出されたことである。最近では子どもも保護者も大きく変わっているのに、それに対応することを忘れ、従来通りの姿勢をとるか、あるいは行政当局から流されるマニュアルに従い、無難に対処しようとしてはいないだろうか。

この方法技術主義は、わたくしがもっとも長く関係してきた文部省の道徳教育関係でも例外ではなかったように思われる。もちろんほとんどの文部省視学官ないし調査官は自己の節度を弁えその責務を果たしておられたのであるが、中には失礼ながら自己の主観的な意見を全国に普及させようとした担当官もおられたことは否定できない。道徳教育の実践の場には、「同質性と異質性」「話し合いの組織化」「価値の主体的自覚」「価値観の類型化」「総合単元的道徳学習」等々、そこでしか通用しない独特な用語が使用されるのもこれによる。失礼ながらこれらには深い教育学理論によって裏付けされたものは皆無である。また、文部省研究指定校等で実践され、地道に積み上げられながら理論的に確認されたものでは決してない。調査官としては、道徳教育の活性化を求めて自説を主張したのであろうが、文部省研究指定校などではそれを実践しないと認められないとばかりに飛びつき、都道府県の指導主事がその宣伝係を努めることになる。こうして、どの府県のどの学校を回っても同じような実践が行われている。どこを切っても同じであるなら、それは「金太郎飴的実践」という他ない。このようにして、全国的に風靡した金太郎飴的道徳授業は、概して内容的に平板的であったことは否定できない。道徳教育の本質的な在り方を求めるよりも、その授業の型にとらわれて、その推進を図ることに忙しかったからである。そのことを指摘すると、学校長等から「文部省でこう言われましたので」という意見が述べられたのであるが、その時わたくしは、「文部省がですか。それとも文部省の視学官ないし調査官のだれかからなのですか」と、聞き返したものである。わたくしたちが遵守しなければならないのは学習指導要領であり、文部省が授業の方法までを指導するのは越権であり、そのようなことを求めてはいないことを知っていたからである。わたくしは、それらについての批判を書物や雑誌等に書かせて頂いた(33)。

わたくしは、全国の多くの学校にお招きを頂きながらも、「村田方式」と言うべきものを提示したことがない。各研究校の実態と課題に則って設定された研究テーマができる限り合本質的に追求され、学校としての全体的統一性を保持しながらも多様な展開が図られ、一人ひとりの子どもに生かされることを願ったのである。したがって、例えば「先生のおっしゃる〝体験の内省から道徳的価値の内面的自覚〟に至るための〝指導案〟を書いて頂けませんか」などという依頼があっても、「指導案というものは、学級の一人ひとりの子どもの顔や表情が浮かばないと書けないのではないですか。それができるのは、指導に当たられる先生しかおられない筈です。もっと自信をもって頂いたらいかがでしょうか」といったものである。いくら教育学の理論を研究していても、それがそのまま当学校ないし当学級に適用されるのではない。その理論の命令によって実践がなされるものではない。教育現実に作用する独自なものと教育実践家の主体性をあくまで尊重し、理論研究者と実践家それぞれの役割分担を明確にしながら共同研究を進めることが大切であると考える。

最後に、わたくしが長く接した文部省視学官ないし調査官の中で、この面から特に敬服してやまないお二人についてご紹介しておかなければならない。そのお一人は、故井沢純先生である。日本倫理思想と文学にご造詣が深く、『わたしのカンディーヌ』と題する先生のお若い時の作品を古書店で購入してお見せしたときの先生の表情が今も忘れられない。その他、人情の機微に通じられていた先生のいろいろなエピソードについては、ここで述べるいとまはない。ただ先生は調査官ご在任中には道徳授業の方法についてはまったくお述べにならなかったし、また著書にもお書きになっていないことに注目したい。先生は「わたくしたちの仕事は学習指導要領の趣旨の徹底を図りながら、その問題点や課題について調査し、次期改定に備えていくことです。方法に対してはわたくしにも考えがあり、申し上げたいことは重々ありますが、文部省が方法まで指導することは問題であると思っております。あくまで文部官僚としての倫理を守りたいのです」と言っておられたのである。とはいいながら、先生が道徳教育の実際に寄与されたご功績は極めて大きい。

他のお一人は金井肇先生（現大妻女子大学教授）である。農業の研究から倫理学を志された先生のユニークな人生経験については、また触れさせて頂くことがあろう。ここでは調査官としてのお仕事である。先生の前任者は失礼ながらいささか自信過剰であったし、それだけに自説を現場に押しつけようとした。彼の指導によって独特の自作資料を通じて討議するという授業のみが中学校に定着し、しかもそれが小学校にまで及ぼされようとされていた。わたくしとしてはそこにはいわゆる生活指導主義的発想が伺われ、危険性を感じ、よく論議したものである。地方に行くと、教育長や指導主事らから「あれで道徳授業となるのですか」と質問を受けもした。その後任者が金井先生であった。先生はわたくしに次のようなことを言われたことがある。「先生が雑誌等で彼の考えを批判して頂いていることはありがたいです。しかしわたくしとしては、たとえ彼の考えとは根本的に違っていても、前任者である彼を批判することは立場上できません。ですからわたくしは彼を直接批判することはせずに、道徳の資料は彼の言う自作資料だけでなく、文学、伝記、エッセイ、短歌等々、あらゆるジャンルからの資料を発掘するとともに、その指導も単一の流れでなく、同一資料に即して少なくとも三通りの展開例を示したいのです。何とぞご協力を願います」と。当時文部省から発行された資料ではせいぜい二通りの展開例しか出されていないが、ご自身が編集されたものは三通りとなっており、その原則は今も守られている。先生が多くのジャンルから道徳資料を選択されたこと、そして多様な授業展開を示されたことは、今なおその価値を失っていない。金井先生は学習指導要領の趣旨の徹底を図りながら、そこに求められている「創意工夫のある指導を行うこと」を推進することに尽力されたのである。

都道府県の指導主事を含め、現場の指導業務に携わる方々に、このお二人の姿勢をぜひとも理解して頂きたいのである。

## 3　学校長の見識と指導力

大学初期の卒業生には、すでに四〇年ばかりを経た今も、遠路を問わず、わたくしのところに訪ねて来てくれる者が少なくない。滋賀大学時代にわたくしの許で卒業論文を作成した仲間が中心となり、二〇数年来続けられている「現代教育研究会」への出席も多い。彼らとの話題となるのはやはり教育の実際問題についてであるが、しかしそれ以上に、最近に読まれた書物をめぐって質問がなされる。彼らの読書好きは学生時代からではあるが、しかし、今もそれが続いているのは初任校での訓練による。いやその学校長の指導によると言ってよい。学校長からよく「この書物は評判がよいので買っておいたけど、忙しくいのでなかなか読めないのだよ。君が先に読んでその内容や感想を教えてくれないか」と言われ、学校長から依頼されたことに感動しながら読了して報告に行くと、校長はすでに読破しており、むしろ質問を投げかけられたという。校長はこのような仕方で若い教員たちに読書と思索の訓練をしていたのである。

実際、わたくしが若い時にお付き合い頂いた校長先生方は、よく書物を読まれていた。本屋にどれだけ借金があるかが、自慢でもあったらしい。しかもその書物とは、いわゆるハウ・ツゥものではなく、教育学・哲学・倫理学・心理学の本格的な書物であり、教育学であるならば、篠原助市、長田新先生らの学術書であった。しかもそれらが、例えば「ナトルプの言う〝自然の理性化〟ということをこのように考え、実践してみているのです」などと、具体化されていた。戦前には校内研究で長田新先生の『教育学』(岩波書店刊)を輪読した学校もあったという。読書は視野を拡大し、深化する。人生を豊かにする。だから学校長は教育の問題に対しては一家言をもって対応され、また、自分の得意とする教科を中心として地域の学識経験者としての役割をも果たされていた。それを支えていたのは、何と言っても国民の教育に対する旺盛な使命感と誇りであり、子どもに対する教育愛であった。

昭和三三年に道徳の時間が特設された時、日教組の強い反対の中で「道徳」の時間が進められていったのは、このような地方の有識校長たちによってであったと思われる。当時、京都教育大学の平野武夫助教授は有志を募って「関西道徳教育研究会」を組織されていたが、そのメンバーであった校長の中にはかつての中等教員検定試験を合格し、師範学校で教育学の講義を行う資格をもった方も何人がおられたし、それほどでなくても、理論的な支えをもって実践を指導される校長が各地方に多くおられた。このような先生方を前にして誤魔化しは許されない。講師が有名大学の教授であろうが、文部省の視学官や調査官であろうが、容赦なく批判される。ハッタリは絶対に許されなかった。わたくしもこの研究会に参加する機会を得たが、若いわたくしには非常に勉強となった。道徳授業が先に述べたようにいわば「金太郎飴化」したのは、このような指導者が少なくなり、上からのノウ・ハウを求める教師が多くなってからである。

一般的に、戦後の教育はあまりにも無理論的で方法主義であり、新しいものが歓迎されて、その手法の可能性や限界について論議するいとまもなく、飛びついていった。ファッション教育という名さえつけられた。児童の自主性・自発性の尊重という美名の下での放任主義、児童中心主義を装いながらもその背景に政治的イデオロギーを擁するもの、集団主義教育の目指すものを秘した班作り・核作り等々。全体としては、目標はマルクス主義で方法はプラグマティズムといった奇妙な公式論、科学的合理主義に基づく進歩的文化人の声高い論調がいかにも真理であるかのように捉えられ、オーソドックスな教育哲学の立場から教育の本質に即して自由に考えることは、ほとんどなされ得なかったと言わざるを得ない。まさに教育哲学貧困の時代である。

しかし、先に述べた大校長たちは読書を通じて時代の流れを敏感に捉えながらも、それによって右往左往することはなかった。教育の在り方を政治の論理からではなく、つねに教育の論理から捉え、それによって政治を克服することに努めていた。そこでは戦前に読んだ教育哲学の書物が生かされていたし、戦後に出た数少ない教育哲学書も読まれていた。車中で出会っても、「あの書物は読まれましたか」と、よく質問されたものである。なお、上述した初期卒業生には、卒業論文を作成する時に読んだ中心文献を今なお座右の書としている者もいる。それが自分の教育実践を反省するための鏡とされてきたのである。

もとより大校長の指導は読書に留まるものでない。新卒教師を指導することは学校長自らの責任とされていたし、熟練教師に対しても、毎週提出される学習指導案の点検や研究授業、校務の執行を通じて適切な指導が行われている。夜には同僚や部下と共に盃を交わしながら大いに論じ合う。このため、給料を家に入れず奥様を泣かせた大校長も少なくなかったらしい。それだけ人情や人間関係が大切にされていたのである。そのような繋がりの中で、保護者や地域に対する対応等をも含め社会との交際の仕方や学校経営に対する姿勢も、いつの間にか若い教師に学び取られていた。わたくしの四一年近くに及ぶ教員養成大学での勤務経験から、卒業生の教育者としての評価は、大学時代の成績では決してなく、新卒時代の学校長がだれであったかによって定まっていると言ってよい。

ともあれ若い時にそのような大校長の下に勤務し、その指導を受けた教師がやがて校長となった時には、様々な意見に対して謙虚に耳を傾けながらも、自らの教育的信念をまげることなく、誠実に毅然として態度で処していく。そこにはある種の教育哲学と言うべきものが作用している。しかも、いかなる問題に対しても逃げることなく、つねに陣頭指揮をしながら一切の責任を自らが引き受けるという姿勢を貫いている。その姿から児童生徒の信頼も自ずから深まっていくし、その学校長を支持する教職員も増えていく。逆に学校長の職務権限を弱体化しようとする教職員の叫びも、徐々に空しいものとなっていく。

ついでながら、多くの学校を訪問していると、学校長に対する評価は、用務員や給食関係職員の学校長に対する態度から推察されると言ってよい。その態度が親しみと尊敬から生じているのか、あるいは面従腹背としてなされているのかは、直ちに感得されるのである。彼らには地域の出身者が多いだけに、保護者等による学校批判を直接耳にしているし、個々の教師の自分たちに対する対応を通じてそれぞれの人格性の表裏について知り尽くしている。これらはいつの間にか保護者や地域に知られていくのであるが、学校長の努力は、用務員さんらによって「今度の校長さんは少し違うよ」ということで、早速地域に流され、陰の支持者を作りあげていくのである。

ちなみにわたくしは四九年近くにわたる大学教育生活を通して、卒業生の送別会等に際して、毎年、餞の言葉として次のことを言い続けてきた。すなわち、「わたくしがこれまでの長い人生の中でこれだけはと努めてきたことを、一つだけ申しましょう。皆さんがどのような職場に就くとしても、いわゆる裏方さんに敬意を表して下さい。舞台裏で働く方がいなかったら、舞台上のいかなる名優も、体をなしません。学校であるなら、事務員さん、用務員さん、給食関係の方々などです。このような方々がそれぞれの仕事をして下さっているからこそ、教育活動がなされているのです。その皆さんも教育活動の担い手なのです。教師だけが教育を行っているのではありません。まず、これらの方々に、丁重に朝のご挨拶を致しましょう。ありがとうございますと言いましょう。そこから始めましょう」と。卒業生たちが大学卒ということでエリート面することなく、つねに感謝の念を抱きながら謙虚に生きてほしいという願いを言ったのである。

特に教師は新卒の年から学級を担任し、いわば一国一城の主となる。自分よりかなり年長の保護者にも対応しなければならない。その保護者も子どもが世話になっているということから、若い教師に対しても「先生」と呼び、ご機嫌伺いをすることも少なくない。このことによって、教師はいつも指導者側に立ち、それが時に社会常識から逸脱した言動ともなりがちとなる。教育界にいまだに進歩的文化人の主張から抜け出せない者が多いのも、ここにその理由の一端がありはしないか。最近、教師が一般企業で研修することが行われてきたようであるが、これは教師の社会性を広げる意味で極めて有効なのではなかろうか。

要するに教育の再建のためには、学校長の識見と人徳に俟つことがすこぶる大きい。このことは、次の第五章から具体的に理解される筈である。しかし、この学校長の指導力が、最近、あまりにも弱体化してはいないか。学校長としての資質や能力の育成ができていないのではないか。上述したような学校長は年々少なくなっていくようである。一般的に、学級崩壊が進んでいるとされる教育困難校は、学校長の権限が弱体化し、いわゆる民主的な学校運営がなされていると言って過言でない。わたくしが見る限りでは、失礼ながら自分の教育哲学がないために、教育委員会からの指示と学校運営に関しては教師集団に任せよとの強い要求との間に挟まれて右往左往している学校長が少なくない。かつては自ら学校運営の教師集団への一任を要求したり、国旗・国歌に反対していた人物が学校長となっていることさえある。しかしその中には、学校長としての職責を考え教育的良心に目覚めて、これまでの言動との矛盾に苦悩し、その苦悩を率直に若い教師に語ることによって、彼らの不当な要求に対して翻意を促す結果となったこともある。その逆に教師集団の言い分に従い、それを民主的な学校運営と自負する学校長もいる。彼は最初のうちは要領よく立ち回り、物分かりのよい校長と言われていても、最後まで責任を担いきることができず、うまく逃げ込もうとするので、やがては部下からの信頼を、さらには保護者と地域からの信頼を失っていく。教師側も子どもを大切にと口では唱えてながらも、それは結果的に放任に流れている。当然、学校が荒れてくる。失礼ながら、わたくしの出会った率直な校長像である。何十年ぶりに会った卒業生の言動が、学生時代とはあまりにも変わってしまい、驚くことも少なくない。

教育委員会は自らが学校長として任命した限りにおいて、その人物が公教育における政治的中立を遵守し、学校経営の全般について一切の責任をもつという職責を果たし得るよう、十分な指導を行い、その監督責任を果たすべきである。にもかかわらず、首長部局の顔色を伺い、一部勢力に遠慮するあまり、学校で政治的中立が侵されていても関知しない地方教育委員会があることを新聞報道等から知ると、正常な教育を行うために孤軍奮闘している学校長のことが思いやられてならない。学校長の資質能力の向上とその管理責任の強化にこそ、学校教育再建の鍵があると言うべきであり、このため教育委員会は学徳に秀で指導力のある学校長の養成に努めるとともに、その学校長が学校管理職者の権限の弱体化を図ろうとする一部勢力に屈することなく、管轄する学校の教育を「国民全体に対し直接に責任をもって」正常に行うことができるよう、その活動をより積極的に支援されることを願ってやまない。

## 4　社会教育関係団体の活性化

最後に言いたいのは、家庭・学校・地域社会の連携協力の強化が叫ばれているにもかかわらず、社会教育関係団体が弱体化しているのではないかという危惧である。社会的変動の中で、昭和三〇年代後半からまず地域青年団が消滅し始めた。それは産業形態と就業体系の変化の中で、地域での活動が至難になったことにも原因があろう。次に地域婦人会の解消が続いたが、これも就労婦人の増加に関係する。しかし、有能な社会教育主事の助言に基づき、変化した状態に即した運営を行うことにより、引き続き活動を行っていた地域青年団や地域婦人会があったことが見逃されてはならない。しかし、最近では共に役員はいても活動の実体が存しないことさえあり、活動がなされているのは実に限られた地域でしかない。地域公民館も高齢者学級と貸し館によって辛うじて開かれていると言ったら言い過ぎだろうか。

特に感じるのは、ＰＴＡ活動の形骸化である。もちろん、活発に今日の少年問題に真剣に取り組んでおられるＰＴＡがあることは知っている。しかし、一般には役員のなり手がないというし、無理に引き受けさせられた役員が真剣に活動することもない。青少年問題等で会議を共にしても、ＰＴＡ役員からの発言がなく、発言されても、一般保護者や学校の態度に対していわば評論家的に批判することに留まっている。一般的に自分自身の問題として捉えられていないし、まして学級崩壊やいじめの問題に対して汗を流して取り組んだこともないように感じられてならない。

二〇年程前に授業崩壊が言われた時には、最初は学校を批判していた保護者たちも、学校に来て実際の子どもたちの姿を見て驚き、子どもの知らない部分が見えてきて、子どもの問題は結局のところ親自身の問題であることを痛感した。そうして、学校長や教頭と共に早期から交代で校門前に立ち、子どもたちを出迎え、挨拶を交わし、授業中には廊下に椅子を置いて座り、子どもが騒いだり、教室を抜け出そうとすると注意した。問題校と言われる学校を訪問すると、かならずそのようなＰＴＡの役員の方に出会ったものである。また、そこから地域の青少年育成運動にも積極的に取り組み、地域の子どもは地域の皆で育てることに協力して下さった。当然、子育てのための学習活動も行われていたし、そのため、わたくしも行政当局から出されるテキストの編集に多く携わったものである。しかし、今日、学級崩壊とまで言われ、学校内で先生が生徒に刺殺されるようなことが全国的に起こっていても、学校内で保護者の姿を見ることはほとんどない。少なくとも学校と協力して、子育てに資していこうとする姿に接することがないのである。

一九六五年頃からユネスコを中心として「生涯教育」のことが提唱され、これが我が国でも中央教育審議会等によって取り上げられた当初には、都道府県であるなら副知事が、市町村であるならば助役が本部長となり、関係各部局の担当者が集まって、「生涯教育推進本部」が組織されていた。それと対をなす生涯教育推進委員会も関係諸団体の代表者らによって組織されていた。ちょうど青少年行政担当部局をもって副知事ないし助役を本部長とする青少年対策本部とともに、青少年団体ないし青少年育成関係諸団体の代表者たちを中心とした青少年問題協議会が知事ないし市町村長を会長として設置されているようにである。当然、その行政担当者で幹事会が定期的に開かれている筈である。不肖わたくしはかつてこの二つの会に、しかも県・市の双方に関係し、青少年育成と生涯教育の推進方策の答申をも行った。当時の地方行政にあって、住民の自治意識を高め、住民と行政とが一体となって促進しなければならないことがすこぶる多くなっており、このためには、地域住民の声を聞くとともに、行政の行うべき施策についての啓発を図り、参加を求めて行っていたことは、まさに生涯教育的事業とも言い得るものだったのである。このようなことから、当時としては、行政全体を挙げて生涯教育の理念の実施が考えられていたのである。

ところで「生涯学習」という言葉が公的に姿を表すのは、昭和五六年六月に出された中央教育審議会答申「生涯教育について」の中である。ここで「生涯学習」と言う言葉が出されたのは、生涯教育が政府レベルで取り上げられ、その後も中教審や社教審などで主張されたことから、一部の勢力からは、生涯教育とは生涯にわたる教育の国家統制やマン・パワー政策に連なるものと批判もされたので、この批判をかわす意味からは、確かに「生涯学習」と言うのが、耳ざわりがよかったからであろうか。ともあれ、文部省の社会教育局が生涯学習局と名称変更されたのは、昭和六三年七月一日からであったと思う。しかも、この生涯学習局が文部省の筆頭局となったのである。ユネスコから提唱された生涯教育の理念に則り、全教育部門を生涯教育体制に組み入れ、「学習社会」の構築に向かうためには、それが正しかったのであろう。それが今日、どのように機能しているかは、わたくしには分からない。ともかくこの文部省の「生涯学習局」への名称変更に伴い、都道府県及び市町村の「社会教育課」のほとんどが「生涯学習課」に改名されたのである。

しかし当時、「生涯教育」とせず「生涯学習」とすることに対しては、かなりの異論があったことは否定できない。「生涯教育」なのか、それとも「生涯学習」なのかは、生涯教育に関するある種の対立さえ引き起こしたのである。新堀通也氏もその編著『社会教育学』(東信堂、一九八一年)において、「生涯学習では個人に重点を置く傾向が強いので、生涯学習理念を発達せしめてきた社会的側面が打ち出せないうらみがある」とし、「生涯教育は私的な個人の生涯学習ではなく、公的で社会的な教育制度や教育政策に重点を置く概念である」と批判しているし、田代元弥氏もその著『生涯学習と公民館』(学文社、一九九三年)において、「学習すなわち、教育の中に入って活動する者の行為をさす用語が、広い包括的な体系を総合する教育と同義語になり得る理由はない」と批判しているのである。そうして、両氏ともに、「生涯教育は直接には変動の激しい現代社会で生きていく個人にとって生涯学習が必要不可欠だという事実から唱導された原理」(新堀)であり、そのための「学習を本格的にさかんにするには、地域社会において生活を営む個々の住民が、その生活をすすめるために、〝何が必要なのか〟を正確な根拠に立脚してはっきりととらえ、それを自己の〝必要課題〟として究明し、生活実践に移すことにならなければならない」のであって、そうでなければ、「住民の多くは、〝好み〟に合い、〝楽に〟やれるものには寄りつくが、社会としての必要課題に対しては、〝面白くない、骨の折れるもの〟として逃避する。しかし、いかに住民の多くがこれを逃避しても、必要課題はあくまで存在し、その解決がなされなければ、住民の生活が悪くなるばかりである」(田代)と懸念しているのである。

両先生ともに親しくおつき合い頂いた方であるだけに、わたくしもこの見解にはまったく同感であり、特にこのことによって、生涯教育が要請されている遠大な理念が矮小化されはしないか、特にいわゆる「必要課題」が軽視されはしないか、ましてようやく全行政が考え始めた生涯教育事業が単に教育委員会所轄のものになるのではないかという危惧を抱いたのである(34)。

都道府県及び市町村の「生涯学習課」は、住民の一人ひとりが充実した人生を送ることを目指して生涯にわたって自主的に行う学習を援助することを業務とする行政機関であるが、寡聞ながらも「生涯学習課」と改称されたことによって従来の「社会教育」の要素が薄くなったのではなかろうか。生涯学習課は当初「イヴェント屋」と陰口されたことさえあった。地域を挙げて生涯学習事業を行っていることをいわばPRするためのイヴェントが「生涯学習祭り」等と称されて実施され、課を挙げてそれに専念せざるを得なかったからである。それも生涯学習の機運を地域に盛り上げていくためには必要であったろう。しかしこのために忙しく、本来の社会教育的業務が軽視されるとなれば、問題である。

生涯学習、つまり生涯を通じて行われる学習は、あくまで各人の自発的意思に基づくものでなければならず、この自発的な「生涯学習」を援助・促進すること、具体的には、生涯学習のための「意欲と能力を育て」、関係諸機関との連携・協力のもとに、生涯学習の機会や場を「総合的に整備・充実」していくのが「生涯教育」であるとされているのであるが、ここでも学校教育の場合と同様に、「自発的意思に基づくものでなければならない」ということによって、学習のための「意欲と能力を育てる」ための指導や助言までが否定されてしまったのであろうか。これまでの地道な社会教育活動を育成し、推進していくような行政の取り組みがほとんど感じ取れないのである。

例えばこれほどにまで青少年問題が憂慮されているのに、従来なされていたような「家庭教育学級」を地域で推進していこうという動きもない。そのように言うと、「出前講座」が準備されていて、要請があれば派遣しますと言う。どうやら自発的な要請を待っているらしい。とはいえ、その出前講座のことを、どれだけの住民が知っているのか、また、その出前講座のいわばメニューを見ても、まったく食欲が起こりそうでないものでしかない。

失礼ながら、教育委員会事務局に所属する生涯学習課は、今日、ＰＴＡをはじめとする社会教育関係団体に対する指導助言や、学習集団を育成しそれを自主的な活動を営む団体として発展させていくための働きかけなどを行っているのか。その能力をもつ人材を社会教育主事に得ているのか。残念ながらはなはだ疑問とせざるを得ない。

ともかく生涯学習課となったために、従来の社会教育が弱体化したことは否定できないし、しかも、生涯教育の理念が微視的なものに陥り、当初に提唱された遠大な構想が矮小化してしまったばかりか、「生涯学習」と言えばとかく「社会教育」と同一視され、教育専門家でさえも「生涯学習」を「学校教育」と並置される概念として使用することさえないとは言えない。学校教育も生涯教育体制の中で構築されなければならないということも言われなくなったし、特にそこでの「統合」の原則などはまったく忘れられたのだろうか。まして、かつての「生涯教育推進本部」が機能している行政機関は、現在、ほとんどないように思われる。生涯学習は単に教育委員会で行うべき事柄としか見られていないのである。「生涯教育」が「人類の危機」までも生じかねない新しい社会的動向ないし諸条件に対処することの必要性から提唱されたことに今一度思いを寄せ、それこそ原点に立ち返ってその在り方を考え直す必要はありはしないか。そうして、社会教育活動の充実発展を図り、特に社会教育関係団体の育成に努力しなければならないのである。

**注・文献**

(1)『教育事典』平凡社、一九五四年。
(2) 参照、『教育学全集15　道徳と国民意識』講談社、一九六九年。

(3)「愛国心工作と生活教育」『カリキュラム』一九五三年一〇月。
(4) 村田昇・尾田幸雄編『道徳教育への期待と構想』文渓堂、一九八九年。
(5)『愛国心』岩波新書、一九五〇年。
(6) 参考、『新学習指導要領〝道徳〟を読む』明治図書、一九八九年。
(7) 藤田昌士『京都新聞』一九八九年年二月一一日付。
(8) 以上初出・菱村幸彦・星村平和編『教育課程の論争点』論争点シリーズ第三号、教育開発研究所、一九九四年七月(若干、追加)。
(9)『道徳は教えられるか』国土社、一九六七年。
(10)『現代学校教育大事典』2　ぎょうせい、一九九三年。
(11) 以上初出、『戦後教育の論争点』論争点シリーズ第五号、教育開発研究所、一九九四年一一月。
参考、高坂正顕『私見　期待される人間像』筑波書房、一九六五年。
(12) 以上初出『学校運営トラブルへの対応』教育開発研究所、二〇〇〇年。
(13)『日刊警察』日刊警察新聞社、第一四二五三号、二〇〇一年二月二三日。
(14) 寺井秀七郎「石部事件・鬱病と躁病・豆と豆腐」『近江教育』五八七号、滋賀県教育会、一九七五年。
(15) 寺井秀七郎「混迷」『近江教育』五九一・五九二号、滋賀県教育会、六頁。
(16) 織田愛子「悲しい欠食児童」『学舎は戦争の彼方へ――戦時下教育の記録』第三文明社、一九八二年、一五一頁。
(17) 松下亀太郎「試行錯誤の戦後の教育」『学舎は戦争の彼方へ――戦時下教育の記録』第三文明社、一九八二年、九五頁。

(18) J. Dewey: Experiment and Education. 1938. By Kappa Delta. 1950. p.9.
(19) E. Key: Jahrhundert des Kindes. 1900. 10. Aufl. S. Fischer Verlag. S. 112f.
(20) シュプランガー、村田昇他訳『教育学的展望』東信堂、一九八七年。
(21) シュプランガー、小塚新一郎訳『現代文化と国民教育』岩波書店、一九三八年、一五七頁。
(22) シュプランガー、村田昇他訳、前掲書、一四五頁以降。
(23) 同前、一四六頁。
(24) シュプランガー 小塚新一郎訳、前掲書、二一三頁。
(25) E. Spranger: Psychologie des Jugendalters. 1924. 24. Auful. 1995. S. 166.
(26) ditto. S. 166.
(27) H. Weinstock: Realer Humanisumus. 1995. S. 39. 参照、拙論「ペスタロッチーの人間観」拙著『パウルゼン／シュプランガー教育学の研究』京都女子大学研究叢刊、一九九九年。
(28) 杉谷雅文「人間観の変遷と教育学」『教育哲学研究』二号、一九六四年。
(29) W. Dilthy: Pädagogik. Geschichite und Grundlinien des Systems. Gesammelte Schriften. Bd. IX. 1934. S. 203f.
(30) 以上初出、『教育哲学研究』第八三号、二〇〇一年。
(31) 稲富栄次郎『教育原理』金子書房、一九五三年、一八四頁。
(32) 以上初出、『さざなみ国語教育』滋賀児童文化協会、第一六五・六号、一九九五年一二月・八年一月。
(33) 参照、拙稿「道徳教育をめぐる理論と方法」神保信一他編『人間形成と道徳』ぎょうせい、一九七九年。

拙稿「道徳授業の多様な展開を求めて」一・二『道徳教育』明治図書、四・五・六号、一九九三年。

(34) 拙著『これからの社会教育』東信堂、一九九四年。

# 第5章　再建への努力

## 1 「やまんば広場」のロマンス

林　勉

私の住む田舎町にも都市化の波はひしひしと押し寄せ、幼児の遊びの形態にも大きな影響を与えている。子どもたちが外で遊ぶより、家の中でテレビゲームやパソコンに夢中になる傾向は隠せない。そのことが将来に期待される経験のように錯覚したり、何より安全であると捉える保護者も年々増えるきらいがある。しかし、それで幼児の健全な心身の成長が可能なのだろうか。幼児には幼児固有の生活がある。その基礎を十分に養っておきたい。何よりも「自然人」としてである。ふたば幼稚園では恵まれた自然との関わりを大切にしながら、感性を磨き、そこから知性と徳性の芽生えを養うことを目指している。

## 1　自然の広場を遊びの場として

### 1　兎追いし　かの山

私たちのふたば幼稚園の背後に横たわる変化の激しい山並み。その山裾には広い竹藪が続いている。この山には私自身も思い出が深い。小学校時代に「兎狩り」した山だからである。この思い出の山へ幼児たちと遊びに出かけたとき、「やまんばさんが住んでいるみたい」とつぶやいた幼児の発想から「やまんば広場」と名付けられ、すでに何年か経過した。山主様方のご好意から幼稚園での自由な使用も認めてくださっている。急坂もあれば回り道もあり、山の中腹には幼児らしい集会もできる格好の広場もある。この裏山が幼児たちにとって最高の遊び場に変身したことは、まことに意義深いことと自負している。

### 2　ドラマをつくる自然の広場

現代っ子には山登りが苦手の子が多い。何本かの登り道があるが、場所によっては道とは名のみ。普通に歩いていては登ることは難しい。まさによじ登る感じである。

「あんた　こわいのか」

「うん……」

「あのな、右手で松の根っこをつかみ、左手でその草の根っこのところをつかんでみ」

「うん　やってみるわ………」

「そしてな　ひっぱるようにしてな、おしりを上げるのやで」

「うん　わかった。やってみるわ」

「それ、登れたやんか。ごほうびの表彰状やで」

と、木の葉を渡している。二人は満足感に満ちた笑顔で心の通いを味わっている。

子どもたちの遊びから山の所々が「シュルシュル坂」「ターザンごっこ」「基地作り」「ブクブク沼」「やまんばのほら穴」等々と名付けられ、ドラマと共に広がっていく。

### 3　自然を玩具にする遊び

「自然を玩具にする」を合言葉にして、恵まれた自然とのかかわりを意図した実践に努力する中で、幼児の鋭い感性に寄り添っていくと、果てしなく夢は広がり、自然のもつ神秘な世界は無限に続いていることが実感される。


では、「自然を玩具にする」とは何か？　事例に則して若干説明しておこう。

幼児は自然のもつ色の神秘さに心を動かすものである。幼稚園で体験した団子作りが、ここでは竹の幹を削ってできた抹茶のようなグリーンの粉で「抹茶の団子」づくりとなり、それに余念がない。やがてそれと連携した遊びへと発展し、団子屋さんの店がオープンしたり、「やまんばのほら穴」にそれを置きに出かける子もいる。

また、現在の山には古枝がたくさん散乱しており、その数や形には何をするにも不足がない。それらが幼児の手に触れた途端に、夢のような世界の遊びに一変する。弓矢、飛行機、ロケット、動物の角、釣竿等々、次の遊びをイメージした遊び道具作りに発展していく。特に魅力のあるのは、古枝を組み合わせて、友だちと力を合わせて「基地作り」を行うことである。その時には文字通り無我夢中であり、何かをつぶやきながら遊ぶ幼児の姿からは、冷暖房完備の子ども部屋での遊びでは見られない瞳の輝きが発見されるのである。

さらに、半信半疑のやまんばさんのほら穴には、いつも何かが置いてあったり、何かで飾られている。「やまんばさん　寒いでしょう。風邪を引かないでね」「運動会の応援ありがとう」「プレゼントありがとう」「お手紙ください」など、幼児が力一杯書いている手紙には、その子の心がそのまま写し出されている。担任が竹の皮に書いた返事を宝もののように飾っているという母親からの報告もある。

残雪の光る春先、「やまんばさん、どうしているか、会いにいきたい」と言う。子どもの熱意にほだされて雪山に出かけると、雪どけの水の音が、神秘にこだまして聞こえてきた。その響きが幼児にとってはやまんばの声に聞こえ、その感動は何ものにも変え難い。

子どもの遊びは単純で、未熟であっても、室内遊びでは味わえない無限の世界がある。純粋な幼児期の心を新鮮でみずみずしいものにすることが、幼児期における指導の中心課題でなければならない。この心は、理論や理屈だけで育つものでない。生きた自然との触れ合いや対話、自然を遊びの舞台として「遊びきった」時に初めて培われるものと信じてやまない。

## 4　保護者も実体験

山を舞台とし、森や竹林の中での遊びには、安全面での配慮（急坂、マックイムシの被害、スズメ蜂対策等）を欠くことはできない。しかし、これには、巧緻性に富んだ体力面と忍耐力の向上につながる精神面との両面に計り知ることのできない効果がある。そしてまた、友だちと豊かに関わり合える格好の機会ともなる。

とは言っても、一部の保護者は心配する。

「あんな急な坂がある山で、幼児を遊ばせるなんて」

「もっと幼稚園内での指導に目を向けて勉強的なこともして欲しいと思うが」

「うちの子が怪我したら……、蜂に刺されたら……」

そこで、晩秋の自然を保護者にも味わってもらおうと、幼児が案内役になる「親子ウォークラリー」の行事を計画し実施している。この行事の感想の一部を記してみよう。

・幼稚園から帰ると、子どもが「やまんば広場」の話を報告する訳が分かった。
・「お母さん、だいじょうぶ」のやさしい励ましの声に胸が迫る思い。テレビゲームではこの心情は味わえない。
・楽しさの中に全身全霊を集中しているから、怪我がないのですね。
・親自身が自然離れしている現実を反省している。自家用車に乗って喜ぶわが子に、次どこに行くかを決める話合いも取り入れていきたい。

## 5　冬期になっても

雪が積もりあたりが銀世界になっても、幼児の夢は「やまんば広場」とつながっている。

「今どうしているかな、お手紙書こう」

「私の折った折り紙をほら穴に置いてくるわ」

すると、担任は夢の返事書きに忙しくなるが、心は燃えている。

こんな時、保護者の小川典子さんからいただいたお手紙の一部を紹介する。

> 先日帰宅した私に、待っていたように、「お母さん、きょうやまんば広場のターザンロープとさよならしてきたん」と、さみしそうな声で話します。それを聞いていた兄(小学二年生)も「えっ

何でや、シュルシュル坂もか」と話に入ってきました。二人の対話を聞いていると、ふたば幼稚園の子どもたちにとって、やまんば広場は「心のふるさと」として一人ひとりの心の中に思い出が刻みこまれていることに感激しました。……自然の中から形にはないことを限りなく感じ、学んでいることの大きなことを心から感謝しお礼が言いたいと思います。

これからも、「マックイムシ」の被害に負けない自然の舞台づくりと「自然を玩具にする遊び」の開拓に努力を続けたい。

## ２　幼児の感性を育てる——教え子との懐かしい思い出を探りながら

### 1　指先を動かし、感じて育つ幼児期

女医であり教育学者でもあったモンテッソーリは、次のように言っている。

子どもの知恵は手を使わなくても水準に達する。しかし、手を使う活動によって子どもの知能は高められ、意欲・態度も強められる。逆に手を使うものを見出せず、手を使って周囲とかかわる機会をもたない場合、また、手を使いながら深く集中する体験がない子どもは、幼稚な段階にとどまり、人格は極めて低いものになる。………

幼児期に「遊び」の体験を大切にしなければならない理由の一つはここにあり、そのためにどんな環境を用意するといいのか、どのように激励すると幼児たちが無我夢中になって遊べるのかを真剣に考えて実践しなければならないと考えるのである。

## 2　教え子の思い出

### ①二人の「虫博士」

私が小学校教師になったばかりのことである。同級生から「虫博士」と仇名で呼ばれていた二人の子どもがいた。T君とA君としておこう。

石灰岩を採集するため、学校近くの芹川原に出かけたことがある。一一月半ばであったが、かなり寒い日であった。その時、T君が芹川原に捨てられたブロックを指差し、「先生、こんな寒い日、ダンゴムシはあのブロックの北側と南側とのどっちにたくさんいると思いますか」と言った。私は教師としてのプライドもあり、「そりゃこんなに寒い日は、暖かい南側にたくさんいるのと違うか」と答えた。しかし彼は、気象に合わせてこんな日には、北側に多く住んでいると言い、その理由を堂々と説明した。つまり、ダンゴムシの生態として、昼夜の温度差に適応するために温度差の小さな北側の方を選ぶと言うのである。彼は自分の仮説を証明するために、観察を続けていた。彼は今、四九歳で、京都の某大学で経済学の教授として活躍している。

もう一人の虫博士のA君は東京育ちであった。再び東京に帰った彼が、五年生の夏休みに長野県での合宿訓練に参加した時のことである。担任教師は現実に生きている「カブトムシ」を見せ、触らせたら、どんなに喜ぶであろうかと、現地と連絡をとって生きた「カブトムシ」を彼のためにわざわざ用意した。ところが、その虫博士は、手のひらに載せられた生きた「カブトムシ」を見て「ギャー」と叫んで逃げたというのである。この虫博士の知識は図鑑等から得られたものでしかなかったのである。

この二つの話からも、生きた自然との触れ合い、生命あるものとの触れ合い体験がいかに大切であるか、それが幼児期の大切な課題であると受け止めている。

**②ふたば幼稚園でも**　園長室で飼っている熱帯魚(グッピー・胎生)に面会にやってくる園児にも、いろいろなドラマが展開されている。お母さんの姿をそのまま見ているように思えて心を動かすことがある。

「先生、グッピー、また赤チャン生まれたの?」

「お母さんとうれしそうに泳いでいるわ。あのな、うちのおかあさんな『なめくじ』に塩をかけるとき、『ごめんな』というの」

それを聞いていた友だちも負けないように、

「うちのおかあさんな、ゴキブリ見つけたら、スリッパですごい速さでバシンやで」

おかあさんの姿を鋭く観察しながら育っていく厳しさを味わっている次第である。

## 3　幼稚園の生活に活気を感じる時――そのしぐさは、どこかお父さんに、お母さんに似ている

### 1　遊びの姿にすごい感動を覚えて

周囲の遊びにも慣れて、ダイナミックな姿、無我夢中の姿に限り無い感動を隠せない。男児はアメリカザリガニや蛙を追う姿。土山ではダムを作り、川で連絡して大きな池を作る。その姿は何かお父さんに似ている。

女児は色水作りに、石鹸でクリーム・ソーダーを、粘土を小さく切って鍋に入れる姿は、お母さんの台所に立つ姿をそっくり映しているように思われる。

### 2　こんな時、いろんなドラマが展開する

土山の下流に大きな池が出来上がった頃に、顔中泥んこになって、得意顔でA君がアメリカザリガニを三匹も捕らえて帰ってきた。その姿はお父さんにも、おじいさん(園長の私と同級生)の小学校時代にもそっくりなので驚いてしまった。

**①みんなで作った池に放流**　A君は得意顔でクラス仲間の作った池に一匹を放し、仲間とかかわろうとしている意志を態度で示している。

ところが、泥水の池であるだけに、入れたアメリカザリガニがどこに行ったかが見えないのである。

心配顔に急変したA君。周りにいた友だちに救いを求めたので、何人かの友だちがその池に入ろうとした。

**②第一の葛藤**　ところが池に探しに入ると、アメリカザリガニを踏んでしまうかもしれない。A君はアメリカザリガニの命が心配となる。「A君、ここに間違いなく入れたのか？」

A君は確認のために入れ物水槽の残りの二匹を数え、「間違いなく入れた」と、真剣に答えている。担任は「どうしょう」と、一段と葛藤の度合いを刺激している。

**③第二の葛藤**　「水を出したら見つかるよ」「そうだけど、そちらの方は水を流したらあかんという約束やで」「流したら明日の親子運動会の場所が濡れてしまうがな」「そこが私たちの見学する場所やで」「困った、困った」……。

「きれいな水に入れ替えようか」「アメリカザリガニが見えるかもしれない」「水が濁っているから、水が増えてよけいに見つからんのと違うか？」

担任はさらに「困ったな、どうしたらいいと思う」と、一段と葛藤の意識をゆさぶっている。そうかといって、水は高い方へは流れない。なんとかしなければと、真剣に水の流れを気にしながら、少しずつ水を外に出し始めた。

そしてS君は、足で踏まないように池の底を探りながら、足の入れ場を確かめ、中に入ると実に慣れた手付きで、アメリカザリガニを探し始めた。この格好はインスタントに身に付いたものではない。

池の周りの友だちに注目されながら真剣に探り続ける。

二分程経って、「いた。見つかった」というS君の声と共に、周りの友だちの歓声があがった。誰よりも喜びと安堵の表情に満ちあふれていたのは、A君であった。

**④幼児期から道徳性の芽を育てる**　短い時間のドラマであったが、いくつかの葛藤を乗り越え、アメリカザリガニの命を守る体験をしたことになる。言葉や理屈でなく、実際の行動を通じて命を守ったのである。われわれ教師もこのような感動体験を豊かにすることの使命を味わった時でもあった。

## 4　不連続の連続化を目指して

子どもは、まして幼児は気まぐれである。彼らの本命である遊びであっても、ブツブツと切れて当然である。先ほどまであんなに楽しく遊んでいたというのに、トラブルを起こしたり、まったく違う遊びに夢中になったり、前とは違う友だちと関わって遊んでいる。

しかし、その実態を踏まえながら、一つの遊びが今日も明日もと連続していくこと、さらにはその「遊びの心(イメージ)が連続したり、発展していくことを、私は「連続化」と呼んでいるのである。

この連続の過程が長ければ長いほど、感動も大きく、「遊び」の質も高まっていると評価できる。何よりも現代っ子に欠けている「我慢強さ」を培うチャンスであるとも考える。幼児らしい夢やロマンの広がりも期待できる。教師自身もその子に合った援助の力を発揮する時と考えている。

## 1　垣見さんのおばあさんの報告

先日、垣見さんのおばあさんが、突然園にお見えになった。おばあさんの話が始まる。

「私はこの藍の草木染めのハンカチを祖父母学級の時に孫からプレゼントされたことがうれしくて、しかも双子の孫の名前入りが気に入って……。それで二人の名前を活かして、こんな巾着袋を作ったのです」。

「先日病院の待合室で『うまく染めてありますね』と褒めてくださるものですから、ついうれしくなって『幼稚園に通う孫が染めたのですよ』と自慢してしまいましたの」。

しかし何よりも感動したのは、次の一言である。

「二人の孫たちに『これおばあちゃんの宝物よ』と言いますと、とても喜んでくれるのですよ」。

このように言われた瞳に光るものを見た。

「藍を育てる」「藍染めの話を聞く」「藍染めに挑戦する」「そのハンカチを祖父母学級にプレゼントする」「おばあさんが巾着袋を製作」「おばあちゃんの宝物にする……」。まさに幼稚園と家庭とをつなぐ生きた連続化ではなかろうか。

## 2　「やまんばさん」にもあげようか

雪の降る日は教室で製作活動をすることも多くなる。そんな時、夢やイメージの豊かな子が言ってくれるセリフは、「これ雪の中のやまんばさんにもっていってあげようか」「お手紙も書いて……」である。

実際体験したやまんば広場での遊び、やまんばへの思いは、子どもの心に燃え続けているのだ。ここに連続化の原点を発見したのである。「やまんば」は子どもにとって半信半疑の存在である。しかし、子どもの描くロマンの中には生きて呼びかけていることを、子どもの真剣な製作意欲から学ぶ時である。

命令されて、すべて親や教師の設定したレールの上をひたすらに走る子どもでなく、その子その子に燃え上がる心のエネルギーを受け止めるような保育や子育てでないと、激しい変化が予想される二一世紀を心豊かにたくましく生きる子どもに育てることはできないと信じている。私は小学校の教師時代から、この「不連続の連続」という矛盾した表現を指導理念として実践してきた。この考え方は、幼稚園経営の指導理念としても一段と実のあるものに磨き、「不連続の連続化」の質を高めていく決意を新たにしているところである。

## 5　いのちの大切さと宗教的情操

### 1　インコの葬式

六月に病気がちだった「インコ」が死んだ。小さな命の死ではあるが、子どもの心の教材として活かしたいという願いから、私は「幼稚園葬」を提案した。菓子箱に花で囲まれた「インコ」はホールの中央に置かれた。担当の四方教諭が情を込めて子どもたちに話しかけた。

「先生たちが、『インコさん、どうしたの』の声をかけても動かないの。この間から病気だったので心配していたのですが、かわいそうに昨夜亡くなりました。死んでしまうと、インコもウサギも動いていた心臓も止まって冷たくなるの。もうみんなとも遊べないの……」。

全員でお別れを前に、順番に一人ずつ、あえて自分の指先に触らせた。「先生、冷たくなっているわ」と、つぶやく子の表情は忘れられない。最近の子は、祖父母らの死を家庭で体験することが少ない傾向にある。だから死んだインコに触らせ、死んだものは冷たくなること、固くなることを実感させたい意図からである。その間、私は黙って合掌を続けていた。もちろん、他の先生方にはそれを強制していない。しかし、一教諭がたまらなくなってピアノである宗教曲を演奏した。

幼稚園葬を通して生命の尊さ、大切さを教えることは、宗教以前の問題である。この実践を計画し、その具体的な過程の中で学ぶことに意義があると考えた。まして、感性の敏感な時期に体験させたいからである。さらにかけがえのない「自分の命」も大切にする生き方の指導は、いかに時代が変わろうと普遍的なものではなかろうか。

## 2　生命に対する畏敬の念を育てる

今時期の子どもたちは、秋の虫を追いかけることに真剣そのものである。しかし、その表情はまちまちで、得意に捕らまえる子、恐ろしがってなかなか捕らまえない子、じっと観察し続ける子、虫カゴ片手にいろんなドラマが展開している。

ただ、捕らまえた後の世話がどうなっているか。それを思うとき心を痛めることがある。たかが虫の命、されど命にかわりはない。「もっとこうすればよかった」「こうしてやればよかった」という心が動いているのだろうか。それなくして「命」の尊さとの出会いの体験は意義のないものになってしまう。

教師の抱くその懸念は、先の「インコの葬式」から変わってきたよう想われる。大切に虫カゴに飼っている子、直ぐに草むらに逃がしてやっている子が、何となく多くなったように思われてならない。秋の終わり頃、虫つかみになったら真剣そのものの表情に変わるT君が、「このとんぼ、もう元気がないの。だから簡単につかめたの」「そしてな、今指の上で卵を生んだの」「これがそうやで、ほんでな、この卵だけは川の近くにそっと置いてやるのやで…」と言う。「そうか、よう調べたな、卵見せて」と話しかけると、宝物を見せるように白く光る卵を指先に乗せて見せてくれた。川のどの辺に置いてやるのかを、彼は何で調べたのか。とんぼの生態から考えた場所を決めていた素晴らしさに心は燃えた。「うちのお母ちゃんな、『なめくじ』に塩かけるとき『ごめんな』というの」と、つぶやいた子の言葉も蘇ってくる。

過日も、三人の園児が飼育していた「秋の虫さんが亡くなったの」と懸命に墓を作り、コスモスの花を飾り、「お線香もほしいな」とつぶやきながら、手を真剣に合わせていた。その背景には、その子たちの祖父母の仏像を拝む後姿があり、祖先を崇拝する生きざまに限りない感化を受けていることがあるとしても、やはり「インコの葬式」をやったことに意義があったと職員と語り合ったものである。

感性の鋭い時期に、たとえ虫を捕らえても放っておくことなく、いのちあることに関心を寄せる対応ができるように「思いやり」の心情をゆさぶり、生命に対する慈しみと畏敬の念を育む感動体験を開拓することに努めることが、親と教師にとっていかに大切なことか。ここから自他のいのちを大切にする心が育っていく。環境との触れ合い体験の中で、このことが忘れられてはならない。今日、生命の尊さがあまりにも軽く考えられる事件が続発しているが、これは、学校で食前に合掌を強制するのは信教の自由をうたう憲法や特定の宗教活動を禁止する教育基本法に違反するという厳しいクレームを行うような風潮と、決して無関係ではなかろう。今は亡き母が昇りくる太陽に向かって頭をたれ、敬虔に「合掌」していた姿を思い出しながら、生命に対する畏敬の念から生かされて生きていることへの感謝の心を育てることを真剣に考えなければならないと思う毎日である。

最後に、私が小学校に勤務していた時、学級で飼育していた兎の死を体験した。その際、飼育部の子どもの書いた詩を今でも大切にしている。挙げておきたい。

**学級のうさぎ**

六年　大橋美保

はじめてだいたうさぎ　まっ赤な目　まっ白な　わたのような毛はだ
あったかくて　気持ちがいい　小さな鼓動が手に伝わった
ほほずりると　鼻でなでてくれるうさぎ　その時ひびいたうさぎの心
昨年の夏のことは忘れてはいない　忘れられない　命が消えた日
はじめて　心を通いあったあのうさぎは　今はもういない
わたしに　愛する心を教えて天国へ

動物の気持ちを知ることは　むつかしい　でも愛していればいつか通じる
それを　体で知った今　死なせてはならない
小さいけれど　大きな命
二度と悲しい思いはしたくないから　愛をうしないたくないから

（前滋賀県坂田郡近江町立ふたば幼稚園長）

# 2　保護者・地域の期待に応える学校改革

吉永　幸司

## 1　愛校心の視点で学校を見直す

歴史や伝統のある学校には、独特の雰囲気というものがある。自然にあいさつができるとか、ルールから外れたことがあれば、誰かが気づいてたしなめるというごく些細にみえる事柄が日常的に行われる風景をここで指す。時には、地域の行事では私的な事情があっても参加を優先するとか、助け合いが理屈や説明を必要としなくても、当たり前に行われることなどもその類いである。学校においてはチャイムの合図で次の行動が始まるとか、上級生が下級生の面倒をみるということなどが、何の説明も必要としないで行われることを指す。このごく日常的で当たり前のことを尊いものと感じたのは、わたくしが新興住宅地を校区にした学校長として赴任したときである。

赴任した学校は、市と住宅公団が山林と農地を拓いて造成した住宅地に開校して九年目を迎えていた。住宅地の販売当初は三桁を越える競争率だったという。豪華な一戸建や高級マンションが立ち並び、全戸が京阪神を含め、様々な価値観の人たちで作られた街の中規模学校である。学校開校時を含め、児童の全員が転入生で、数年後には校舎の増築も行われた。更に、途中で学校分離も行われ、変動の激しい歴史を経てきたことになる。児童増が落ち着くと、すぐに児童減の傾向を示すようにもなった。

保護者同士の会話で共通性があるのは子どもの教育のことであり、学校のことであった。それぞれに母校が違うという事情を抱えているので、学校に対する見方も考え方も多様であることは、容易に推測することができた。

学校の歴史の浅さを痛切に感じたのは、市が主催するごみについての環境会議に、児童が選ばれ、意見を発表した後の質問に対する答え方であった。他校の子どもたちが、

「うちの学校では児童会が中心となって、環境について考えています」

と答えるのに対して、当校の子どもたちは、次のように語ったのである。

「ここの学校では、公園でゴミを拾って、環境について考えています」と。

歴史のある学校の子どもたちが「うちの学校」「私の学校」と言っているのに対して、当校の子どもが「ここの学校」と答えていたことに違和感を感じたわたくしは、その後も、日常の会話を気をつけて聞いていると、保護者の方でも子どもたちに対して、

「あなたの学校では、遠足はいつあるの？」、

「ここの学校では、持ち物はどうなっているの？」

などと、「あなたの学校」や「ここの学校」という、少し距離を置いた言い方がなされていた。「私の学校」でなく、「ここの学校」や「あなたの学校」では、それがそのまま愛校心の希薄さを意味していると感じざるを得なかった。そこでは、連帯性も支え合う姿勢も少ないように思えた。そこで、この子ども同士の人間関係を豊かなものにするには、愛校心を育てるしかないと考えたのである。

## 2　学校と地域の意識の実態をとらえる

校長が変われば学校が変わるということが、一般に言われている。しかし、一つの組織が機能している段階で、新しい風を吹き込むことはそれほど容易でない。赴任当初に感じた愛校心のなさを話題にしても、教職員には少しも心の動く問題ではなかった。それに、転入生のそれぞれが、出身校で身に付けてきた力できまりを自分の範囲で作り、自制している間は、それなりの秩序が保たれてもいたからでもある。

開校当初、時代は新しい学力観や生活科の誕生という方向に動いていた。新しい学校作りの理念を掲げ、子どもの自主性、主体性を大事にした教育活動を展開しようとしたのである。教師が教える教育から子どもが気づく教育へ、子どもの可能性を引き出す教育へという考え方のもとに実施された象徴的なものが、「さとリンピック」と名付けられ、運動会に代わるものとしての体育的行事であった。この「さとリンピック」は、今までの運動会から一八〇度違うような形の運動会を作るという考えから生み出された。それは教師の指示で子ども全員が動くということを排するとともに、競争というものをも取り除こうという意図であった。運動会に費やしていたエネルギーを、もっと違ったところに注ごうという考えもあった。具体的には、それぞれの学級がレクリエーション種目を考案し、当日を楽しむというのが主な内容であって、これまで学んでいた学校で運動会を経験してきた子どもや保護者には、何ともなじみ難いものでしかなかった。学校としての意図や願いは、地域や保護者には十分に通ぜず、従来の運動会を熱望する声が多かったという。

開校九年目を迎えるころには、開校の初志を代表するこの体育的行事は、形式だけが引き継がれているような印象を受けた。例えば、各学級で知恵を出し合うはずのレクリエーション種目の内容は前年の踏襲であり、子どもも担任教師の指示を待つことが多くなっていた。話し合いは発言力のある数人の子どもで決められるという学級も多く、一人ひとりが主体的に考えるという姿からは距離があり過ぎた。一人ひとりの育ちを見守るはずの教師の仕事は、細やかに子どもに関わる指導を行うことを否定するという雰囲気の下に、子どもに任せっぱなしにすることとなっていた。もとより主体的とは何かを問い直すということはなかったのである。

運動会は地域や保護者に学校への親近感を持たせる機会であり、保護者もそれを期待していたのに、教師側の思いのみが先行した行事では、その機会を逸したとも言える。しかも、保護者や地域からは教師が子どもを放任しているようにさえ見られていた。持続するエネルギーは枯れ、形式だけしか残っていないにもかかわらず、児童の主体性を盾に、放任することにも不自然を感じさせないほどに、教師の感性も麻痺してしまっていたようにも思えたからである。

学校を冷ややかに見下ろすような地域や保護者の原因が、この「さとリンピック」という行事にあると感じたわたくしは、体育的行事の見直しを図ったが、その思いは教職員には通じなかった。「子どもが走る姿をみたい」という親の素朴な願いは、「負ける子がかわいそう」という教師の論理で退けられていった。子どもたちもまた、競争のない運動会に慣れたのか、「走るのは疲れるからいや」と、自ら求めて走ったり競ったりすることを避けることが多くなっていた。教職員の側にも、「学校運営は私たちに任せてほしい」という共通した意識があり、自分たちで作り上げた行事には、とかく口出しをしてほしくないという風潮があった。民主的な学校運営をしたいという空気が、一部の教職員側からもろに感じられたのである。

それでもその年度には若干の手直しをして、少しは運動会らしい内容にして実施した。しかしそれは、目先を変えただけで、本質的に地域や保護者の理解を得るものとは到底ならなかったことは言うまでもない。

### 3　「子どもを大事にする」という意識の底にあるもの

赴任当初から、「さとリンピック」だけが原因ではないのだろうが、教師が手抜きをしているのではないかという噂を度々耳にした。その実態がはっきりつかめないまま数カ月が過ぎた。「子どもを大事にする」ということが、教職員同士の合い言葉だったからである。しかし、それが建て前だけであることに気づく出来事が起こったのである。

その年はとりわけ暑い夏であった。夏休みを数週間後に控えたある日、「今年も夏休みには学校のプールは使えないの？」という質問を子どもから受けた。学校には整備されたプールがあり、夏休みにはこれが活用できればいいという思いからの質問であった。ＰＴＡは早々に、安全性と責任問題を検討し、開放しないことを決定していたし、数年来、プールは開放されていないことも分かってきた。

近隣の市営プールへ行くにも時間がかかる地域であるという事情から、わたくしは学校のプール開放は必要であると考えた。そこで日頃、「子どものために」を合い言葉にしている教職員は全員賛成するであろうと考え、プール開放を実施しようと計画を立てた。しかし、教職員は反対であった。その理由は、

・ＰＴＡがやるべきことである。

・研修という権利が損なわれる。
・保護者はプール開放を望んでいない。

等々、様々であったが、結局は、校長の独断が許されないということと、夏休みに役割を受け持つことは既得権を侵されるという危機感が働いたことが、もっとも大きい反対理由であった。ことある度に、学校運営は私たちに任せてほしいという意味を伝える一部教職員グループがあり、その反対の声が特に大きかった。校長という名の下で指示されたり、動いたりすることへの違和感を敏感に感じる教職員グループが学校を動かしていることに気づいたのも、この出来事からである。教師が日頃、合い言葉のように言う「子どもを大事にする」という理念には、内容が伴わないまま、時として学校という枠の中で一人歩きをしているという事実をも、このプール開放問題で痛感したのである。

しかしその夏は、教頭、教務主任、そして一部の教職員で、プール開放を実施した。運営に手薄な部分には保護者の協力を求めた。プール開放の趣旨を伝え、協力を依頼したところ、幸いにも五〇〇人近くのＰＴＡ会員のうち三〇〇人を越える方々から協力の申し出を頂くことができた。このプール開放は、翌年はＰＴＡが学校との共催で行い、その次年度にはＰＴＡが自主的に運営し、学校は非常事態に対応できるようにするということで、順調に進んでいった。

学校が子どものために真剣になっている姿が、学校独自のプール開放の姿勢から分かった後は、Ｐ

ＴＡが自分たちの子どもは自分たちの手でという気持ちが強くなったことを伝えて下さる保護者も多くなっていったことも事実である。

## 4　保護者の学校への期待を探る

プール開放や体育的行事から得たものは、教師の意識と保護者や地域の願いとのずれの大きさであった。体質として、学級担任との会話では担任教師の話に理解を示すような姿勢を示していても、校外では全く違う意見を述べているという噂も届いたりして、本音が見え難かった。ただ、学校の理屈だけでは地域の理解も協力も得られないことを肌で感じ、学校として謙虚に声に耳を傾けるべく、地域と保護者を対象にアンケートを実施した。内容は育てたい子ども像であり、家庭の躾などとともに、現在の学校について、無記名、自由記述で意見を求めたのである。

今までの経験から言えば、この種のアンケートの回収率はそう高くない。まして、自由記述になると、関心がなければ記述しないものが多かった。ところが、今回は違った。回収率は九〇パーセントを超え、学校への期待や不満、そして、意見などが細かく記述されていた。「今までも何回もアンケートがあり、その都度、期待には応えてもらっていなかった」「もうあきらめています」など、冷ややかなものもあったが、多くの方が丁寧に詳しく思いを書いて下さっていた。

このアンケートを学校改革の手がかりにしようと思い、次の五点に集約した。

①運動会をしてほしい。
②通知票を分かり易く改善してほしい。
③修学旅行を実施してほしい。
④規律のある学校にしてほしい。
⑤いじめ等の問題に適切に対応してほしい。

特に運動会への期待は九割を越える声であった。そして、他のものをも含め、五つの事柄は、学校長としても、日頃から感じていたことであったので、速やかに組織を上げて検討を始めたのである。

## 5　課題に誠実に対応する

運動会には競争排除の考えが背景にあり、通知票は到達度評価の二段階評価でなされていた。さらに、自由さを基調にした校風によって、指示や指導を控えるという教師の姿勢が助長され、ある部分放任に陥っていた。人事異動で転任してきたばかりの教職員は、当初は、それぞれに違和感を感じていたらしいが、いつの間にかその雰囲気に慣れ、それなりの理由に理解を示していくというのが、一般的傾向であった。それには、ある意味では、つらさや負担から逃れられるという教師の本音が見え隠れしていた。このような状況の中での保護者の声は、教師に対して難しい注文ではなく、ごの普通のことを望んでいるように思えたし、何としてもこのアンケートに答えるべき必要を感じたのである。

先ず手がけたのが運動会である。体育的行事に改善を加え、多くの学校で実施している普通の運動会をわたくしの赴任後三年目にようやく実施した。当日は、遠来の祖父母の皆さんを含め、多くの参観者を得て盛大に実施できた。従来は午前中、あるいは一部だけの参観で帰宅するのがほとんどであったのに、この日には早朝から多くの方が来校され、最後のプログラムまで一緒に盛り上げて下さった。卒業生も参観にきて「私たちの時も、こんなことがしたかった」と言い合っているのを耳にし、学校として卒業生に何か大きな借りを作っていたような思いもした。

「初めて孫の走る姿を見て、感動しました」と、わざわざ挨拶に来て下さる方もあった。運動場に走競技のラインが引かれていることに感動したという思いを伝えて下さる方もあった。学校という場での運動会が持つ一つの役割のようなものを感じた時でもあった。

通知票も子どもの力が的確に伝えられるようにと工夫を重ねたり、通知票についての意見を聞く会を学級懇談会のプログラムに組み込んだりして、保護者の声を大事にすることを前面に押し出し、教師の意識改革を図っていった。

修学旅行や規律のある学校、いじめに対する課題も、校務分掌に位置づけて組織的に検討し、改善に努力したのである。

## ６　研究を軸とする学校改革

プール開放や運動会の出来事以来、保護者の目が段々と学校に向けられているという手ごたえを得たことから、今度は研究を通して学校改革をせねばと考えるに至った。幸い、本校が文部省教育課程研究指定校となるべく、県・市教育委員会から強い推薦を頂いた。そこでこれを引き受けることにしたとは言え、当初には職員から次のような反対意見も出されたのである。

・研究発表会があるので、教師にとって負担となる。
・夏期休業を含めて、研究会のために忙しくなる。
・研究は自主的にするもので、日頃の授業をしっかりしておけばいい、等々。

どの反対意見でも、「研修は大事ですから、避けるのではないのですが」との前置きの下での発言であったが、結局は、研究発表会を行ったり研究紀要をまとめることへの負担が大きいことからの反対であり、仕事が増えるのは大変だという本音が見え隠れした。

わたくしは研究指定校として華やかに研究会を開くということも、また、研究紀要を書くために特別に負担を増やすということも考えていなかった。もし研究紀要が大変であるなら、職員の手を借りなくても自分一人でまとめる気持ちでいた。時間的に負担にならないように日々の授業を充実し、その延長が研究成果であると考えていた。むしろ、研究指定校を引き受けることにより、授業の楽しさ、研究の面白さ、そして、自分の実践を磨くことの大事さに気づいてほしいと願ったのである。そのため、職員が形式を整えることに意識を向ける不安を取り除くことに努めていった。

研究指定校には研究推進のために教員が派遣されたり、研究推進に係る旅費や講師謝金などが配分され、さらに県・市教育委員会及び文部省の指導を受けられるという利点がある。二年の間に、研究会には講師の先生から直接指導を受け、時には模範授業をしてもらったりすることなどから、研究の成果は日ごとに上がっていった。特に職員が県外の研究会へ参観に行った翌日には、先進校の学校環境や子ども、授業などについての感動や驚きの感想が、職員室の話題となることが多くなっていった。ともかく教育改革、新学習指導要領の実施に伴う移行期の教育課程の編成等、課題を解決していく足場は、良い授業をすることであるという共通理解の下に、研究を進めたのである。

教頭らから折々に、「校長が研究内容に深く関わられないのは、どうしてですか」と質問されたが、わたくしはその都度、「校長として本校に勤務しているのであって、指導講師として来ているのではない」と答え、その立場をあくまで堅持した。それでも求められれば、授業案の細部にまで一緒に話し合ったりしながら、授業にはこだわり続けた。二年間の研究の過程で、研究意欲を持ち、授業の面白さを語る雰囲気が教職員間に広がっていった。当初の計画にはなかったが、研究発表を文部省の指導の下に開き、授業公開をも行った。その時も、一時間の授業で子どもがどのように力を身に付けていくかを課題とし、普段着の授業に徹したのである。お陰をもって全国各地からこられた参観者から高い評価を得たことが、学校としての自信になったと考えている。

研究を推進する過程で、「総合的な学習の時間」についても関心が高まっていった。しかし、新興住宅地であるこの校区には、寺院も神社もない。祭りも伝統的行事もない。ここで何をテーマにするかが、先ず課題であった。そこで、愛校心を育てるという当初の目的から、「どんな学校にしたいか」と問いかけ、子どもの求める学校作りから手がけることにした。子どもたちに「美しい学校にしたい」「楽しい学校にしたい」「みんなの役に立ちたい」等の夢を語らせながら、委員活動やクラブ活動を、さらには「総合的な学習の時間」が課題とする福祉、情報、環境、国際理解を、子どもの視点から見直す学習活動を始めたのである。

この活動がかなり理想に近づき始めたので、教師の考え方を変えていく必要があると考えた。先ず、子どもの自由を大事にするには、教師の事前の研究や準備が必要になる。子どもの願いに応えられるかどうかは不安であったが、職員との共通理解を図る過程で「私たちが変わらないといけない」という考えが大勢を占めるようになったので、とりあえずは「サークル」という名で体験的な学習活動を出発することにした。この「サークル」活動は心温まる話題を生み出していく。例えば、近くの河川へ探検に出かけたサークルが地域の人と関わり、遊び方を教えてもらったり、健康に関心を持つサークルが学校保険委員会で活動を披露し、校医さんから指導を受けたりするなど、意欲的になっていく。こうして、子どもが学校における自分の位置や役割を自覚する活動の尊さを感じることが多くなったのである。

### 7　学校と地域との連携

新興住宅地の学校が抱える課題は多種多様である。自己中心的、他の子どもと深く関わらない、キレやすい、言葉使いが粗い。さらには、互いに相手を理解するまでに時間がかかるがその努力を嫌う、厄介なことには関わりたくない。特別な正義感よりもあまり目立つことはしたくない等々。それらは、現代の子どもが抱える課題であるが、それらのすべてがこの学校の子どもたちの日常生活に現れている。

保護者の対応も多様である。

・入学式後二日目、学級担任の交代を求めてくる保護者。
・テレビの事件を真似るような脅迫や呪いを意味する匿名の手紙をポストに投げ込む。
その責任を学校に持ち込む。

・友だちが意地悪をするので身の危険を感じ、登校を控えるという申し出。
・いじめ等の対応に対して、文書等で回答を求める通知文。
・学級担任の持ち上がりについての署名運動。

全国的に事件として話題になった神戸の少年事件や和歌山の校長に対するインターネットの告発事件等々を知るたびに、わたくしはそれに類似した事件がいつ起こっても不思議でないという危機感を持って学校運営に当たってきた。保護者はそれぞれ孤独であり、我が子の不利益には敏感となり、その責任を学校に持ち込むことが少なくない。しかし、一つ一つの出来事に誠実に対応していくことによって、安心されることも多く、かえって学校の信頼を得るきっかけとなったのである。

そこで、子どもに愛校心を育てるには地域の方にも学校に親しみを持ってもらうことが大切であると考え、積極的に子どもと関わって欲しいと考えた。社会科の学習で茶道や生花を体験することをきっかけに、地域にその道に精通されている方が数多くおられることが分かり、学校にお招きし子どもたちに指導して頂いた。聞けば、その道の師匠をなさっている方であった。本格的に子どもと関わって下さるので、子どもも真剣であった。それを契機として、大学の先生に「理科おもしろ教室」を開いて頂いたり、放送局や新聞社の方に「番組作り」を教えてもらったりするなど、地域の方々に関わって頂いた。さらに、敬老の日に子どもたちが地域の高齢者に手紙を出すということをきっかけに交流が深まり、歴史や遊びを教えてもらうことへと広がっていった。人という財産を通して、学校に理解をしてもらうことが何よりも大切と考え、できるだけその機会を設けて地域の方々に学校と関わってもらった。複数日を連続して学校参観日にしたり、学校行事の協力した下さる人を募ったりもした。その結果、読み聞かせのボランティアの方のグループが生まれ、朝や昼休みに機会を作って子どもと関わって下さっている。研究や「総合的な学習の時間」が学校の中心課題になっていくに従って、学校運営に協力的な雰囲気になっていった。

このような過程で、学校を支えるために大きな力を発揮して下さったのが自治連合会の会長を初めとする役員の皆様であり、民生児童委員の皆様であり、青少年育成学区民会議、婦人会という地域の皆様であった。時には保護者と意見を交わす中で、子どものために何ができるのか、何をなすべきかを瞬時に判断しなければならないことも多く、学校運営は誠に多事多難であったが、自治会長を初めとする皆様の助言や協力は、学校運営上ありがたい大きな支えとなった。駐在さんも折々学校に来て下さり、知恵を貸して下さった。

## 8　学校長の資質と学校運営

これからの学校運営には学校長のリーダーシップが問われる、と言われている。これは大変なことではなく、学校長の力が今まで以上に発揮できる条件が整えられたと考えたい。

実は、赴任当初は職員会議が負担であった。経営方針を含めて、校長としての話しがどこまで職員に響いているかは疑問であった。校務分掌から職員会議で提案される議題と内容を会議で初めて知ったということも珍しくなかった。時代は職員会議の在り方や学校開放、そして教師の意識改革へと大きく動いているときであり、基本的なところから見直す必要を感じることが多かった。

職員会議の出来事と言えば、次のことがあった。校務運営について協議をしているとき、一人の職員が意見を述べた。職員会議の在り方について違和感を持っていたことであり、わたくしは職員の発言を正す意味で注意を促した。すると、翌朝の打合せの時に同僚の職員から、「昨日の校長の発言には納得できないので、謝罪をしてほしい」という発言がなされた。それは実に険しい雰囲気であった。茶飲み話しに用務員に、「あのようなことを平気で言えるって、不思議と思いませんか」と感想を求めたところ、「いや、どこもあんなもんですよ。校長さん、受難ですよ」と言って、大した出来事として受け止めていないことも、今まで経験しないことであった。

一時が万事、これまで当たり前と考えていた常識がほとんど通じないことを感じながら、法規を読み、校長の役割や立場を真剣に研究した。得た結論を少し荒っぽい言い方をすれば、「校長は校務をつかさどり所属職員を監督する」(学校教育法第二八条第三項)である。すべての責任は校長にある。それから回避できないことを、改めて自覚した。

学校長として学校運営に関わる留意点を経験的にまとめると、次のようになる。

**1　学校が築き上げた当たり前のことを大事にすること**

学校のよい歴史や伝統を築くのは時間がかかるが、崩れるのは簡単である。

例えば、チャイムの合図があれば教室へ入ること、体育の時間は運動のできる服装をすること、校外学習等で集合・解散時には人数確認をすること等々、どの学校でも日常的に行われていることを、歴史の浅い学校で日常的なものにするにはかなりの時間とエネルギーが必要である。少なくとも一年生からきちんとした指導が必要であり、単純に考えても六年間はかかるのである。

それでいて、躾やルールという日常的なことが機能しなくなったとき、集団が崩れていくのは実に簡単である。このくらいは分かっているだろう、このくらいはできるだろうという安易な評価が、放任に流れ、秩序を崩していくことになる。

**2　学校が取り組む新しさへの挑戦は活力になるが、形骸化したとき失うものが大きいことも見据えておくこと**

「さとリンピック」と名付けられた体育的行事は、理想的な見方をすれば、「総合的な学習の時間」の学習活動の先取りとも言える。教師一人ひとりの知恵と力を生かした学校運営は、地域の特色を生かした学校作りの先例でもあった。しかし、それが形だけになったり、教育哲学を背景を持たなかったら、学校不信、教師の手抜きという結果をもたらすことになる。気がついた時、子どもは走ることを嫌い、競うことを避けていた。
個性を大事にするという大義のもとに、秩序も自立もない学校になる。これは特別な学校の話ではなく、新しい時代が創ろうとする学校が、ある部分、その方向を向いているような危惧を抱くのは、わたくしだけだろうか。

## 3　学校長の考えと教職員の考えとが相容れない時は毅然とした態度が必要である

プール開放や運動会を開催するという出来事に要した時間とエネルギーは膨大なものであった。しかし、そのことが学校長としての姿勢を訴えるチャンスであり、今から振り返れば価値ある出来事であった。

一つの出来事が学校の姿勢を地域や保護者に訴える意義は大きい。しかし、それらはすべて、教職員の同意を得るというものばかりではない。教職員が不利益を感じることも、時には必要となる。学校運営は私たちに任せてほしいという考えは、一部の教職員グループに根強い。時には彼らとの亀裂を覚悟しておくことが求められる。子どもの望ましい育成にとって何が大事かということを見失うことなく、事象を判断する識見が大切になる。

## 4　地域・家庭との連携を図る

学校が地域や家庭と距離を置いたならば、教育の効果を上げることができない。ある時期に不審な手紙が子どもの家庭に舞い込んだことがあった。地域もこの事態を重く見て、密かに警戒態勢を敷いて下さったこともあった。生活科でクルミの餅つきを計画した時、餅つきの段取りやり方に丁寧に関わって下さったのは、老人会の皆さんであった。このように、地域の方々の力をお借りしなければならない場と機会は極めて多い。特に今度新設された「総合的な学習の時間」には、地域の方々の力を借りないと効果あるものとならないであろう。

新しい地域であるので、人びとの価値観もそれぞれに異なるし、考え方も違っている。一つの出来事に対する対応も違う。学校への要求も多様である。しかし、それだけ多種多様な力が期待できるとも考えられる。実際、学校を開くということは、地域の教育力を借りるという意味とともに、学校運営にも協力を得ることを意味している。それだけに、学校の考えが地域に受け入れられなかった時の何とも言えない寒々とした感じは、学校長の感性でしか感じられないものである。逆にまた、地域からの支持を得ているということから沸き起こる力強さもまた、学校長が捉える感性である。

何よりうれしいのは、最近、「こちらから挨拶しても子どもは挨拶しません」と、これまで不満を述べておられていた方が、「この頃、顔を会わすと挨拶をしてくれるのです」とか、「校長さん、この頃、子どもがよく挨拶するようになりましたな」と言って下さったり、「菊の花を学校の玄関に飾って下さい」とか、「今度花壇の花を植える時には、手伝いに来ますよ」とか、また「学校の周辺にあるクルミで餅つきをしましょう」などと、地域の方が呼びかけて下さることが多くなったことである。

保護者の方も、これまで「学校のゴミが多いですね」と言われることが多かったが、「家で掃除なんかさせたことがない。雑巾のしぼり方も教えていない。掃除の時間に一緒に掃除をさせて下さい」というような言い方をされるようになった。それだけでなく、親子で一緒に掃除をする日を設けてはどうかという提案もなされた。「学校が身近に感じられるようになった」という声が多くなったのである。

学校に対する関心を示して下さっているものと、ありがたくご好意を受けている。

## 5　課題や問題は学校改革のチャンスである

学校長は子どもからも教職員からも地域からも、絶えずその姿勢を見られ、事象に対しての対応を試されている。そう自覚すると、知恵と力が湧いてくる。

わたくしは学校での一日の始まりに教室を巡り、子どもと挨拶を交わすことを日課としている。時間があれば授業参観もし、時には国語や道徳の授業をする。こうしていると、子どもがよく理解できる。多忙であっても、教師であるという原点を大事にしたいのである。プール開放のきっかけも、朝の教室巡りで発見した。運動会への期待も、子どものつぶやきからも得た。時々、子どものことで保護者から相談を受ける。その時、その子の朝の様子や授業中のことを話題にする。そこから、保護者の心が動くのが分かってもくる。

学校は毎日のように課題や問題が生まれる。例えば、学習意欲が崩れそうな学級が出てくる。真剣にその対応を考える。生徒指導の初期対応がうまくいかないと、課題解決が長引くことになる。しかし、これらの課題や問題解決過程で得た力が、次の課題解決のエネルギーになると考えている。運動会やプール開放等の問題は、学校長としての力を試されたものであり、課題解決に向けたエネルギーが学校改革の基調なチャンスであったと思うこの頃である。

## おわりに

最近の学校は、新しい学力観という考えが子どもの自由な活動を大切にするという方向に安易に置き換えられ、指示や指導に憶病になってしまっていたことから、保護者の一部からは「手抜き」と批判されさえした。実際、ある学校では体育の時間に体育にふさわしい服装で学習することを徹底しようとして、一年間かかっても何らなし得なかった。しかしその学校が、名札を全員につけさせよう、そして自分に誇りを持たせようということで、心を一つにしてようやく動けるようになったのである。

絶対評価、特色のある学校作り、小人数指導など、新しい教育改革の動きは、方向を確かなものにしなかったならば、理想の方向とは逆に流れることにもなるし、その流れは早いのである。教師が子どもへの情熱を燃やすというごく当たり前のことを持続させ、地域の信頼に応える学校作りは、何としても学校長の力量にかかっていると言わざるを得ない。

幸い、本校は研究指定校としての研究推進や保護者との連携を密にする過程で、教職員から謝罪を求めるような行動や考えは少なくなり、学校運営にも協力的になり、ようやく学校としての形が整ってきた。過去の経験を生かして望ましい学校の足場を築く所まで辿り着いたというのが、わたくしの本音である。本校は今日、「総合的な学習の時間」の試みや地域の人たちに開かれた学校としての試みによって、文部省研究指定校と言う厳しさを足場にして緊張感をもって細やかな歩みを続けている。しかし、これがあの「さとリンピック」のような過程を辿らないという保証は何らないのである。

（前大津市立仰木の里小学校長）

# 3　いじめ0の学校をめざして

安田　剛雄

私の教員生活は三八年になる。公立中学校三年、国立中学校一七年、県行政機関八年、市行政機関三年の後、市立中学校の校長を七年勤めて退職した。最後の四年間は、私の母校であった。「いじめ0の学校をめざして」の取り組みは、この母校である大津市立打出中学校の校長としての取り組みである。

平成七年四月、私は生徒たちの元気な校歌に迎えられて着任した。校歌を挙げておく。

一　湖渡り来るそよ風に　青空高く仰ぎつつ
心もおどる学び舎や　ああわが打出　打出中学校

二　浅井の山の緑濃く　小鳥もたとう若人の
自由と平和のパラダイス　ああわが打出　打出中学校

三　いざわが友よ手をとりて　共に明るく朗らかに
あすへの望み胸にだく　ああわが打出　打出中学校

## 1　めざす学校像——「自由と平和のパラダイス」

学校のあるべき姿を掲げるに当たり、私は躊躇することなく「自由と平和のパラダイス」とした。校歌の二番に印されているとはいえ、何ともすばらしい響きをもった文言ではないか。校歌にも歌われていることから生徒にも身近で覚えやすい。そして、何より教師集団や生徒たちの気風をとらえているると判断したのである。

下地はすでに前任校長の時代になされていた。本校では従来から「生徒との人間関係を大切にすることにより、生徒の主体的な生活態度を育成し、支え合い、磨き合える仲間づくりをめざす」ことを生徒指導の基本方針としてきた。反社会的な行動や困難な課題に対しても、先ず「受容」と「共感」の姿勢を大切にし人間関係を築き上げる努力を積み重ねてきた。その結果、授業エスケープ、対教師暴力等の事例は激減していた。

折から生徒会執行部からの要望を受けて、標準服の改定に取り組んだ。校内制服検討委員会が設置され、教職員、保護者、生徒会が英知を絞り、度重なるアンケートを実施するとともに、先進校を訪ねて調査するなど、三者の意見を集約して決定してきた。そうして、平成七年度の入学式から、改定された標準服の着用が認められたのである。

これらの取り組みを通して、生徒たちに自主的、主体的な態度が育ち、真剣に取り組めばそれなりの成果が現れることを体験し、成就感につながっていったものと思われる。つまり、「自由」とは何か、「平和」とは何かについて考える基盤が育ってきたとも言える。

平成四年度は、ボランティア活動推進校として、ボランティアスクールの取り組みを継続した。今では当然のことのようにどの中学校でも実施されている「車椅子体験」「手話体験」「老人ホーム訪問」「乳児院訪問」「障害者施設訪問」等を実施してきたのである。

## 2　生徒会活動の三本柱

年度当初の職員会議は、年間方針や計画の決定で長時間を費やすのは、学校ならば当然のことである。その協議案の大事な一つに生徒指導と生徒会活動がある。

本校の生徒会活動には驚くべきことが数多く見られる。その一つは、執行部と言われる推進母体に一〇〇名を越す生徒が集まることである。各学年に三〇名を越す執行部員がいるということは、何とも面白い現象である。生徒会には三役と言われるポストがあるが、これらは直接投票によって選ばれる。しかし、執行部員には自分がやりたいと思う者が、自薦で参加できるのである。

本校は部活動も熱心で強く、県内外の大会や催しに参加して大きな成果を上げている。優秀なメンバーがいる部活動の顧問にとってメンバーが執行部に参加してくれることは、部活動の存続にもかかわるので困惑することさえある。執行部会を開くに当たっても、一堂に集まれる広さを持つ教室がない。視聴覚教室を使って会議をしているが、立っている生徒もいて気の毒となる。しかし執行部の仕事が見えているので、生徒たちは自分の生きがい探しに中学校生活を掛けようとするのであろう。

　平成八年度の生徒会執行部は、スタートするに当たり「特に力を入れていく活動は何か」について討議し、ここ数年の取り組みを踏まえて、次の三つの柱を立てた。すなわち、

①　ボランティア活動
②　本山南中学校との交流
③　いじめ防止活動

である。
　このそれぞれについて、略述する。

**1　ボランティア活動**

　平成四年度から継続して取り組んできた「ボランティア活動」ではあるが、平成八年度には地域の清掃活動にも力を入れ始め、生徒会の呼び掛けで「素敵な街づくり、きれいな心で…」を合い言葉に実施した。学校周辺の落書き消しと地域清掃が中心で、募った有志一〇〇名以上が活動した。二回目の実

施は三年生が一五〇名を越す参加を得て（一・二年生は少なかった）、湖畔の「なぎさ公園」でさわやかな汗を流した。三回目は校舎周辺の清掃活動を中心に有志を募集したところ、約四〇〇名（全校生徒の半数となる）の参加があった。参加者は学年によって差はあるが、三年生が多いことが一、二年生によい刺激を与える結果を生んでいる。

### 2　本山南中学校との交流

この活動はあの阪神・淡路大震災と関わっている。平成七年一月一七日、阪神・淡路大震災が起こるとともに、本校生徒会は校内募金活動を展開するとともに、校外にも出て、ＪＲ大津駅、膳所駅、大型量販店前等で義援金活動を実施した。また、被災された方々に役立てて頂こうと物品も集めた。さて、これらの金品をどこへ届けようか。目に見える形がないかと思案に暮れていた時、たまたま震災によって疎開してきた生徒が本校に転入してきたことがきっかけとなり、集めた義援金や物資を神戸市立本山南中学校へ届けることにした。ＪＲが住吉駅まで復旧した日に、執行部の代表者と教師が直接渡しに行ったのである。

この時の苦労の様子を生徒会長であった中村晃子は「阪神・淡路大震災から得たこと」と題して次のように書き残している。

一瞬、何が起こったのか分かりませんでした。慌てた様子で部屋に入ってきた母の「大丈夫だった」との声で私は「たいへんな地震が起こったんだ」と感じたのです。空がだんだん明るくなるにつれて、被害状況のひどさがテレビの画面から映し出されてきました。去年の夏家族と遊びに行ったあの神戸が、あの美しい神戸が…、と思うと、自分のできることは何があるだろうと思いました。

私は今、打出中学校の生徒会長をしています。生徒会が立ち上がって、少しでもお役に立てたらと思い、いち早く街頭に立ち義援金を集めることにしました。登校前の駅前では、とても寒くて手や足の先が凍りつくようでした。最初は、私たちに義援金を集めることが本当にできるのだろうか、と、とても不安でした。けれども、「がんばりや」と言って協力してくださっておばあさん。財布にあるだけの小銭を全部入れてくださった高校生のお姉さん。黙ったまま、一万円札を入れてくださったおじさん。私は、その一人一人の方に「ありがとうございます」と言わずにはいられませんでした。そうして、集めた義援金が七〇万円になりました。募金をしてくださった人々の心の温かさまでもが募金箱の底から手へと伝わってきます。私たちが、神戸の人々にお金と温かい心を届けるのだと思うと身の引き締まる思いでした。また、些細な活動だけど行動することによって、何か大きなものを心の中で得たような気もしました。

ちょうどその頃、緊急避難で転入してこられた友達が神戸の本山南中学校の生徒さんであった事から、私たちは、この学校へ義援金を届けることにしました。

二月一〇日のまだ余震が続く中、私たちは先生と共に文房具などもリュックに詰めて、神戸まで出かけたのです。しばらくすると青いビニールシートが目に付くようになりました。それまでおしゃべりをしていた私たちの目は、全員窓の外にくぎづけになっていました。毎日毎日、テレビのニュースで知らされていたけれど、今、その画面が私の目の前にある。倒れた家が今ここにある。私は、言葉もなく胸がしめつけられる思いがしました。ほとんどの家は、一階部分が押しつぶされ、大きなコンクリートのビルは、地面の底から盛り上がり、道路に倒れこんでいました。時折、傾いた家の前にはお花が供えてありました。

毎日毎日の平凡な生活がここにあったんだなあ。それが一瞬にしてこわれてしまった。自然に対して私たち人間は、何てちっぽけなものなんだろうと思いました。

本山南中学校に着きました。動転した心を笑顔でかくし、出迎えてくださった皆さん。震災にあって、とてもつらいはずなのに。水汲みひとつの手伝いにも皆が協力しあい、何よりも人に対して優しくできるようになったと話してくださり、有難うを何度も何度も、繰り返されました。こうして無事、義援金を届けることができました。私は、言いあらわしようのない気持ちで胸があつくなりました。大津へ帰る電車の中で、私は生きていることの幸せを感じていました。そんな事は今まで考えてもみなかったことなのに、普段の当たり前の生活が本当はとても大切で、幸せだということを知りました。「生きている」ということは何て幸せなことだったんだろう。家族がいて、友達がいて、皆がいる。人間だれもが一人では生きていけない。人と人とが助け合うことでこの社会が成り立っているということ。「人の為になりたい」という気持ちが素直に私の心にわいてきました。

　この大震災で亡くなられた多くの方々のためにも、これからどんなにつらいことがあろうとも何があっても前へ前へ向かっていこう。つらいことがあってもぐっとこらえて進んでいこうと思います。阪神・淡路大震災で「生きる」という事を自然に教えていただいたことに今、私は感謝の気持ちでいっぱいです。


　これは後に人権啓発誌「おおつ輝きびと　Ｐａｒｔ４」（大津市刊）に掲載された。また、平成六年度ＰＴＡも生徒会と合同して本山南中学校への義援金活動とボランティア活動を行った。生徒が実施する。親も実施する。こういう関係のなかで、親と生徒の間に共通の話題が生まれ、親子の関係は良好なものとなり、絆は一層強くなっていったと思われる。

　平成七年度の文化祭では、「阪神・淡路大震災展」を生徒会執行部が企画した。消防署を訪ね、当時救援活動に参加された消防士の方から学んだ震災時の様子や地震災害に対する心構えなどをまとめるとともに、本山南中学校から届けられた個人新聞などを展示して、災害の恐ろしさを知るとともに災害にどう対処すればよいかを学びとった。

　文化祭当日には、本山南中学校の生徒会執行部を本校に招き交流会を開いた。平成八年五月には、本山南中学校のＰＴＡ執行部の方々の謝意をこめた訪問を受け、両校ＰＴＡの交流会をもつことができた。その後も文化祭などでは隔年に互いに招待し合ったり、毎年一月一七日には手紙やファックス、ビデオで交流を続けている。

震災時二十数校あった本山南中学校との交流校も、年を経て本校とだけとなったと聞く。

## 3　いじめ防止活動

本校にいじめがなかったといえば、それはうそになる。教室で、校舎内で、部活動の時や登下校時にあった。しかし、今までの生徒会の活動や教師の早期発見・措置により解決されてきたので、幸い大事には至らなかった。

当時社会問題化しはじめたこのいじめ問題に対しては、本校では早くから生徒会やＰＴＡを中心として取り組んできた。いじめ問題は今日的課題であり、どの学校でも真剣に取り上げられているが、学校だけが努力しても解決できる問題ではない。しかし、学校が核となり、生徒自身の意識改革、保護者・地域の理解と協力があって問題の解決の糸口が見つかると確信していた。本校では、三者の英知を結集して「いじめ0をめざして」取り組みを進めてきた。愛知県のO君がいじめを苦にして自殺した。同じ中学生として本校の生徒立ちが受けた衝撃はとても大きいものであった。そしてこのような悲しく辛い出来事が本校で起きないようにするために生徒会で取り組めることはないかと検討し、平成六年度から次のような取り組みを行ったのである。

平成六年度には、「生徒会だより」や終業式で生徒会長が訴えたり、全校生徒対象の「いじめアンケート」を実施した。また、いじめに関する標語の作成を呼びかけ、校舎内に掲示した。

平成七年度には、生徒会主催で「いじめ防止生徒集会」を開いた。できるだけ多くの人といじめについて考えようと、地域の人たちや保護者の参加も呼びかけた。集会はいじめの実態報告に始まり、報道機関への調査、いじめに関する文献の紹介、本校のＰＴＡが実施したアンケートの紹介と続き、本校の生徒の意識および全国のいじめの状況にも言及し、新聞に掲載された「遺書」をも読み上げた。

執行部が選んだ映画を鑑賞したあと、一人の生徒が、小学生の時いじめにあったが一人の友達がかけてくれた言葉が救いだった。だれもが同じ人間、人権を守るということを意識することが大切、と訴えた。その後、「執行部の訴え」「保護者の訴え」ということで、保護者にも登壇してもらった。最後に執行部全員がステージに上がり、いじめ防止に関するスローガンを大きな拍手で採択した。

そのスローガン『みんなが進んでいきたくなるような打出中にしよう』に引き続き、後に有名になった「いじめに対する三つの誓い」↓「優しい心、固い絆、立ち向かう勇気」が生まれたのである。

1　誰に対しても「優しい心」を持ち続けます。

2　助け合う心を育て、信頼できる「固い絆」を結びます。

3　困難や生涯、いじめに対して、「立ち向かう勇気」を忘れません。

みんながすすんでいきたくなるような学校づくりをしていくことを誓います。

この誓いはB版の用紙に毛筆で書いて、校長室は勿論のこと、全教室や昇降口や廊下に額に入れて掲示した。

次に、平成八年度から生徒会を中心としたいじめ防止の取り組みと教師集団の対応について略記する。

①　**広報・啓発活動**　活動方針として、1「いじめ相談電話（のちに『UCDテレフォンごぼう』と命名される）の開設に努める。2「いじめ防止生徒集会の開催」。3「いじめに関するアンケート実施」を立て、それを全校生徒に周知徹底した。

学年が進行して新一年生が入ってくると、人権を大切にするという観点から学級担任も生徒会の執行部も各教室を訪問して啓発するのであるが、一年生もこうした活動の担い手になるという意識づけを行うことに努めた。このために学級会活動の時間が使われ、熱心な話し合いが行われた。

アンケート結果は素早く集約された。各学級に戻され、主として、今あるいじめをなくするために何ができるか、どうしなければならないかを中心に討議した。

学級指導上、担任の個人差が心配されるのであるが、これに対しては、学年会議を数多く開いて、意思の疎通が図られた。

**②　いじめ防止生徒集会**　年度初めの職員会議で、「いじめ防止生徒集会」は年度末に一年間のまとめとして、体育館に全校生徒約八〇〇名が集まって開くことを決定した。この生徒集会は私が退職する年まで、年度末の二月に行われた。特になぜ寒いこの時期に二時間も時間をかけて集会をするのかは、毎年、職員会議で議論が沸騰する。三年生はこの時期、高等学校の入学試験の時期に当たる。三年の担任としては、長い時間、冷蔵庫のような寒い体育館で座らせておくことには耐えられない、と言うのである。時間をもう少し短くできないか等々、他にもいろいろな意見が出された。しかし結論が出ず、来年は検討すると言うことで、その年度は当初の計画通りに開かれた。

この「いじめ防止生徒集会」では、各学年ごとの話合いをもとにした提言と各クラスの代表二名による公開討論会が行われる。また、保護者や地域の人たちも入った「いじめ問題対策協議会」(本校では「拡大ポート委員会」と称されている)も参加し、そのメンバーからも意見が出された。メンバーの一人は「教師の手を借りずに、議事が進んでいくことが素晴らしかった。それだけですごい力です。いじめをしている人は、八〇〇人の人が注目していると思うと、やめていくのではないか。その雰囲気が集会の力です」と、また、他の一人の方は「中学生だけでこれだけ話し合いを盛り上げ、考え合うことに生徒会の力を感じた。続けていくことにより、一人一人の心にも響いていくことと思う。ガンバッテください」と、さらにもう一人の方は「大人社会にもいじめはある。もっと陰湿で人間の尊厳を嘲ら笑うやり方で。でも、今日の集会でいかに人は困難な問題であろうと、それに立ち向かって解決の筋道をつけられるということを知った。すばらしきかな。打出中」と絶賛してくださった。

各学年の提言は、次のものであった。

一年生　みんな個性があるから学校は楽しいんだ。違いを大切にしよう。
二年生　いじめには　愛のこもった言葉から。
三年生　仕方ないで済ませるな　広い視野を大切に。

これらの提言は額装にして、昇降口に掲示した。

三月には今までの取り組みを記録したビデオテープを編集して、『ストップ・ザ・いじめ』という作品にまとめた(約二〇分)。このビデオは、来校者に視て頂いたり、実践発表会、報告会などで使用した。

**③「UCDテレフォンごぼう」の開設**　様々な活動を通して、少しずついじめを「0」に近付けていくことはできる。しかし、「今苦しんでいる人は今助けてほしい」という声があるように、今あるいじめに対して私たちが出来ることはないのか、今苦しむ人の力になれることはないのかを考えていく必要に迫られた。これはいじめ防止活動を始めた時からの懸案事項であった。いじめで苦しんでいる人がいじめられていることを誰にも言えないことがますます苦しさを増し、またいじめを見え難くしてしまう

と考えられる。まずはいじめられている人がその気持ちを少しでも出せるような場が必要である。また、そのことでいじめを解決することは出来ないかもしれないが、誰かが支えてくれている、守ろうとしてくれている、そういう活動がある学校なら、苦しんでいる人の支えにつながるのではないか。この願いから生徒自身の手によるいじめ相談電話「ＵＣＤテレフォンごぼう」の開設に向けての取り組みがなされて来たのであるが、これがようやく一一月にスタートした。ここで使われている「ごぼう」は、「いじめないでの花言葉」である。

この相談電話は、匿名で他の誰にも知られずに、そして自分の思いを話すことが出来、また切ることが出来るため、有効な手段であることは間違いない。しかし、問題点もないことはなかった。開設を決定するのに、職員会議は一年半の年月を必要としたのである。

「生徒が生徒に相談するなどということは考えられない。生徒が相談電話の受手になれるか」、「受手になる生徒の心的負担が大きくはないか」、「知り得た情報に対してどのように対応するのか」、「電話の設置など物理的な条件はどのように整えるのか」、「教師は相談内容を知らされなくてもいいのか」など、教師からたくさんの課題が出て、なかなかまとまらなかった。その間に教師側はスクールカウンセラーの二人の先生から助言を得た。一人は花園大学教授（現立命館大学）野田正人先生であり、他の一人は、臨床心理士の大久保知恵先生である。たび重なる研修によって、教師の意識を変えていった。

実は、校長である私が一番不安であった。管理職というものは、あまりにも多くの、多方面の矢面に立たされている。それだけに慎重にならざるを得ない。果たして開設してよいのかどうか。悩みに悩んでいた時、それはまったく偶然にある言葉を思い出した。それは、「真実は、あまりにも単純である」ということであった。そこで私は、ＧＯのサインを出した。生徒たちへのアンケートでは、友だちの大切さを求めている。教室の中で語り合う、部活動で語り合う、登下校に語り合う。だから学校生活なのである。友だちのない生徒にとって、電話は「友だち」ではないか、と思ったのである。

教師に望まれることは、電話相談を通して情報を得ることではない。また、直接ケアすることが必要なのではない。平常通り、生徒の個々の思いや悩みに気を配ることである。鋭いアンテナを一層敏感にして生徒と接していかなければならない。いじめが発生するということは、学校が負けたことになる。このように、教師集団は申し合わせた。

このようにして、スクールカウンセラーの支援をも得て、生徒会執行部自らのたび重なる研修を経て、相談を受ける側の基本姿勢や心構えをまとめ、また、細かい対応マニュアルをも完成させて、ついに生徒の手によるいじめ相談電話が開設されたのである。開設時には四日間連続で開き、その後は毎週水曜日の午後三時三〇分から四時三〇分まで、執行部の三、四名が対応した。

何回電話がかかってきたのか、その内容がどんなものであったかは、校長の私にも知らされていない。スクールカウンセラーは言った。「生徒たちにとって、〝このような取り組みがわたしたちの学校にあるのだ〟と思うだけで、大きな意味がある」と。

慣れない生徒たちが電話の受手になるということは、やはり大きな心的負担になる。プレッシャーや負担を取り除くために「心の整理体操」と称して、電話相談のあとに生徒会担当の先生と反省会をもったのである。

小さないじめさえも、なくしていきたい。この体制は整い、風土も醸成されたのである。

## 3　生徒と教師集団との連携

学校運営の基本的なスタンス、特に「いじめ0」を目指しては、次のように考えて進めてきたことになる。

### 1　体制の整備

・「受容」と「共感」をベースに、教師の自主性、主体性を大切にする。
・組織としての活動を重視し、個々の教師の学校における存在感を大切にする。
・生徒指導部に置かれていた教育相談を充実して組織強化を図る。
・教育相談室(ポート室)を学校の力で設置し、いち早く相談活動を展開した。
・教育委員会の支援を得て、第二ポート室を開設した。部屋は二つに分かれており、その一つの部屋に「電話」を設置した。

・生徒会担当者数名の「和」を大切にする。

・学校行事は出来るだけ地域に開放し、特に隣近所百軒にはどんな小さな行事も案内してまわる。

・特に報道機関は大切にし、新聞やテレビの取材には協力を惜しまない。学校の良いところも醜いところも包み隠さず公にする。その結果、マイナスはなかった。

・活動の記録は保存し、学校、地域、ＰＴＡの共有財産となるよう文章にまとめ、その結果を関係者に配布する。

・県・市の行政機関を通して社会教育で育ってきた私の心の中には、指導者は表に出るな、表に出るべき人物を表に出させるべく、指導助言を怠らず、激励の精神で臨むという心情があって、それによって先生方には協力してもらった。同様に、生徒会の執行部が表に出たが、陰で教師集団が支えたのである。

・教師の研修こそ大切と考え、あらゆる研修の機会に希望があれば参加させた。今、その研修を終えた人材は本校で、転任校でその力を発揮している。大海に学ぶためには勇気と決断がいる。無理を承知で派遣した教師もいる。一皮むけて学校へ帰ってくる姿を見るのは、校長冥利につきる思いである。

**2　風土（気風）の醸成**

・本校は伝統的に生徒、教師共に進取の気性に富むので、その意欲を大切にする。
・人が生きる（生かされる）ことを大切にし、その場づくりに力を注ぐ。
・そのため、教師にも生徒にも良いところさがしに心がけ、激励と称賛、支持と支援の姿勢を崩さない。
・報道機関の報道を逆利用し、意欲関心を高め、自浄作用も手伝って、前進志向をより強くする。

今振り返ってみると、これらが効果的に複雑に絡み合って効果を上げ得たのではないかと思うのである。

（以上の資料は「打出中学校刊『ストップ・ザ・いじめ』による）

（前大津市立打出中学校長）

# 4　感動の卒業式

川嶌　順次郎

## 1　「あたりまえの学校にしよう」——生徒たちはわかってくれた

感激の卒業式であった。式も終わりに近づき「大地讃頌」の合唱になると、胸がこみ上げてきて、涙をとめることはできなかった。そのとき、私の後方からグー、グーと異様な音が聞こえてきた。何だ。最前列に立っていた私は、そっと後ろを振り返ってみると、先生たちのすすり泣く声だった。

職員室に戻ると、大勢の来賓の方々も興奮されていた。和田教育長さんが、真っ先に握手を求めてこられ、「感激しました」と力強い声で言ってくださった。小学校の校長先生方からも次々と握手を頂き、感動のコメントを述べてくださった。

校長二年目の時だった。卒業式がすんだ後、卒業生たちからのたくさんの手紙が校長室の机の上に置かれていた。昼間はとても読んでいられないので、持って帰って開いてみると、温かい生徒たちからの言葉に全ての苦労を忘れてしまうほどだった。たくさんのことを教えてくれた。だが、私はもはや退職目前の身であった。うれしくも、はかない、貴重な声、声、声だった。

「二年間お世話になりました。直接お話しをすることはなかったけれど、この南中とわたしたちのためを思ってくださったことが伝わってきました。校長先生も驚いていた学校が、こんなに変わるなんて思っていませんでした。でもそれは生徒の気持ちを考える校長先生だったからだと思います。消火器、非常ベル、たばこ、おやつなど、先生たちを悩ませていたことがこの二年で大きく変わったと思います。……略……」

## 1　「校長先生も驚いていた学校」

「校長先生も驚いていた学校」とは何か。思い返してみたい。三〇年前とともに、二度目の赴任校となった母校の南中学校であるが、始めの一カ月、二カ月は全身の感覚を働かせて観察と過去の業績調べに熱中した。先人のご苦労を知らなくてはならないし、自分の心で学校全体を見なくてはならない。過去の文書を見ることから始まるのは行政職員の常識だが、学校にはそれ以上に大切なことがある。八〇〇人以上の生徒たちである。目の前にいる生徒たちを理解し、生徒たちに尽くすことでなければ何にもならない。過去の文書を見るのも、目前の生徒を理解するためにこそ必要なことだと思った。今までの体験と、今わたしが備えている限りのすべての力を駆使して、子どもを見ること。そこから何が課題かを、わたしの心で捉えることが一番に大切なことだと思った。

## 2　入学式すらエスケープ

しかし悲しかった。一〇日ばかりたった入学式の日に、はじめて保護者や来賓を含む一〇〇〇人近い式場へと臨んだ。久しぶりの緊張感と、親や子どもたちに初めて語れるうれしさを胸に抱きながら、私はステージに登壇した。さあしゃべろうとして、一堂に顔を向けたとき、体育館中央あたりの二階テスリに何かが動くではないか。おや、生徒がいる。真っ赤の頭をした三人の生徒たちだった。テスリにぶらさがって上から下を眺めているではないか。厳粛な式典というのに、エスケープじゃないかと一瞬言葉も出なかった。ここからすべてが始まったようなものである。

私が私なりに感じた七不思議のひとつに、集会の少ないことがあったが、その訳もすぐに分かった。一カ月に一度の全校集会は、前任校佐和山小学校では楽しい思い出であり、生徒たちとの対話の場でもあった。それがない淋しさは、校長にはたえられない。ようし、このままにはできないぞ。全校のムードをよくするためにも、集会なくして何ができようぞ。機会を待って生徒たちに訴えよう。血を絞り出してでも真剣に訴えるなら、分かってくれるだろう。ひそかに心に誓った。

## 3　新設校舎は美しいけれども冷たかった

まだ新設六年目という校舎は、みごとに美しく気持ちよかった。自分の母校だが、私らの時の南中学校とは雲泥の差である。だが、ここでまた不思議な思いに駆られてきた。この美しい白亜の学校が、三日くらい日がたつと、寒々として冷たく感じられ出してきたのである。段々と心が落ち着かなくなってきた。温かさがないのである。あの木造校舎の言うに言われぬぬくもりが、ここには全くないのである。白々と冷たいのが我慢ならなくなってきた。

花屋を経営している従兄弟を呼んだ。せめて観葉植物でもふんだんに入れたいと、いてもたってもいられなくなって来てもらった。

「おい、いくらかかってもよいから、設計してくれ」

トラックでどんどんと大鉢小鉢を運んでもらった。いつも思うのだが、学校の設計者は、どうして子どもたちの心が分からないのだろうかと。木造校舎に毎日毎時間暮らすのと、白壁の中に毎日毎時間暮らすのとでは、どんなに心の落ち着きが違うかを分かってもらいたい。木造のよいことは分かっていても、経費が格高になることは周知である。だからと言って、工夫できなくはない。色や材質は、子どもの情緒的な面からも更に研究される必要があるのではないか。思春期の情緒不安に陥りやすい生徒の年齢ならなおさらのことであろう。

まあ、緑の持ち込みとでも言おうか、あちこちに置きまくった。校長室も緑におおわれた。

## 4　たばこを吸う生徒たち

いくぶんでも、ほっとさせてくれるような校内の雰囲気になってくれただろうかと、毎日校内巡視をしている最中、体育の授業らしく、A教室はからっぽだった。ところが、その隅の方に数人の生徒たちが固まっている。おやっ、今煙が立ったぞ。さては煙草をやってるな。中へ入って「おいっ、今、だれか煙草吸ってただろう」。あっ、先日の入学式の日の三人もいるではないか。ぷいっと素知らぬ顔をしながら、横を向き向き「吸ってない」と言い張る。「校長室へ来いよ」と言っても、横を向いてすごすごと出て行こうとする。

その時である。廊下を三年生のT君が通った。にこっとしてこちらを向く。「校長室へ来るか」「うん」と答えた彼は、そのまま私としゃべりながらついてきた。実は私の村の子である。T君も授業に入れないらしい。校長室のソファに座らせて、さあゆっくりしゃべろうとした時である。何と驚いたことに、後ろをぞろぞろと先ほどの生徒たち六人がついてきているではないか。どうやらこのメンバー、先生方を困らせている七人の侍のようである。みんなを座らせた。ここで忘れることのできない場面が展開していくのである。校長室へ来いと言っても来ない連中が、一人のボスかと思われる長身のT君に黙ってついてくるのだからかなわない。少しふざけてみたいと思って、

「ボスはだれなんだ」

Tが照れた顔をしながら手を挙げている。

「よし、T君と腕相撲をしよう」

みんなははしゃぐように喜んでいる。運動部に入っていてもさぼりづめのTは、長身ではあっても鍛えられた体格ではない。思った通り私が勝ってしまった。ボスは交替やなあなどと、みんなで大笑いになってしまった。これで雰囲気が変わってきた。

「さあ、みんなとゆっくりしゃべろう。ところで、この校長室では煙草吸ってもいいから、もし今持っている者がいたら出してみ」

さすがにみんなはびっくりしたようである。えっとしている顔がよく分かる。ここまでくると彼らも心を開くばかりか、自分をアピールしにかかる。だが驚くなかれ。七人の全員がポケットから煙草を出したのである。私は唖然としてしまった。色とりどりの煙草である。ならば吸わせてみようと、

「ここでなら吸ってもいい。学校にはここ以外には灰皿が置いてないんだから。さあ吸うてみ」

何とその吸い方の普通でないことにまた驚いた。一年生のA君が調子に乗ってきて、

「先生、必殺技を見せたろうか」

と言う。何かと思ったら、口から吐き出す煙を、そのまま横にそらさず、全部鼻の中に入れていくのだ。感心している場合じゃない。みんなの吸いっぷりは、ひと月やふた月の出来事とはとうてい思えない。いつから吸い出したのか、全部話してくれ、と言うと、得意げに語り出した。小学校二年生からが一人、小学校五年生からが四人、去年からと言うのが二人。あきれてしまった。君らが中学校

に来た時、小学校からは何にも聞いていないはずだがと言うと、知らないはずです、と誇らしげになっている。どこでどうしていたのか、親は知っているのか、どれくらい吸っているのか、次から次へと聞いてみた。聞きながら、さあどうするか、私は心中懸命に考えていた。

「よし、みんなよく話してくれた。みんな煙草はいけないことは知っているはずだ。

そこでひとつ約束してくれないか。明日から、朝一番にここへ来たら、先生に煙草を預けて欲しい。吸いたくなったらここへ来る。昼間は先生が預かる。いいか」。

みんな了解した。とにかく今は、この子たちと、いつでも継続してしゃべり合える関係を作りたかった。

それから何と、私の机には毎日七色の煙草が並んだのである。こんなことを続けていくうちに、いろんなことが見えてきた。今朝は先生の所に煙草を持っていくのを忘れたようですみません、などという親からの電話があって、ほとほとあきれてしまった。校長室では一寸吸いかけて、人の気配に気づいてか、中から鍵をかけたり、何となく悪いことをしていると思えて引け目を感じ出してきたようでもあった。気長に構えたのがよかったのか、なまぬるかったのか、それでも一人二人と持たなくなっていったことは確かだった。ただ、最後まで一人二人は持っていたと思われる。

退職直後に非常勤講師の先生から頂いた手紙の中にこんな一文があった。

「……もう先生はいらっしゃらないのですね。〝校長先生、いはるか?〟とたずねて来ていた生徒さんたちの姿が浮かんでまいります。云々」と。

煙草をきっかけに、それからはよく話し合えるようになった。中学生との話し合いと言うものは、実は容易なことではないのである。話したくないと思ったら、いつでも逃げてしまうからである。

## 5 「校長先生、やるで」

次から次へと納得のいかない事柄が現れてくる。しまいに私は「七不思議」と呼んだのだが、それは言い換えたら「当たり前でないこと」「当たり前に出来ていないこと」でもあった。だからと言って、お前たちは当たり前のことが七つも出来ていない、などと並べ立てたらどうなるだろうか。誰だって自信もやる気も失ってしまうに違いない。ひとつひとつを自信につなげながら気づかせていくしかなかった。難しいことであった。

これから述べる自習のこともそうである。教務の先生や学年主任の先生たちは、毎朝毎朝、その日の出張先生の空き時間に対する補欠者を決めるのに大変だった。よくもこんなに毎日出張があるもんだなとあきれるばかりだった。どんなに知恵をしぼっても、年次ごとに出張が増えてくるのはどうにもならない。社会が成熟化し、高度化し、そこへ開かれた学校を志向しているのだから、止めようがないのかもしれない。

それはそれとして、問題はなぜいちいち補欠の先生を立てなくてはならないのかということである。

教科担任制だから、生徒から見れば、先生のいない時間はせいぜい一日のうち一時間か多くても二時間である。小学校の場合なら、先生が一日出張したら、そのクラスは一日六時間とも自習ということになる。それでも先生の前日の指示に従って、子どもたちは一日中ちゃんと自学自習をやっている。聞いてみると、中学校は無理なのだと言う。教室が混乱するから、監督がいないと駄目なのだということ。こんな馬鹿なことがあるだろうか。私はいてもたってもいられなくなった。よし、まず三年生から、各学級一時間ずつ私に時間をくれないかと頼んだ。生徒にぶつかって話をしてみたいと思った。何のことはない。みんなやる気満々なのだ。学ぶとはどういうことなのか、本当の身に付く学び方というものは、自らが求めて学ぶときであることなどについて、たくさんの事例で話して回った。

「きみたちは本当のところどうなんだ。この場に一時間中先生が目を光らせていないと、みんなは静かに自習ができないのか。…………」

真剣にたずねてみた。するとどうだろう。生徒が怒るではないか。「先生やるで、先生できるで」と。中には、わざわざ席を立って私のところに駆けつけてきて、「先生やれる」と、握手をしにくる子もいた。

「ちゃんと前日に分かっていたら、自習する計画を立てて用意をしてきます」。

至極当たり前のことだ。八クラスとも盛り上がった。

ああ、ああ、どうなっているのだろうか。こんなすばらしいやる気を、われわれがつぶしているのではなかろうかとさえ思えてきた。職員会議で強く提言し、結論としては、連絡等もあろうから、はじめだけ顔を出して、後は生徒にまかそうとなった。今もそうしているだろうと思うが、もっと違って、空きの時間をつめてスライド方式をとっている学校も増えてきているようである。

こういうことは案外と多い。修学旅行もそうだった。うっかりすると、無事と安全のための管理が先行してしまいやすいのか、ついついと私どもは指示を連発してしまうのである。旅行出発の前々日、やっと出来た修学旅行のしおりだったが、じっくりと見ていたら「おやつを食べてもよい時間」とあって、場所と時間が実に細かく明示されていた。思わずうなってしまった。小学校の一年生や二年生でもあるまいに、私より背も高い中三の子どもである。私は悲しくさえなってしまった。九年間何を指導してきたのかと。小学校低学年担当の先生なら嘆くのではないかと。率直に感想を先生方に述べた。自分のおやつくらい自分で考えさせなくて、中三の子にまで指示していたらどうなるのかと。翌年から消えたけれども、一事が万事ではなかろうかと心配させられてしまった。自律の力を育てるということはどうすることなのか。改めてみなで考えてみなければならないと思った。確かに、三〇〇人の大集団を引率し動かしていくには、一から一〇まで指示している方が統率し易いということもあろうが、大切なものまで見失ってはならないなあとつくづく感じたのである。

## 6　消火器がない、非常ベルがない

古い学校と違って、新設の学校は決して外からは消火器が見えない。壁の中に収まっている。ところが、赤表示の個所を見てまわっても、どこにも消火器が見当たらないのである。不思議に思ってたずねてみると、生徒が噴射させて遊ぶからということで、全部倉庫に入れ込んでしまっているのである。非常ベルはと言うと、職員室で全部スイッチオフである。異常な姿としか言いようがない。荒れた学校の悲しい姿かと、ため息をつくばかりであった。違法行為ではないか。子どもたちは分かるはずだ。こんなことが当たり前のことでないことや、どんなに恥ずかしいことかくらいは、きちんと説明してやれば分かるはずだ。私はタイミングを待った。

ちょうど避難訓練のとき、これを置いてはチャンスなしと思った。運動場に並ぶ全校生徒たちを前にして、私は消火器をぶらさげて指揮台に乗った。こんなことは絶対に許せないと、私の全身は炎のように燃えていた。

「いいかみんな。こんな情けないことはないんだよ。消防署が聞いたらびっくり仰天してしまうことなんだよ。法律をさえ破っていることなんだよ。初期の消火がどんなに大切かもよく考えてみよう。いつまでもなんちゅう学校やと言われてもいいのか……」

と、全力を振り絞って叫びまくった。

あとで一人の先生、「すごい演説でしたね」と。

「今日の午後一時三十分をもって、一斉に消火器は所定の場所に置く。非常ベルは元に戻す」と約束し、準備していた通り正常位置に全てを戻したのである。

三時過ぎだったろうか。非常ベルがけたたましく全校に鳴り響いた。生徒指導主事の先生が走ってこられた。

「緊急集会をやりましょうか」

「誰だか分かってるの」

「A男です。ほんまに鳴るのか試したようです」

思わず笑ってしまった。あの七人の一人だ。

「いいよいいよ」と。こんな調子で、またひとつ当たり前の姿になっていった。以後もときおり鳴ることはあったけども……。

## 7　パーテーションてなに？

わが校の職員室は、四〇名以上の先生方が全員入れるだけあってかなり広い。朝の職員打合せにマイクを使うほどである。その長い職員室の片側に、長い白テープが張られていた。何のためだか分からないので聞いてみると、パーテーションだと言う。Partition のことだろうか。分離・分割の意である。つまり、このテープの線から生徒は中へ入れないのだと言う。先生に用事がある時には、この線に立って先生を呼ぶのである。

どうしてこうなってしまったのだろうか。聞いてみると、職員室盗難事件だと言う。先生の机を荒らし、煙草とライターと金が絶えず盗まれたらしい。まさにその対策として出てきたものである。それにしても、子どもたちに、ここから入るなと言わなければならない先生の部屋であるとは、あまりにも悲しいことではないか。子どもを信じられなくなってしまったら、もはや教育の場ではない。一時的措置としてはあり得ても、こんなことを続けていては、負の部分をますます拡大するだけで、子どもたちを指導できる訳がない。職員室は温かい所でありたい。いつでも子どもが飛び込んでくる所にしておきたい。だまされてもいいではないか、裏切られてもいいではないか、なおかつ子どもたちを信じてやりたい。

先生方に文書〔校長通信〕で訴えた。こんな馬鹿げたことはやめとこうと。

## 8　K先生をやめさせないで!

ひとつまたひとつである。八〇〇人以上もの生徒がいると、毎日がドラマの連続である。小学校にいても中学校にいても、子どもたちの活力とたくましいエネルギーには圧倒されてしまう。生命力に満ちあふれている子どもたちの姿を見ていると、尊敬のような思いに駆られてしまうことがある。やんちゃもする。暴れもする。泣いたり笑ったり怒ったりもする。失敗もする。大人もできないような集中力を発揮することもある。

あるとき、一〇人ほどの女子生徒が校長室に入ってきた。吹奏楽部の女子生徒たちだった。吹奏楽部は、非常勤のK先生に放課後毎日指導を受けていた。お忙しいなかを、非常勤身分で来て頂いているのだから、定時には帰ってくださいと言っても帰ろうとはされず、時間を忘れて部活動の指導に当たってくださった。そんなご苦労がみごとに実って、久しぶりに秋のコンクールに入賞までできたのだった。ところが、契約によってその先生は間もなく他の学校にお勤めされることとなっていたのである。なんとかして留まってほしいと、生徒たちは先生を困らせていたようである。代表の生徒がこんなことを私の所にやってきて聞いたことがあった。

「K先生をやめさせるのは校長先生なのですか」と。

簡単に説明しておいただけだったのだが、生徒たちはその後も何とかできないかと真剣になって考えていたらしい。とうとう署名運動を開始したのである。始めの間は生徒同士であったのが、だんだんと広がり、地域の人にまで協力してもらおうとしている、ちょうどその時だったのだ。大勢そろって校長室にやってきた。みんな真剣な顔で何とかしてほしいというのである。ここまで思う子どもたちの、ひたむきな気持ちに、私も心を揺り動かされるのだった。しかしこればっかりは、どうしようもないことである。私は、大人社会のルールを、ここで時間をかけてでもこの子らに理解させるしかないと考えた。

「気持ちはよく分かった。K先生にはいてもらいたい。私も同じ思いである。みんな署名運動まで始めたようだが、大人が交わされた約束ごとの契約は、誰も変えることはできないのだよ。みんなが、これから役所へ行って、中島市長さんに署名をもらってきても、いや大津まで行って、知事さんにもらってきても、どうにもならないのだよ。大人社会の契約とはそういうものなのだ。………」

と、真剣になって語った。とうとう皆は泣き出した。しかし、私の話にうなずきながら泣いているのである。私はいっそうつらかった。

この出来事は数カ月たつとだんだんと忘れかけていたのに、卒業式の後だった。二人の女子生徒が花を持って校長室にやって来た。

「先生、あの時は私らのことを聞いてくださって有り難う。………」と言うのである。びっくりしてしまった。この瞬間、また教えられた。この子たちには、たとえ願い通りにならなかったとしても、自分たちの心を汲んでもらって、真剣に対応してくれるということがどんなに嬉しいことかということを改めて思い知らされたのであった。

## 9　卒業式の服装

毎年卒業式の服装については、指導に苦労するようである。職員は、一致協力して、ルールが守れるよう細かな指導をゆるめることはない。とうとう卒業式前日になった。二人の生徒が、いろいろなおもわくもあって先生方ともめていた。あの四月早々の修学旅行にもトラブッた二人である。よし、私がゆっくり二人としゃべろうと、後を任せてもらった。と言うのも、そのうちの一人が誰あろう、わが村のT君であった。「今夜うちへ来い。いいな」、「はい」。にこっとしている。今一人はご両親が私の家に来られることとなった。

夜ご両親が見えた。小さな茶室を作っておくので、一服点《た》てさせて頂いて、一時間ほど話し合った。要するにご両親共に、本人が言う通り、きんきんぎらぎらの服装をさせてやりたいのである。流行がいろいろあるらしいが、私はうとい。二人そろって、私が許可することを願われるのである。子どもの言うようにしないと、どうにもならなくなるほど、親は困っておられるのだろうか。結論として私は申し上げた。

「お父さんお母さん、あれを見てください。明日は私も三年ぶりのモーニングを着なくてはなりませんので、ああして吊しているのです。お葬式の時に誰かが真っ赤の服を着ていく人があるでしょうか。葬式も卒業式もひとつの式です。A君がそこまで○○の服が着たいというなら、式場の出口の所でお母さんがその服を持って待っていてやってください。その場で着替えさせてやってください。どんな格好でもかまいません。どうですか」

二人は納得した顔をされた。「帰ってそう言います」。三人で茶を飲みながら、後はA君の話題で時が過ぎていった。二人が帰られた後、すぐにT君に電話をして呼んだ。走ってきた。

「なあT君、一年間いろいろあったね。明日で卒業か。おめでとう。……」と、服装の本題よりも他の話に二人は集中していた。そして先と同じように、モーニングを見せながら、ぼつぼつ本題に入っていった。そんなに時間はいらなかった。簡単に「うん」であった。

翌日の式の最中だった。彼は背が高いので一番前列に立っていて、私とぱちっと目が合った。ちゃんとしている。思わず私は右手の指を小さく輪にして、ぐーとやっていた。彼はにっこりと童顔になっていた。

## 10　国歌「君が代」を学ぶ

卒業式の練習は計画的に進められていく。段々と集会ができるようになっていたが、厳しい指導はいけないのだという、いわゆる甘い生徒指導論も、ないことはなかった。厳しさと優しさは、どちらでなければならないという議論ほど意味のないものはない。どちらも方法の原理であって、生徒指導に二論はないとする見方を先生方ともよくしゃべったつもりである。

「君が代」斉唱の練習も行った。だが、いまいち消極的である。斉唱反対もある。卒業式一カ月前になって、そもそも「君が代」をみんなは知っているのだろうか、とふと感じた。私には、かねてから、ぜひとも先生方に紹介したいと思う一冊の本があった。『君が代の歴史』山田孝雄氏の著書である。数年前にこれに出会ったとき、感動は大きかった。長く同和教育に携わってきた私は、部落の解放運動に努力されてきた人たちが、部落問題の元凶は天皇制にあるとして政治的な闘いを続けてこられたことは十分に承知している。私の解放論は別のところで書いた。

ここで知った感動は、

① 一〇〇〇年前の日本人の歌であること。よく知られたことだが、『古今和歌集』の「賀」の歌である。

② 皇族から庶民に至るまで、どの時代をとっても、これほど日本人に歌われ続けた歌は、他に例がないくらいだということ。『新撰和歌集』『和漢朗詠集』『梁塵秘抄』『南総里八犬伝』『俚謡』『碓挽歌』『種子島の祭礼歌』『芭蕉七部集』『盆踊り歌』『船謡』『門付の謡』『狂歌』等に出てくる。賀、祝賀、年寿、酒宴、惜別、お開き、祝言、正月の書初めなどなどと庶民の生活とも密着しているのである。

③ 「わが君」ではなく「君が代」であり、君の概念も、一〇〇〇年の間に対主君から対遊女、男女間双方と、実に多義な使われ方をしてきたこと。

以上である。さまざまの曲譜を付けて一〇〇〇年も歌いこまれてきたものだと言うところに、歌の生命と民族の心を感じさせられるではないか。一〇〇〇年前の歌を国歌にしている国などあろうはずもない。

私は、二回にわたって、以上のことを詳しくプリントで紹介し、先生方に配って説明を加えたのであった。

## 11　議論が尽くせなかった「コミュニティースクール」案

以上長々とつたない実践の一端を述べてきたが、ここで地域との連携について触れておきたい。学校が地域に支えられていることは、いまさら改めて言うまでもないことだが、前任の小学校で創立百周年事業を行った時、百年の学校史を調べながら、そのことをどんなに感じたことか。中学校も同じことである。ところで、二つのことから、もっともっと開かれた学校にしたいと考えた。週五日制を迎えるためにも。

一つは、子どもが問題行動を起こすと、親は地域でだんだんと孤立化されていき、ますます「点」になっていかれることである。ＰＴＡがあり、青少年育成学区民会議があり、子ども会があり、さまざまの学習の場があるのだが、次第にそこへは顔を出されなくなってしまう。「面」はたくさんあっても、自ら「点」になってしまわれる。近所とのつながりである「線」まであやしくなってくる。このことに驚いてしまった。

二つ目は、はちきれんばかりのエネルギーを秘めたこの子たちに、もっと実体験の場、責任が求められる活動の場の必要を感じた。

そこから「コミュニティースクール」案を考えてみた。詳しく述べるいとまはないが、一〇ページほどの構想をまとめて先生方に提示した。「向こう三軒両隣」運動や、日常的体験を豊かにしようとするもので、その中心的役割をＰＴＡの業務とするものであった。

ＰＴＡの方々にも、小学校の校長先生方にも見せ、共同でやりませんかと提案もさせていただいたのだった。生徒たちにも集会で話した。

「校長先生は三〇〇万円でもう一つの学校を作りたいと言わはったけど、そんなんで学校が建つの？」

集会の後で、一人の生徒が担任に尋ねていたと言う。校舎の一部改造まで考えていたのだが、議論を尽くすことができず、幻になってしまった。今もその思いは変わっていない。

## 2　「先生、学校は変わりました」

平成六年の一月頃、時の滋賀県教育長高井先生にはご無理を申し上げていた。当時は滋賀県教育委員会事務局同和教育指導課の課長として勤務していた。「二一年間も行政に勤め、学校はトータル一五年です。残りの二年はどうしても学校現場で頑張って終わりたいのです」と懇願していたのである。教育長は余りいい気はされなかった筈である。ご無理を願って、蓋を開けてみると、我が母校彦根市立彦根南中学校であった。「よし、こい。燃えてみせるぞ」と誓った。

ところが、赴任早々、あまりにもびっくりすることばかりだったので、せめて「当たり前の学校づくり」に努めようと思った。前段に長々と、恥ずかしい事例を紹介させて頂いたが、ほんの一端に過ぎない。私は二年で終わってしまったが、その後もずっとがんばってくださっている先生方に深く感謝したい。せめてもう一年いてくれと、先生方にせまがれたが、どうしようもない。たとえ二年とは言っても、子どもたちにとっては人生の中の大切な二年間である。

まだまだ書きたいことは尽きない。真剣勝負で向き合った事柄は多くある。そしてそれらのすべては、純化された形で卒業式の一点の中に収斂しているようにも思えた。だから卒業式は感きわまってしまう。

多くを紹介できないが、最後に再び生徒たちの手紙を開いてみたい。

> 校長先生というイメージは、話が長くて、かたい話をして、ウーンあまり笑顔をみせてくれないというイメージがありました。だけど、先生はおもしろいことを話してくれるときもある。時には、ダメなことはダメだとはっきり言ってくれる。うれしい時はよろこんで笑顔を見せてくれる。……私は校長先生の笑顔が一番好きです。やさしくていつも元気をわけてくれるって感じです。……

先生、部活のことでいろいろと話を聞いてくださってありがとうございました。……本当に、全校集会などでの先生の声やお話は、聞いていて身も心もひきしまる思いがしました。集会などで、先生のお話が聞けてよかったです。………

……推薦の結果発表があった日、校長先生がわたしに声をかけてくれてとてもうれしかった。廊下で待っていた私たちに、寒いやろ、校長室で待っときって言ってくれてとてもうれしくて……結果は残念でくやしかったけど、校長先生は、もう忘れてしまったかもしれないけど、校長先生の言葉は私にとても心に残りました。あかんかっても、くずれたらダメだということを強く言ってくださったのです。私は、もう一度同じ高校を受けました。……先生が励ましてくれたことはずーっと忘れません。卒業式はぜったい感動しようね、先生。

……南中は変わりました。とても、良い学校になりました。校長先生は忘れられたかな？　○月○日の放課後、私が笑顔で職員室に入っていくと、校長先生は、なんともいえん嬉しそうな顔をして……と私に話しかけられました。その後、すぐ、どこかへ行ってしまわれたけど、校長先生とお話がしたかったです。いつでも優しい目で、内容の濃いお話をされる校長先生は、親しみを感じられて大好きでした。校長先生から直筆の卒業証書を頂ける。すごく嬉しいです。………

どの子もどの子もみんなしゃべりたいのだ。私は少し変わっているのかも知れないが、いつも校長室には、緑茶、紅茶、コーヒー、抹茶を置いていた。誰かれなしに、先生方にも茶を差し入れるのが楽しみで、ゆったりとした気分をせめて一寸でも味わってほしいと心がけていた。不登校の子たちにも、一度校長室においで、何でもあるよと年賀状を出した。いっぺんも誰も来なかったけれど、その年賀状を喜んでいつも大事にしていますと言う母親からの電話に考えさせられてしまった。生徒にも随分と茶を点ててやって、いい話を聞かせてもらった。

……先生の話はかなり力が入っていて、聞きごたえがありました。これからも、力の入った演説をお願いします。

……全校での集会の時の先生の話は普通の先生とはチョットちがうのであきなかったです。そんな先生の話が好きでした。

校長先生とは少ししかお話ししたことがなかったけど、校長先生と一緒にいるときはとても楽しかったです。校長先生はとっても話しかけやすくて、生徒のことをすごく考えてくれたから私はとっても大好きです。校長先生との思いではたくさんあります。………

……校長先生が言われるまで、僕は消火器がなくても、普通の学校であると思っていました。しかしそれは違ってたんですね。……

名前を言われても顔を覚えていないほど大人数の学校で、まして校長は外出が多く、とても先生方のようには生徒と接することができない。にもかかわらずである。笑顔ひとつでも子どもには勇気づけや励ましとなることを改めて感じさせられ、教師も職員も、子どもたちにとっては、どこにいても「意味ある他者」であることを厳しくさとらされたのである。

担任が外れたと言ってさびしがる先生がある。とんでもないことだよ。八〇〇人の生徒たちは、どこからでもあなたを見ています。そしてあなたの顔の表情ひとつからでも何かを学び取ろうとしています。学校はそういうものだよ。私は何人の先生方にこのことを力を込めて申し上げたか分からない。退職してからも……。本校以外の先生にも。

つたないレポートではあるが、退職して既に五年、今も多くの感動は鮮明によみがえる。思えば四十数年前に、卒論の指導を受け、良き教師になれよと、巣立ちを見送り励ましてくださった村田先生から、最後となるかもしれない著書におまえらも原稿を書けと言われると、何か四〇年ぶりに、温かい親のふところへともどってきたような感慨にふけってしまう。四〇年どこで暴れていようとも、いつも目を離さずに見守っていただいたが、果たして期待通りに頑張れたのかと心細い。浅はかな識見しか磨けなかったけれども、先生の教育を思われる熱情と魂だけはいつも忘れないつもりである。願わくは、もう一度、今でも学校現場に戻ってみたいくらいである。

（元彦根市立彦根南中学校長）

# 5　警察と学校との協力

辻　祐弘

## 1　子どもから大人への訴え

### 1　子どもは宝

子どもは「宝」である。万葉の歌人山上憶良も、

銀《しろがね》も金《くがね》も玉も何せむに　まされる宝子に及《しか》めやも

と詠じている。

子を思う親の気持ちは古今東西を問わず、今も変わらない。太古から子どもは天地・神仏からの「授かりもの」と考え信奉されてきた。この思想は、自分の命も「授かりもの」と考える思想にもつながる。才能も知識も……。それは自分を超えて他者の命とつながりひろがっている「連続して開かれた文化的存在」であると、北里大学名誉教授立川昭二氏も言っておられる。

平成一二年（二〇〇〇年）一二月二二日に出された教育改革国民会議の最終報告書にも、「子どもはそれぞれの家庭にとってだけでなく、社会全体、人類共通の宝であり、希望である」と述べられている。教育は、家庭や学校のみに任せるのではなく、社会全体が共同して手塩にかけ子どもを育ててきた。子どもは、その努力に呼応して育ち、育てたように育ってきている。

## 2　今に見る子どもの感情

子どもたちは、社会に適応し今に生きている。ところが問題は、その子どもたちが社会の変化に対応し、未来に向かって生き生きとたくましく生きているかということである。親の期待に応えるかのように生きてはいるが、夢や希望が語れない子どもが少なくない。自己中心的な言動が目立ち、「少年の問題」が世間を騒がせているのも事実である。

総務庁青少年対策本部の「青少年の暴力と非行に関する研究調査」（平成一二年〈二〇〇〇年〉一二月三日）によると、青少年期に見られる純粋な正義感というものは後退し、なるべく抵抗の少ない、人と衝突するのを避けていこうとする「ことなかれ」的生活態度が支配的になっていると考えられる。

一方、暴力に関する個体的要因との関わりで、共感性について見ると、「思いやり」を超えて一方的な自分なりの感情に左右されて衝動的な行動に出やすいことが考えられる。特に、自分にとって親しければ親しい人ほど相手に同情するあまり、「思いやり」を超えて極端な「思い入れ」になりやすい、と指摘されている。

このような感情や生活態度は、どの子どもにも見られる様々な行為となって現れている。

### 3　子どもの声

街頭に出て子どもたちに接する。以前は補導員の姿を見ると、遠ざかるように身をかくしていく子どもが多かった。なかには、「関係ない」と言って突っぱねる子どもがいた。しかし、最近では声をかければ話に応じる子どもが増えてきている。

「もううんざりした。母の世間体のために、いい子ぶりをしているなんてまっぴらごめんだ。僕はもう母のロボットじゃない」。

子どもを思う母の気持ちが強く、ぐちが多くなればなるほど、家庭での居場所をなくしている子どもの声である。

「僕の母親は、僕が小さい時、他の男をつくって父と離婚し、家を出ていったそうだ」、「その後、祖父母に育てられていたが、父が厳し過ぎ、僕の居場所がなくなっていった。どうしたらいいのか。誰か教えてくれ」。

悲壮な叫びである。この子はやがて非行を繰り返し、少年院にお世話になった。しばらくして手記をよこしてきた。

前略　お手紙ありがとうございました。この半年間は、自分のしてきた非行に対してや家族たちに対して、自分なりに反省したり、考えることができました。しかし、社会におった頃のプライドが捨てきれず、他人と口論になったり、この少年院にある規律を守れなかったことが三度ありました。この規律違反をして処分されていなければ、更正する気持ちは持てなかったと思います。

けど、今は違います。真面目さとまではいかないが、自分を変えようと努力するようになりました。

また、おじいちゃんやおばあさんに対しての思いやりの心を持てるようになりました。しかし、父に対する気持ちは逆に前より悪くなったように思えます。はっきり言って、父のことなんかどうでもよいと思っています。最後になりましたが、風邪などをひかないように、お体には十分気をつけて下さい。早々。　Y・T

祖父母への感謝の念と父への憎悪の念が如実に出ている。一方、規律違反で叱られ、処分されて目が覚め、更正・自立への道を歩みつつある姿が頼もしい。

さらに、「私は両親と同じように、自分の思った通り好き勝手に生きている」、「親なんかくそくらえだ」と思っている子どもや、「大人って勝手過ぎ、みんな無責任だ」と訴えている子どももいる。

大人はこうした子どもの声がよく聞こえ、温かい心で受け止めているのだろうか。何かのきっかけで非行への道をつっ走っているどの子どもも、「本当は悪いことをやりたくない」と、訴えていることを肝に銘じたい。

## 4　家庭は教育の原点

子どもにとって最初の教師は「親」であり、教育の原点は「家庭」である（教育改革国民会議の最終報告書）。子どもを不幸にしている一因に、両親の不和が挙げられる。夫婦の喧嘩や父母の離れ離れの生活などは、子どもに大きなショックを与えている。「僕の父さんはどこにいるの、私の母さんはどこへ行ったの？」「早く僕のところへ、私の家へ戻ってきて…」と、切実な訴えをしている子に出会うことがある。中には、「助けて！　お父さん」と絶叫したり、「お父さん、お母さん、私を叱って」とか、「僕を殴ってくれ」と、堕落していく自分の心に、父の存在や父母の厳しさを求めている子どももいる。

子どもの育成過程で、四人のうち三人の子どもは叱られたことがないと言う（文部省調査）。

父性の大きな存在と母性の在り方――それは子どもを持つ親の永遠のテーマである。

## 5　温かい家庭

子どもの世界で携帯電話によるメール送信が大流行している。そのせいか、コミュニケーション能力の不足が論じられている。思いが十分話しきれず、他人の気持ちがつかみきれないことも多々ある。用件は足せても心の通いが希薄化して一抹の寂しさを感じたり、時には意が通じ合わずトラブルことさえある。そんななかで子どもたちは、「親子の話し合いが欲しい」と、家庭のぬくもりのある団らんを求めている。そんな雰囲気のなかに浸りたいのか、街頭での話しかけに気軽に応じてきて、思いを次から次へと話す機会が多くなってきたと言える。

「温かい家庭が欲しい」と、アットホームを望み、「家庭ってなんだろう」と、問いかけてくる場合もある。「冷たい家庭はもう嫌だ」「本当の《愛》を感じてみたい」と、望む子どもたちである。

こうした子どもの声が聞こえていますか。大人はみんなかつては子どもであった。その時代を思い出し、子どもの視座で子どもとパートナーになって耳を傾け、誠実に語り合うことが肝要である。

つい先頃まで「お父さん」、「お母さん」と言っていた子どもたちであるが、発達に伴って親から離れて友だちの方に向かっていくようにもなる。そうして、「知らぬは親ばかり」となっていく。とりわけ、大人と子どもの間をさまよう思春期になると、進路と第二次性徴で悩みも多くなる。その心のうちを理解してやらなければならない。

変化の激しい時代の中で、「家族とは何か」を問い直し、人間らしさを最優先する地域社会の創造が重要であるとして、滋賀県では二〇〇一年から毎月第三日曜日の「家庭の日」を「家族ふれあいサンデー」として、子どもと子ども、子どもと大人、家族と家族が共に触れ合う取り組みを積極的に進め、ぬくもりや絆の素晴らしさを感じ合える開かれた地域づくりを目指している。

誠実にまさる知恵はない。毎日が「家族のふれあいデー」として、家族ぐるみの誠実な付き合いが特に求められている。

## 2　人による人への働きかけ

### 1　教育の危機感

いじめ、不登校、校内暴力、学校の崩れ、凶悪な少年犯罪の続発等の現状は深刻である。教育改革国民会議最終報告書の指摘は、次のように手厳しい。

> 日本人は、長期の平和と物質的豊かさを享受することができ、時代の要請に応えるそれなりの成果を上げてきた。しかし、その一方では、豊かな時代における教育の在り方が問われている。子どもはひ弱で欲望を押さえきれず、子どもを育てるべき大人自身がしっかりと地に足をつけ人生を見ることなく、利己的価値観や単純な正義感に陥り、時には虚構と現実を区別できなくなっている。また、自分自身で考え創造する力、自ら率先する自発性と勇気、苦しみに耐える力、他人への思いやり、必要に応じて自制心を発揮する意志を失っている。人間社会に希望を持ちつつ、社会や人間に良い面と悪い面が同居するという事実を踏まえて、それぞれが状況を判断し適切に行動するというバランス感覚も失っている。

大きく変化する社会の中で教育が厳しく問われ、親や地域とともにある学校が問われているのである。

## 2　人間の学校

教育は、人が人を理解することから出発した人による人への働きかけである。

子どもは、師の人生体験と学問的体験から生まれてくる人間的力の総和、即ち「体験知」にひかれて体当たりで師に迫ってくる。師は無上の「敬」と「愛」を注いで働きかける。

卒業を前にした子どもは、母校を語っている。

わが母校　城東小学校。

私が入学して、ここで学んだことは数知れない。勉強はもちろんのこと、友だちのこと、仲間つくりのこと。一人ひとりがつながって集団で行動すること。みんな一つになって助け合い、励まし合って行動することを。

私は、もうすぐ中学生。私たちをここまで育ててくれた学校にもそう長くはいない。そう考えるとなんだかさみしくなる。

今、私たちは「自じょ伝」を書いている。一つ一つ思いおこしながら書いている。『ああ、あんなことがあったなあ。こんなことがあったなあ』と思い、自分の変化に驚いている。そして、学校の変化にも…。忘れていけないものがある。それは、先ぱいたちが残していった思い出だ。先ぱいたちが築き上げていった伝統だ。この学校の歴史と校風を忘れてはいけないのだ…。

本のにおい。昔のなつかしいにおい。伝統のにおいが学校中に流れている。

わが母校城東小学校。

S・Y

「教育は慈悲である」と、プランド・ワインは言っている。子ども同士が楽しく学ぶ中で、慈悲と能力（適才）を伸ばし、目的にかなった正しい行動をとり、寛大な心を養い、自己実現を図ろうとする人間性・社会性の育成に重点を置いた学校が、今、求められているのである。

### 3　指導の深化

少年の問題行動が続発し、学校は揺れている。呼応して生徒指導上の課題が大きく取沙汰されている。教育関係者や地域社会の人たちと知恵を出し合い、積極的な指導の手が加えられている。

指導に当たっては、毅然として子どもの指導を強化していこうという立場と、もっと深く子どもの立場や心情を理解して指導の深化を図ろうとする対応とがある。前者は、深く子どもと接している上での指導であって、信頼関係なくして効果は上がらない。指導に毅然たる態度で臨むことは大事であるが、強化が過ぎると、「取締り」や「不正」を連想させることもある。中学校や高等学校で起こる様々な行為の芽は、小学校時代から芽生えている場合も少なくない。いろんな事象は、徐々に育ったあげくの出来事であり、育つ過程に関わる問題である。子どもの将来を気遣い、行く末を見定め、責任をもって指導を重ねるとともに、多くの人の手による指導の深化こそ肝要である。

## 4　生き方を問う

豊かな時代に、甘えの中にひたり育った子どものうちで様々な環境や条件の影響を受けて、問題の行為に走る子どももいる。子どもに深い関わりを持つ学校、家庭、団体、警察、その他諸機関の懸命の努力にもかかわらず、なかなか歯止めがきかない。

なかでも、少年の殺人行為、恐喝行為、暴力行為などは、極めて錯雑な経過と素因を内包し、あるものはあまりにも単純過ぎて、解明の端緒すら把握できず、少年の問題は至難な課題となっている。

一般的には、個々の子どもが成長する過程において物質至上の考えがはびこり、家庭における人間関係、急激な社会の変化がもたらしている世代間の価値観のずれによる相互不信、競争社会における同世代間の孤立化や交遊化、親の期待過剰からくる将来の先取り現象、情報化社会における感受度や対応の差異などの微妙なからまりによって、個々人特有の形をつくり出している。

生活の乱れもあって、子どもの生き方に係る基礎・基本やルールが十分に生活体験を通して身につかず、意識や知識、欲望が先行して年齢と共に拡大し、「いきなり型」の行為に走っているのではないだろうか。問題は、個々の子どもの中に、意識・無意識を問わず、もろもろの外界を自分の内にどう引き入れて体質化し、生命を尊重し、他人を思いやり、個人を超えたものに対する畏敬の念をもち、自分を律していくかにかかっている。

## 5　体験の深まり、ひろがり

自然は子どもの「故郷《ふるさと》」である。

「自然を見よ。そして自然が教える道をたどっていけ。自然は絶えず子どもを鍛える」と言ったのは、ルソーである。

今、自然に子どもを還らせる努力がはらわれているにもかかわらず、子どもの暮らしからだんだん遠ざかっている。ましてや、自然の中での遊びもそうである。

いつの時代の遊びも子どもの成長、発達に及ぼす影響の重要さは変わらない。遊びは、子どもの生活に欠かせない。「人間にとって最初にして最後なるものは活動である」と、ゲーテが述べているように、活動は人間にとって基本的なものの一つであり、子どもにとっての活動は遊びである。

ところが、子どもを取り巻く大人の暮らしが変わってきた。日本女子大学教授の小川博久氏は、「大人は子どもの遊びを理解し、子どもと共に遊びを共有する生き方、感じ方とはかけ離れた暮らしをしつつある。それへの反省なしに子どもの遊びは大切だという主張は、むなしいスローガンに終わる可能性が大きい」と、大人の猛省を促しておられる。

シラーも「人間は、遊ぶときにのみ全きひとである」と言ったように、子どもの生活とはすなわち遊びであり、それは没目的的であって、全我的活動に没頭している。その遊びが発展して、目的的活動となるとき、その全我的活動は労作となっていく。ところが今日、ふところ手をしていても欲しいものが出来上がったものとして与えられるので、汗して努力する必要性を感じない子どもが多い。反面、「足るを知る」子どもは少ない。本来、自ら苦労して作り上げ、実感する喜びのなかで生きる充実感がもたらされ、物を大切にする気持ちも沸き起こり、生への畏敬の念も体得されるのである。最近、学校において労作体験を重視し、時間をかけて職場で共に働いたり、保育実習をしたりする職場での体験学習が進められている。また、地域の先達が学校へ出向き、

本気ですれば　大抵のことができる
本気ですれば　何でもおもしろい

本気でしていると　誰かが助けてくれると、語りかける場もある。

その人の尊さは、体験の積み重ね、深まり、広がりを持つことによって決定される。体験の累積は、結局、「人間通《つう》」になるということである。偏った考えを持ったり、間違った行為に走る人間は、体験の累積が足りないと言える。そのために、子どもの時代から様々な人生体験を累積していかなければならないのである。

## 3　警察と学校との協力

### 1　罪意識の希薄

多くの青少年育成関係者から、「子どもが変わってきた」、「子どものことが理解できない」、「子どもとどうつき合っていけばよいか分からない」という言葉を聞く。

確かに日常生活の中で些細なことでむかついたり、キレると言った思春期の子どもが増えている。また、ルールを守る規範意識の希薄化や自分の欲求を押さえられない耐性の弱さ、自分のことを好きになれない自尊感情の低さ、さらには、ゲーム感覚での万引き、金品に困った末の恐喝、何の関わりもない人の殺害など、罪の意識の希薄が指摘されている。

江戸時代の「裁き」の逸話に次の話がある。

徳川光圀公（水戸黄門）の領内に住む乱暴な無法者が親を殺した。親殺しは大罪だが、捕まっても無法者には罪の意識が全くない。奉行に、「てめえの親を殺すのはおらの勝手だ」と、くってかかってくる。奉行から、「死罪が適当である」と進言された光圀公は、しばらく考えた後、「その仕置き、しばらく待て」と。

そして儒者を呼び、「かの者に、牢獄の中で学問を教えよ」と、命じた。

無法者は、次第に学問に興味を示し、二年後には儒学者の門弟と差がないほどに思考が変わっていった。三年後には、人間までが変わっていった。

ある日、その無法者は奉行に申し出た。「おかげさまで、おれの罪の重さを知りました。何とぞお仕置きを」と。光圀公はそれを許した。後に、無法者は刑を受けた。

光圀公が自分の罪を自分で悟らせようとした話である。

規範意識や罪意識の希薄から直ぐ非行に走る子どもがいる。その結果、どんな大罪が待っているかは知る余地もない。一人前の社会人として出発する門出の式で、大声でしゃべり、歩き回り、携帯電話をかける。クラッカーを投げつけ、威力業務妨害容疑で警察に告発告訴した市さえある。大人には信じられないこれらの行動が、ついには逮捕者まで出す事態に至った。騒ぎの代償は重いのである。

子どもたちは非行や罪を犯す以前にサインを送っている。まず家庭や学校でそのサインを見落とすことなく敏感に受け止め、その上で警察等関係機関と連携をとって、その子に適する対応や先の逸話の中の儒学者のように、道理や倫理を教えていくべきである。ソクラテスは「悪法も法なり」と法を認め、法に従った。自他の人権や生命の尊厳を自覚し、道徳性や社会性を身に付けてルールを遵守する子どもを育成することが急務である。

## 2　学校と家庭と警察と

少年非行の多くは万引きや乗り物盗である。これらは「初発型非行」と呼ばれ、少年非行の入り口とされている。遊び心で簡単にできるせいか、子どもたちに「犯罪」であるという自覚が薄い。

万引きが店で見つかったり警察に補導された場合は、親の許に連絡が入る。その時、親は直ちに子どもを引き取りに行き、「わが子が大変申しわけのないことをした」と言って、心から謝ることが大切である。また、盗んだ店へ親子で詫びに行くことである。

中には、「他の子もしているのに、なぜ家の子だけ叱るのか」とか、「お金を払えばよいでしょう」などと開き直って、わが子をかばう親もいる。子どもの前でのこうした親の言動は、「わが親はこんな親か」と、子どもはかえって親を軽蔑してしまう。子どもを思う親のこうした擁護は禁物である。そうして、初発型非行に際しての親のこうした甘い対応が、再犯を重ねさせることともなりがちである。さらに、弁償する場合にしても、たとえ一部だけでも子どもの小遣いから出させるなど、自分がやったことに対して責任を取らせるという厳しい方法を考えることである。

親が子を見ている以上に子は親を見つめ、親の背中を見て子どもは育つ。親は罪に対する謝罪の念と深いつぐないを態度で示し、「絶対に二度としない」という意識を子どもに植えつけなければならない。その上、学校にも連絡し、「なぜ盗んだのか」を話し合ったり、「盗み以外に問題はないか」を聞き出したりして、学校からの指導を受けることも忘れてはならない。

また、他人の自転車やバイクに乗っていることが分かれば、警察に届け出て、子どもを諭してもらうとともに、車の持ち主を確認して必ず返却することである。

刑法第二三五条には、「他人の財物を窃取した者は、窃盗の罪として十年以下の懲役に処する」とある。初発型非行と言うけれども、実は「窃盗」と言う犯罪であり、一〇年以下の懲役で重罪に当たるという認識を、家庭も学校もしっかりもち、非行を絶対にさせないという厳しい姿勢で臨み、諭したい。特に、こうして子どもを曖昧にしないで道徳を教え、個々の子どもに適した指導に当たるべきである。

一方、警察においては、非行行為を踏まえ、子ども自身が自分を律し、あきらめないで正しく生きる補導と、その後の見守りは欠かせない。

これまで学校はとかく秘密主義に立ち、すべてを学校内で処理しようとする傾向がなかっただろうか。そのために対応を遅らせ、大事に至らせたことがないとは言えない。学校は警察が把握している子どもたちの校外生活の状況について知らなければならないし、また、凶器を持って教師に襲いかかる生徒さえ出現している今日的状況の中で、学校だけでは解決することが至難な事件が校内で多く起こっている。学校と警察とはもっと連絡を密にし、情報を交換し合いながら、少年非行を早期に発見し即刻に対応することが大切である。

ともあれ、学校は学校だけですべてを抱え込むことなく、常日頃から情報を親や地域にも公開し、警察等関係機関との連携を密にしながら、日常的な意見に素早く応えて信頼感を深めていくなかで、「地域で育ち」、「地域を育てる」という、新しい学校づくりに共々の努力を払うことが肝要である。

### 3　学校と警察との連携強化――「学校問題行動対策会議」〈SPAC〉の提唱

最近の子どもの問題行動の情勢を見ると、いじめや暴力行為の増加が著しく、しかもそれが凶悪化し、さらに特定の子どもが暴力行為等を繰り返している状況が見られる。こうした状況に対応するためには、学校や警察等関係機関、家庭、地域がそれぞれの立場でその役割を果たしていくとともに、これらが一体となった取り組みを進めていくことが求められている。この意味から、滋賀県教育委員会と滋賀県警察本部が協議し、学校と警察等との連携を一層強め、迅速かつ適正な対応が必要であるとして、『学校問題行動対策会議』（ＳＰＡＣ）（School Problem Action Committee）を提唱し、二〇〇〇年九月一日に、市町村教育委員会及び各警察署宛に通達された。その中で、次のように謳われている。

学校においては、地域や保護者の理解が得られるように日頃から啓発を行い、保護者や地域の方々、さらには警察や少年センターなどの関係機関と密接な連携を図り、問題行動が起こったときは、学校だけで抱え込まず必要に応じて地域・保護者・警察等関係機関を含めた「学校問題行動対策会議」（ＳＰＡＣ）を校長が主宰し対応策を講じる。
その時、問題を繰り返し起こしている個々の子どもについて、情報を積極的に交換し、共同して取り組むべき具体的措置について協議を行い、これを計画的に実施していくものである。

また、警察にあっては、次のように言われている。

学校から出席要請があった場合は、当該会議（ＳＰＡＣ）に出席し、問題の子どもに対する対処方法等について積極的な意見を述べるとともに、関係機関と協力して問題解決に向けた迅速かつ最善の対策を講じていく。

一方、平成一一年四月に、深刻化する少年非行及び増加傾向にある犯罪に加え、被害少年への対策を推進するために「少年サポートセンター」が設置された。当センターでは、非行や不良行為を繰り返す少年や犯罪その他少年の健全育成を阻害する行為により被害を受け、心に傷を負った少年及びその保護者に対しても継続補導、継続支援を行っている。システム的には、各警察署で不良行為を繰り返す少年や被害を受けた少年を発見・補導し、または保護者等から少年の非行問題に関する援助の依頼を受け、専門的かつ継続的な対応が必要と認められる少年を対象とし、学校、児童相談センター、少年警察ボランティア等関係機関との連携を密にして、少年等の立ち直りに向け日々努力している。

「沈黙は共犯なり」という厳しい金言がある。沈黙をし傍観していては、子どもは育たないし、良くもならない。子どもと共に歩む共同歩調の取り組みへの努力が望まれる。

### 4　警察と学校との協働

子どもの健やかな育成に欠かせないのは、大人の意識の変容とみんな(子どもも大人も)の取り組みである。

高校生が乗った二人乗りの自転車数台が町の中を走り回り、道路を横切ろうとしたお年寄りに当たり、倒してしまった。その上、「バカヤロー!」などと大声で罵倒し、体を蹴って走り去った。その痛ましい場面を目撃した街の人は、あまりにもむごい仕打ちに嘆き悲しんでいた。

たまたまそこを通りかかった元小学校長のＦさんは、その事情を聞き、「これは絶対に許せない行為である」と考え、急ぎ該当の高等学校に出向かれた。

Ｆさんから生徒の状況をつぶさに聞いた校長と教頭は、自転車に二人乗りで走り回っている無謀ぶりとお年寄りに対する人道上許されない行為に怒りを覚え、「事の重大さ」を全校生徒に訴え、学校挙げての徹底した指導を続けられた。

生徒たちも、無謀な行為に走った生徒のみならず生徒全体の問題として立ち上がり、自ら随所に立って交通指導に当たった。

さらに、Ｆさんは、学校と警察との連携の必要性と協力を求めることの大切さをも説かれた。そして学校からの懇願もあって、早速警察に出向き、その事情を話された。

警察では、「先生、可能な範囲でご指導をよろしくお願いします。ひどいばあいの対応は警察で検討しますから」とのことであった。しかしF先生は、「あるまじき行為。絶対に許してはならない」と、皆が力強く立ち上がる必要性を話された。

警察も街頭での徹底した交通指導に乗り出した。

三年の歳月が経過した。こうした学校、生徒、警察、地域を挙げての努力が実り、かつての様相はすっかり姿を消し、平穏で安心して暮らせる町に戻ってきた。

Ｆさんは、「生徒たちは、元気な声で挨拶を交わすようになり、今までにも増して町に明るい表情が見られるようになってきたのが何よりもうれしい」と語っておられる。

近時、子どもたちの意識や行為を理解することは生易しいことではない。しかし、問題に至った心の軌跡をたどる努力は欠かせない。学校は子どもに任せきりにすることなく、家庭や地域、警察等関係機関が協力し、協働で原因の追求と解決に当たらなければならない。その中から、「自らの行為には責任を持つ」ことへの自覚や「自己抑制力」を身に付けさせる指導と、日常のしつけ教育に皆が立ち上がる時である。

## 5　今こそ出発点

二一世紀を迎え、気持ちを新たにして第一歩を踏み出した子どももいれば、自らの進路に迷ったり、夢や希望が持てずに苦しんでいる子どももいるだろう。また、自分が何のために学び、何のために生きているかということに悩んでいる子どももあるだろう。でも、

「あきらめたらあかん！」

その時が「出発点」である。今を強くたくましく生きるのだ。生きぬくのだ。

「困難の中に喜びを見つめて！」

と子どもたちに呼びかけ、激励されている方がおられる。

それは、弁護士の大平光代さんである。

大平光代さんは、転校した中学校でいじめにあい、それを苦にして自殺を図られた。一命をとりもどされたが、その後非行を繰り返し、暴走族とつき合い、極道の妻となられた。ある日、養父となる人に会い、度重なる励ましを受けて立ち直り、猛勉強。中学卒の学歴を乗り越えて、〝宅建〟、〝司法書士〟、と次々に合格。一九九四年、二九歳でついに「司法試験」に合格し、現在、非行少年の更正に努める「弁護士」をされている。大阪府青少年問題協議会特別委員もされ、東奔西走の日々だと承る。

その大平さんが、半生記『だから、あなたも生きぬいて』（講談社刊）の中で、次のように語っておられる。

もし、あなたが今すぐにでも死んでしまいたいと思っていても、絶対に自殺はしないでほしい。死んでも地獄、運よく助かっても立ち直るまでは地獄。あなたの今現在の苦しみや悲しみは永遠のものではなく、いつかきっと解決する。どうか前向きに生きていってほしい。

もし、あなたが今すぐにでも道を踏み外してしまいそうなら、思いとどまってほしい。家庭や学校や世間に対する怒りや不満を、道を外すことで解決しようとしても、それは全部自分に跳ね返ってくる。自分がしたことの何倍にもなって。どうか周りの人の言うことを素直に聞いて、自分の人生も他人の人生も大切にしてほしい。

もし、あなたが道を踏み外してしまっているというなら、今からでも遅くはない。もう一度人生をやり直してほしい。この先も、いくたの苦難があるかもしれないが、あなたはそれに耐えられるだけの力を備えているはず。あなたはこれまで随分と辛い目にあってきたのだから。一つ一つ困難を乗り越えて、そしてその手に幸せをつかんでほしい。

過去に向き合う強さをもって生きぬいておられる大平光代さんからの大きな大きなメッセージである。

大平さんが「もう一度人生をやり直そう」と決心されたとき、京都大仏院の尾関宗園師が次のような言葉を贈られている。

**今こそ出発点**

人生とは毎日が訓練である
わたくし自身の訓練の場である
失敗もできる訓練の場である
生きているを喜ぶ訓練の場である

京都大仏院　尾関　宗園

今この幸せを喜ぶこともなく
いつどこで幸せになれるか
この喜びをもとに全力で進めよう

わたくし自身の将来は
今この瞬間ここにある
今ここで頑張らずにいつ頑張る

手渡されたこの言葉を、大平さんは時には手に取って何度も何度も読み返し、手垢でぼろぼろになったそれを、今でも大切にされていて、経営されている会社の応接室にかけられている。大平さんの著書『だから、あなたも生きぬいて』は、人びとに大きな感銘を与え、大いなる希望を抱かせている書物。ベストセラーになって、多くの子どもたちが読んでいる。私も。

二一世紀は「若ものの世紀」にしたいと願っている。やり直しもきく。今からでも遅くない。子どもたちよ、今を出発点にして、心豊かにたくましく生きぬいてほしい。そのための支援をみんなで力いっぱい続けたい。

（彦根市少年センター所長）

# 付　軽音楽と総合的学習

村田　良

## はじめに

この小論は、昨春大阪教育大学主催・総合学習研究集会二〇〇〇「総合学習と市民性の教育――あたらしいコラボレーションへ」で発表したものである。この時に私が主張したかったのは、自分の高校時代と全く変わらない今日のカリキュラム及び学校の体制である。具体的に言えば、学校は相変わらずいわゆるロックバンドをやる生徒を不良扱いにし、追い出しているという現実である。これには私自身も苦い経験があり、実は私の周りで一緒にボランティアで教えてくれている講師陣も全く同様な経験をしている。つまり、学校教育の中ではそのような能力を伸ばしてくれる先生は誰一人いなかったし、結果的には活動を学校の外へ求めなければならなかったのである。もちろん、もっと勉強したくても日本には教育機関がない。だからこのような生徒は、才能があっても取り巻く環境が全く整えられていないことになる。皮肉にも英米では軽音楽を扱う機関は大学に存在するし、中等教育においても「ドラマ」や「ダンス」というカリキュラムがあるぐらい、公教育の中では大きな位置を占めている。しかし、日本には個性という言葉はよく聞くが、軽音楽に関するカリキュラムは全く存在しないのである。

また、クラブ活動は集団生活を学ぶ上で重要だとよく言われる。しかし、現在、高校ではクラブ離れがものすごく進んでいる。時代が変化しているにもかかわらず、学校のクラブ活動は昔のままで全く変わっていないし、また、指導上の問題から、新しいものは排斥されがちである。したがって、生徒にとって興味のあるクラブが、学校に実際少ない。かといって、学校の外で社会教育的に集団生活を指導する体制もできていない。それでいて生徒は、六時限目が終了したら一目散に校外に出てしまっている。

このような現状を踏まえ、私が一二年間実験的に行った滋賀県立大津高等学校軽音楽同好会のクラブ活動を紹介したい。思春期に学校時代から私と同じような苦い経験をしたミュージシャンや音響・舞台関係者が講師となり、生徒に本音で訴えながら教育したものであり、ある意味では日本のどこの高校でもやったことのない実験的な取り組みと言える。生徒も本気で何かつかもうとこのクラブ活動にのぞみ、「学ぶ」ということの大切さを会得してくれていると思う。五〇人以上のクラブ員がいるが、ここは学級崩壊とは全く無縁の本当にやりがいのある授業ができる場なのである。

このような取り組みは軽音楽関係者にはかなり注目され、取材も多かった。しかし、教育関係者には全く注目されず、今度の研究会での発表で大阪教育大学の枡形公也教授がこの一二年間の取り組みを総合的な学習として注目し、評価してくださったのが最初で最後と言える。実際、これが今日の教育の現状なのではなかろうか。このような現状をご理解の上でお読み頂ければ幸甚である。

## 1　「軽音楽」というカリキュラムは日本には存在しない

二〇世紀のミュージック・シーンは、ブラック・ミュージック(黒人音楽)をルーツに持つジャズ・ロックの世紀と考えられないだろうか。特に二〇世紀後半のロック音楽は、ポップ・キャピタリズムとも呼ばれ、マスメディアの急激な発展とともに資本主義社会から全世界へ普及していった。もちろん、日本もその音楽スタイルに多大な影響を受け、歌詞を日本語に置き換えながら、和製のサウンドを創っていった。しかし、このロック音楽は、普及の過程において「人種差別を被った黒人音楽をルーツに持つ」、「若者中心に普及させたサブカルチャーであったこと」、「ミュージシャンの退廃的な逸脱行為」等の理由によって、社会から批判されながら普及した大衆文化でもある。だから、これだけ身近な存在になったとはいえ、反社会的なマイナス・イメージが先行し、いまだに公教育から除外されたままである。

しかしながら、このロック音楽は、簡単に自己のメッセージをストレートに音楽を通して発信できると同時に、様々な文化を吸収できる媒体として作用し、全世界へ広がっていった。発生当時からワールド・ワイドという感覚を最も持った音楽であったと言える。また、最初は若者のみのサブカルチャーと解釈されてきたが、半世紀を経て、世代を超えて愛され、アートとして解釈されるようになり、歴としたカルチャーとして扱われているというのが全世界の流れである。

現在、「国際化」という言葉が教育現場でよく聞かれる。「文化の吸収」という意味での実践はかなり進んでいるが、「新たな発信」という意味ではまだまだ進んでいないのが現状と言える。しかし、音楽の世界において「西洋の音楽（文化）を吸収し、アジアで表現（発信）」で実践的に一番進んでいるのはロック音楽と言える。

また、何よりも創造的な才能を音楽を通して自由に発揮できるのが、このロック音楽の大きな特徴である。「クリエイティブ」という言葉はよく使われるが、実際には、初等教育では様々な創作活動の場が保障されていても、中等教育の場ではその活動が発展させられていない。しかし、中高生はロック音楽に対しては人一倍関心をもっているのである。

このようなことを考え、今こそ教育活動にクラシック音楽の対局と見なされているロックやジャズという「軽音楽」を導入すべきではないか、と提言したい。とは言っても、現在「軽音楽」というカリキュラムは日本には存在していない。したがって、滋賀県立大津高等学校軽音楽同好会を今春巣立っていった一九九七年入学生の三年間の取り組みを紹介するしかない。

実際、どのようなことができるのか。三年間で教えた内容を既存のカリキュラムに置き換えると、以下のようなことになるのではないだろうか。

①もし音楽の授業で黒人音楽という観点からジャズやロックを系統的に教えられたら
②もし国語の授業で歌詞を教えられたら
③もし体育の授業でパフォーマンスという観点からダンスを教えられたら
④もし情報の授業でDTMを教えられたら（新カリでは実現）
⑤もし政治経済で音楽イベントを教えられたら
⑥もし倫理社会でミュージシャンを教えられたら
⑦もし美術の授業でファッションを教えられたら
⑧もし物理の授業で音響学を教えられたら
⑨もし数学の授業でアルゴリズムの例をシンセサイザーを使って教えられたら

以上のような内容は、私だけでなく、ミュージシャン、音響制作者、舞台制作者、音楽専門学校校長、楽器販売店長等、様々な人がこのクラブで特別講師となって教えたものである。もちろん、このようなカリキュラムなど現在日本には存在しない。しかしながら、今回の新カリキュラムでは一つの可能性を秘めたチャンスが与えられた。つまり、「総合的な学習の時間」である。もし上記の内容をトータルに教えられたら、生徒の主体的・創造的な活動を最大限に保障した問題解決型の「総合的学習」が実現するのではなかろうかと信じている。このような視点から今回紹介するのは、私だけでなく、クラブのメンバー、特別講師たちが取り組んだ内容の一部である。しかし、すべて実験的であるが、皆の夢がかかった新たな取り組みであると言わなければならない。

## 2　入部テストにおける「柔らかなタテ関係」

毎年四月になると、多くの新入生が大津高校軽音の門を叩く。実際、このクラブに入るために大津高校を受験する生徒も少なくない。そして、その最初の登竜門が入部テストである。初心者・経験者にかかわらず、全員が自己の希望パートを選び、任意のバンドを組んでベン・E・キングの名曲である“Stand By Me”を演奏するのである。判定するのは、顧問と三年生、教えるのは二年生である。このテストの意義は、一年生の「やる気」を見るのが本来の意図であるが、実際、二年生が「教える」という行為を通して一年生と互いに成長し合うことに、もう一つの大きな意義がある。

二年生は、自分が教える生徒を入部テストで合格させるのが使命であり、自分が教える一年生が不合格になった場合は、自分の教え方が悪いと三年生に指摘されるため、必死になって教えるのである。練習は午前七時三〇分から始まる一時間の朝練のみであるが、放課後時間を作って教え込むという熱血指導が常となっている。自分の一年前を振り返りながら、一年生の「やる気」に再奮起する二年生も多く、上手な後輩を育てることで自分を磨くということを自然に学んでいると言える。つまり、「教える」ということが最短の上達法なのである。

一方、このように頑張ってくれるチューターとしての二年生に対する一年生の課題は、「個人練習という与えられた宿題をきちんと次回までに仕上げておくこと」、「先輩と練習を通してコミュニケーションをとれること」、そして「遅刻しないこと」の三点に絞られる。そして一年生は柔らかな先輩・後輩という「タテ関係」を学ぶのである。なぜかロックとは相容れない「礼儀」を、“Stand By Me”を「教える」「学ぶ」という行為から学習することになる。もちろん一年生にとって好きなことを「学びたい」という意志が働くので、「礼儀」がごく「自然な行為」となると言える。もちろん、教室では、強面かつ目茶苦茶生意気な感じに見られている生徒いも全く変わらない。

また、「教える」「学ぶ」という行為は、コミュニケーションを密にとることで、初心者でもすぐに上達する。分からない箇所に対する「Q＆A」、質問する方も、答える方も、良きコミュニケーションを図らなければ、先に進まない。そこで、お互いに「良い先輩、良い後輩」の関係を形成することが、最も先に進めさす方法であると気がつくのである。たとえロックが不良の音楽であるとしても、「教える」「学ぶ」という関係は、このように互いに高め合うきっかけとなる。しかしながら現在、学校の勉強において、このような関係が自然と形成できないのは、悲しい限りである。

第一回目の入部テストは、このような過程を経て五月の終わりに実施される。しかし、全員が合格する訳ではない。三年生が一丸となって、厳しい判断を下すからである。これが三年生が後輩に対して「力を魅せつける」時もである。二年生に「何をしてるんだい」、「まだまだ甘い」と最上級生の判断を提示する。それによって、「柔らかなタテ関係」が「強固な関係」へと変化する。当たり前だが、三年生がしっかりしていなければ、厳しい判断などができないのである。

この結果を受けて、学校のテストのように再テストを実施する。そこでやる気のない生徒は、クラブを後にする。しかしながらここ数年、退部する生徒は少ない。何があってもこのクラブに入りたい。むしろこのクラブに入るために大津高校に来たのであるから、意地でも辞めないというのが、一年生の偽りのない気持ちのようである。生徒の質が変わったとよく言われるが、興味関心のあることに対しては全く変わっていない。むしろ興味関心のあることを提示していない教師の側に責任がありはしないだろうか。

## 3　文化祭という名の研究室

七月中旬の一年生の再々テストが終わる頃には、文化祭の企画バンドが浮上している頃である。本来、すでに誕生から半世紀が経とうとする「ロック音楽」を「文化」として捉え、きちんと発表しようとするのが大津高校軽音の「文化祭」である。今流行りの音楽で盛り上がるということよりも、少しマニアックに「ロック温故知新」という感じで、偉大なロック・ミュージシャンを一夏通して研究するのである。この三年間で取り組んだミュージシャンは、以下の通りである。

ビートルズ、ローリング・ストーンズ、レッド・ツェッペリン、ディープ・パープル、イエス、エリック・クラプトン、ジェフ・ベック、クィーン、T・レックス、スティング、ジャニス・ジョップリン、ジミ・ヘンドリックス、クリーム、イーグルス、ドゥービー・ブラザース、ボンジョビ、ヴァン・ヘイレン、カーペンターズ、シュープリームス、チャック・ベリー、サム・クック、マービィン・ゲイ、オーティス・レディング、B．B．キング、アレサ・フランクリン、ランディー・クロフォード、ホイットニー・ヒューストン、ジェイムス・ブラウン、アース・ウィンド&ファイヤー、ダニー・ハザウェー、スティービー・ワンダー、ボブ・マーレーなど。

これら全員が四月に配布する「これぐらい聞こうぜ！　名盤・名演リスト」と題する軽音通信に出てくる顧問お勧めミュージシャンたちであり、今日のロックを創った偉大なアーティストたちである。三年間で選り好みせず、いわゆる名演を聞いて、もし興味を持ったなら先輩・後輩関係なく、夏休み前に好きなメンバーで企画バンドを結成し、夏休みをかけて偉大なミュージシャンの感情移入や表現を真剣に研究することになる。もちろん、名曲におけるミュージシャンの表現やメッセージは、社会・時代背景を知って初めて表現できるものであり、難しい楽曲も多いが、合宿時のライブ合評会を通して、顧問や特別講師であるミュージシャンが一バンドずつ辛口な批評を下しながら説明することでより理解を深めていくことができる。実際、これらをコピーすることで今日流行している音楽のルーツが見えるので、生徒にとって好評であり、この企画が永続している所以といえる。

## 4　ライブの意義

大津高校軽音では、一九九四年四月から「月一ライブ」と称して、毎月ライブを学校で実施している。ライブは確実に「プレゼンテーションの場」である。皆の前で自分たちの好きな楽曲、好きなミュージシャン、編曲した楽曲、創作した楽曲等を自分たちの価値判断をもとに自信をもって発表するのである。少しでも自信なさげに発表したら、観客はすぐに見抜いてしまう一方、少しでも変わったことを行ったら、一瞬にして注目を浴びる。聞く人はすべて音楽好きのリスナーであるから、ある意味で中途半端は認められない高テンションの場でもある。また、必ず顧問は、後で鬼ライブハウスのオーナーの如く批評するし、ゲストはプロのミュージシャンが後ろに控えているので、自ずとテンションは上がる。もちろん全員が唸るような演奏を行ったら、その日は大成功である。特に後輩のバンドが先輩のバンドを喰ってしまった場合は、尚更である。実力本位のプレゼンテーションは、確実に「切磋琢磨」をもたらすのである。ところで全員が見て「良いバンド」とは、どんなバンドなのだろうか。答えは四つ。

①「礼に始まり礼に終わる」＝静寂（セッティング）から礼（ドラムカウント）で音が始まり、エンディング（礼）のラスト音で静寂に戻る。

②「バンドの音のバランスが良い」＝全員の音を全員が聞けて演奏できる。
③「曲のダイナミクスが理解できている」＝全員が曲をしっかりと理解して、バンドで表現できる。
④「グルーヴが出せる」＝バンド内の心地よいリズムのうねりを観客に心地よく伝えられる。

バンドをやっている人間は、いかにも個性の強い自己中心的な性格と捉えられがちである。しかし、客観的な視点を持たなければ、バンド全体が理解できない。すなわち、観客の立場を考えながら、バンド全体はどんな音に仕上がっているのかを絶えず考えなければならないのである。ある意味で、プロデューサー的な視点が要求されることになる。

しかしながら、良いバンドと認められる中で大きなキーを握るのは、やはりバンドのフロントであるヴォーカリストとギタリストである。バンドの意図（メッセージ）を観客にきちんと伝えるのはフロントの使命であり、特に「バンドの顔」であるヴォーカリストの力が大きく左右する。ヴォーカリストは歌詞を身体で表現するパフォーマーなのであり、自己をさらけ出したり、演技したりしながら、観客を惹きつけなければならない。また、曲間をつなぐＭＣを担当するのもヴォーカリストの使命であり、ライブの場を読みながら、臨機応変に対応する能力が要求される。それは全くプレゼンテーションと同じである。そのすべてを、この「月一ライブ」という現場で学ぶのである。

もう一つ「月一ライブ」の効果がある。それは「準備」と「後片付け」である。とかく華々しいライブばかりが目立ち、裏方を全く知らない生徒は多い。ピアノの発表会やブラスバンドでも、リハーサルはよく知られていても、会場準備はあまり知られていないのではなかろうか。特に音響機器や照明機器を多用する軽音楽の世界では、大きいホールになればなるほど機材が増え、裏方に携わってくれるスタッフが増えるのである。だから、ライブは会場準備から始まっているとよく言われる。全員が機材を早く運搬し、セッティングし、サウンド・チェックを行い、リハーサルに至る。この過程を経なければ、ライブは出来ない。そして、この準備の過程の中でよく働き、全体を見渡しながら行動ができる人間が要求される。すなわち、絶えず臨機応変に対応できる現場監督である。それが大津高校軽音部長の役割となる。部長の下で首尾よく動ける部員を形成しなければ、良いライブをやる資格などないと言っても過言でない。

音響機器で自分の音を増幅させるのが、ロック音楽の宿命である。だから自分の出す音は、すべて機械に頼っていることになる。そこでライブの本番で機械が壊れたらどうなるか。一瞬にして自分のライブまでの努力は無になってしまう。そうならないためには、自分が機材を管理しなければならない。いい加減な扱いを少しでも行っていたら、本番でしっぺ返しが必ずやってくる。すべてが自分の管理能力の責任である。だから「準備」と「後片付け」という一連の行為は、自分を磨くためにあると言える。したがって、毎年実施する恒例の真冬の大掃除は「一年の感謝の気持ち」を込めて、自分の携わった楽器や音響機器等を丹念に掃除する。それをしなければ、次回の「月一ライブ」で泣きを見ることを、部員は身体で分かっている。大きい音を発する音響機器を大切に扱うことで精神を磨く。これが部員を納得させる「軽音楽」の極意であるが、学校現場ではこれがあまり理解されていないのは、悲しいことである。もちろんクラシックの世界では、生の音を増幅する音響機器などは関係ないので余計理解されないであろうが、掃除や物を大切にする「軽音道」の極意は、現在部員が急減している運動部でも消えつつあると聞く。もう一度、原点に戻って考えてもらいたいものである。

さて、このようなことを学校現場の一軽音顧問だけが言っても、信憑性が薄い。しかし、これらを現役ミュージシャンが語ってくれることで、「月一ライブ」がより意味あるものとして成立する。高校生ミュージシャンは、当然、音楽で生計を成り立たせるプロ・ミュージシャンに大きな関心を抱いている。そこで若手ミュージシャンを毎月招き、ライブを行ってもらい、何かメッセージをもらうのを常としている。もちろん、ノーギャラである。しかし、プロ側もライブハウスとは全く違う高校生ミュージシャンの純粋な熱い眼差しを受けることが大きな勉強になると言ってくれ、お互いに良好な関係が形成されている。高校生に全く知られないジャンルの曲を演奏したり、全く知らない世界を語ってくれることで、音楽に対する考え方の幅を広げてもらうことができる。特に精神面の話が非常に多く、挨拶や倫理面等の人間関係の形成の仕方等、格好とは全く一八〇度違うことを語ってくれることが、高校生にとって非常に新鮮に感じ取られている。特に精神論はあまり学校現場では最近話されなくなっているので、余計新鮮に感じられるのかもしれない。「やはり、私たちよりも数段上手い！」と高校生に実感させる若手ミュージシャンは、テクニックよりも精神面を熱っぽく語ってくれる。精神的な充実がなければ良い音楽は表現できないということを、自分の音を通して高校生に教えてくれるのである。非常に有難い限りである。このような話を素直に話せるようになったことは、クラブにとって非常にプラスになっており、余談ではあるが、引退後の受験生活においても非常に有意義に作用しているのは、偽りなき事実である。

彼らにスタイルを重視する学校現場の発想を取ってもらうならば、もっともっと面白い取り組みができることは否めないと考えるのである。

## 5　レコーディングの意義

大津高校では一九九三年から学園祭のテーマを徹底させるためにテーマソングを制作するようになった。詞は生徒から公募し、作曲・編曲・演奏は軽音の三年生が担当することになっている。レコーディングも一切の妥協を許さず、プロ・ユースの機材で、ディレクターもプロに依頼し、完全な三年生の卒業制作的作品となっている。最初はすべて顧問が作曲・編曲していたが、現在は三年生が自分で制作し、顧問はプロデューサー的な関与しか行っていない。

元来、オリジナルの制作は三年生がヤマハ主催のティーンズ・ミュージック・フェスティバルやNHK主催のBSヤング・バトルというロック・コンテストで賞を狙おうという意図から始まったものである。各バンドのメンバーと意見を交わし、顧問とのコミュニケーションを図りながら、バンドで楽曲を仕上げていく方法を学んでいく。この制作過程を学んだ上でテーマソングの制作に入るのである。

ここでロックの場合、クラシックと全く違うのは、バンドのメンバーと共同で曲を創り上げるということである。実際、コードの書いた構成のスコアしかない場合が多々あり、練習中にメンバーの意見でころころと編曲が変わっていくのが、むしろ常識である。ここには、クラシックのように作曲家がオーケストラゼーションを考えて編曲を行い、オーケストラのメンバーにスコアを配布し、指揮もするという音楽の天才的王道は存在しない。この異なる手法を世に広めたのはビートルズであり、これが現在のロックの創作活動の王道となっている。すなわち、バンドの共同作業、コラボレーションの世界である。

例えば、一人が曲を創り、ギターで唄って説明する。それをメンバーが聞いて意見を交換する。しだいにイメージができあがり、歌詞が決定する。そして、そのイメージから編曲が始まる。皆が様々なアイディアを提案し、しだいに意見が集約され、楽曲が完成する。演奏も各パートが自分で考え、すべてが共同作業なのである。したがって、いかに自分の意見を的確に相手に伝えるということが要求されてくる。このコミュニケーションが円滑に行われなければならないのである。このようなアイディアや意見を出させたり、意見を戦わせたり、収束に向かわせたりするのが、プロデューサーである顧問の力であるが、よく考えると、小学校の先生がよくやっている学級会とその手法は全く同じである。要は良い作品を創るためには、妥協しない真剣な議論を積み重ねることが要求されることになる。その議論の結果、方針が決定し、抽象的なアイディアが具体的な方法へと変化し、バンドのサウンドになっていくのである。しかし、各パートが曲の全体のイメージを理解できず、編曲の過程で何度も原点の方針に回帰しながら、表現を加えていくことも多々ある。そのようなことから、曲のイメージがミュージックTVのようにストーリーのある映像として共通理解が得られれば、コラボレーションの作業は円滑に進むので、当初から映像イメージの発想で議論を戦わしながら、方針を決定する手法をとっている。もちろん、このコラボレーションは編成が大きくなればなるほど難しくなるが、大人数の編成で創った共同作品の感動は、生涯忘れることがないであろう。さて、オリジナル作品の制作に忘れてならないのが、レコーディングである。このレコーディングは、ライブ・レコーディングとスタジオ・レコーディングとに大きく分けることができる。簡単に説明すると、いわゆる学校とかで生の音を記録として録音するのがライブ・レコーディンクであり、他方、スタジオ・レコーディングとは、一パート毎に時間をかけて多重録音する現在の方法である。もちろん、大津高校でやっている方法は、後者のスタジオの方であるが、ある意味で絵を描くように仕上げていくような手法である。実際、この手法の方がメンバー全員で考えながら仕上げられるので、バンド向きである。ただし、パート毎に録音するのであるから、ミスは決して許されない。現在のレコーディングはデジタル化が進化し、音程やテンポのミスは、簡単にコンピュータ処理で修正できる。しかし、これでは教育にならない。ミスはミスと教え、徹底的に正しい音になるまで録音を続けるのである。それは、自分との戦いでもあり、強い精神力が要求される。スタジオの密室に一人だけ放り込まれ、自分の出す音がレコーディングによって裸にされ、本当の自分自身に気づき、客観的に評価もできる。しかし、厳しい現実も突きつけられ、失敗すれば自信も喪失し、精神的にズタズタにされもする。ある意味で精神修養の場であり、気力と精神的な緊張の維持が要求され、テストよりきついのは言うまでもない。それがスタジオ・レコーディングの現場である。実際、これを乗り越えなければ、最初に決めたバンドの基本方針や議論した編曲のコラボレーションが実現できなくなるし、何よりもそれが自分の責任になる。したがって、悔し涙で泣き出す生徒もいるし、極度に落ち込みカウンセリング状態に入る生徒もいる。しかし、そんな状況を乗り越え、やり遂げた充実感は何物にも替え難く、必ず精神的に成長する。自分の好きなことなら何でもできることは、昔も今も全く変わっていない。

さて、数日かかった各パートのレコーディングは約二〇数トラックに分かれて録音されているが、それをプロのディレクターの力によって、まる一日かかってトラック・ダウンという作業を通して二トラックのステレオに編集され、完成する。完成した作品は皆の努力の結晶であり、アイディア一つ、何もないものからスタートしたものを形として作品に仕上げる喜びは、創ったものでしか味わえない。

逆にそこまで頑張ったのなら、皆に聞かせたくもなる。それが自己作品のプレゼンテーションである。大津高校では、いつも学園祭のテーマソングをライブで発表する場が提供されている。そこで単にライブ・パフォーマンスを行うだけでなく、ビデオやスライドとシンクロさせて行ったりしながら、プレゼンテーションを考える。これがもし全校生に話題となり、もっと聞きたいとなれば、「CDにしよう！」という企画となる。ある意味で「キャッチーな曲のタイトル」、「日常の学校生活を共感できる歌詞」、「今風のイケてるサウンド」、この三つがはまれば、全く知らないオリジナル曲でも、高校でのヒットは間違いない。その上、曲に似合う奇抜なファッションとパフォーマンスが決まれば、もうプレゼンテーションは言うことないのであるが、現状としては学校でここまではなかなか出来ない。

これを現場で勉強できるのが全校生徒の前でのライブであり、成功を肌で感じれば、もっと人に伝えたくもなってくる。その結果がCDであり、大津高校ではアルバムとシングルCDを制作している。すべて生徒の意志から成立したものである。

このような学園祭のテーマソングの制作は、一九九三年から行っている。毎年三年生が制作するのであるが、いつも「先輩を目標に」というよりも「超えてみせる」というのが三年生の意気込みである。そこで気がつくのは、勉学の必要性である。「どれだけ、曲をコピーし、アレンジを自分のものとして理解しているか」、「どれだけ理論を理解し、変わったことができるか」、「どれだけ文学作品に親しみ、よい歌詞が書けるか」。特に最後は、今年二年生から学んだことである。

今年度は四月かに二年生にもオリジナル作品を創作させようと、“Knock On The Original Door”と題し、誰でも簡単にオリジナル・ソングが出来ることを促し、セミナーも開催した。その結果、これだけ幼少期からロック音楽に触れている以上は、少しロック的手法を学んだならば、ほとんどの生徒が簡単に作曲はできるが、しかし、歌詞は全く書けないことが分かった。人前で発表する恥ずかしさが先行し、なかなかアートの入り口までも至らなかった。確かに「本離れ」という言葉はよく聞くが、やはり当たっていた。だからこの取り組みを続けるならば、歌詞を書くために読書の必要性は増す筈である。きっかけをどのように与えるか、国語表現とロック音楽とが横断的に歩み寄るならば、もっともっと勉強の楽しさが増えると思うし、また、日本のロックの歌詞も違った展開に発展する可能性も出てくるのではなかろうか。「殻を破る」のもアートの重要な要素であり、ロックはこれを追求していた音楽でもある。「知」への努力は、絶対に教えたい。しかし、それを知った上で「破る」努力を教えたいというのは、あまりにもわがままなのだろうか。

## 6　音楽イベントとコラボレーション

日本も一九九四年に「一〇月一日を国際音楽の日にする」と採択したことから、もっと音楽を社会に広めようと文化庁から支援を受け、滋賀県で「国際音楽の日記念コンサート」を一九九六年から実施している。それ以前からも社会教育としての軽音楽の活動をしていくことができないかと考え、地域の音楽好きのメンバーを集め、高校生やプロのミュージシャンをも交えながら、大ホールで自主企画イベントを実験的に開催してきた。その中心メンバーが、現在の「国際音楽の日記念コンサート」のスタッフとなっている。そこで議論しながら方針としていることは、「高校生にもっと自由な発想で企画を立案させ、自分たちのステージを創らせられないだろうか」、そしてそれを受けて「大人はもっと彼らに何かメッセージを与えながらステージを創らせられないだろうか」、この二点である。前者はイベントを通して創造性や自主性を伸ばせられないだろうかという意味であるが、これはずっと取り組んでいる課題でもある。

ポール・マッカートニーが設立援助したイギリスのアートカレッジであるＬＩＰＡの第一期卒業生であるミミ肇がこんなことを言っていた。「ＬＩＰＡの学生は、プレゼンテーションを命としている。実際、泉のように次から次へとアイディアが浮かんできて、提案し、発表しようとするのである。それが現実か非現実かは別として、日本の大学一年生にはこんな力はないし、教わったことすらない」。イギリスはプロジェクト・スタディの進んだ国であると聞くが、やはりこれぐらい違うのだろうか。そんなことを聞けば、この取り組みは何としても成功させなければならないと思える。

以前、第三回国際音楽の日記念コンサートの時、京都と滋賀の軽音楽クラブの部長とＯＢを囲んで企画会議を行った時に、観客を増やす方法を議論した。その時、女の子が「バスツアーを作ろう」というアイディアを出した。そのアイディアを現実にするために、内容の詳細を考え、現実にする方法を一緒に考え、最終的にスポンサーを見つけて大人たちが導いていった。自分の案が現実になることを知った本人には、すごい自信となったし、勉強になったと感動していたが、このような取り組みは現実として学校ではできない。

一方、そうかといって勝手気ままに好き放題のステージを認める気は元来ない。大人の側も今の高校生に言いたいことは山ほどある。それをさりげなく表現できないかと考えた時、音楽を使えば、簡単なメッセージは伝わるのである。つまり、良い音楽は世代・地域を超えて感動をもたらし、愛され続けている。例えば「第三回国際音楽の日記念コンサート」では、ビートルズの四人を高校生が担当し、バックにプロの大人がつき、オーケストラを編成した。ビートルズ後期作品でオーケストラが加わり殆ど再現できない楽曲を、忠実にコピーしようという企画である。そこでコピーの重要性、ビートルズのアレンジの意味、オーケストラの意味を教えながら、コラボレーションの意義を音楽を通して考えさせた。すなわち、究極のアレンジはオーケストラゼーションであるが、この場合、共同で作品を創り上げるには、一方では「決まりを守らなければ」決して実現できないが、他方、クラシックの人がロックのバックをするためには「今までの決まりを破らなければ」実現できないことを説明したのである。ビートルズを知らない高校生のロックバンドも、クラシックをやっている音大生も、お互いに「ビートルズの自由」を表現するための共通理解が得られ、クラシックに違和感を抱いていた高校生の観客にも、オーケストラの素晴らしさ及びコラボレーションの意義が伝わったのである。

また、「第四回国際音楽の日記念コンサート」では、ワードというテーマで行った。これも今の日本語の歌詞の表現に焦点をあてて、高校生の感覚だけでなく、大人の立場からも言いたいことを様々な視点から楽曲で表現しながら、ステージを創り上げた。プロミュージシャンを招くことで高校生ミュージシャンは感動するが、その出演者の感動を観客にまで伝えながら、何か新しい発見や感動が少しでも与えられればと、様々な人たちと議論しながら企画したことである。「自由」で言いたいことや「制約」で言い難いこと、「言葉の表現や乱れ」で言いたいことを直接大人が言っても、高校生は聞かない筈である。しかし、音楽という媒体を使えば、いとも簡単に自然に表現できるのが音楽の素晴らしさである。かつてビートルズのジョン・レノンが「話合いはコミュニケーションの最も遅い手段だ。音楽の方がずっといい」と言った意味が、ようやく分かるようになってきたような気がする。

このような取り組みは、イギリスでは「コミュニティ・アーツ」と呼ばれている。そうしてそれが、様々な世代の人々とアーティストが地域の障害をも乗り越え、討論しながら、地域コミュニティ振興のために一体となって作品を創り上げているのである。

確かに、地域イベントには、以下の四点の効果がある。

①チケットの手渡し販売や宣伝チラシの配布は、地域の人に顔を覚えてもらえ、コミュニティの輪が広がる。
②地域の店舗に広告のスポンサーを依頼することで、自己のプレゼンテーション能力が試される。

③行政機関に公的支援を要請することで、コミュニティの一員である自覚がもてる。
④ライブ活動という行為が多くの人々による地域コミュニティの場を提供できる。

このような効果があることは、継続していくことで初めて理解できる。積み重ねが重要なのである。実際、地域で若い世代に何か言いたい人は、かなり多い筈である。しかし、言える場もないし、きっかけもない。それを音楽を通せば、簡単に実現するのである。先に紹介した英国のＬＩＰＡでは大学の授業でカリキュラム化されているが、日本の大学ではそのようなものは存在しない。社会教育でもこのような授業は存在しない。視点を変えて、再度イベントの効果を再認識していただきたいものである。

何度も言っているように、ロック音楽は誕生から約半世紀を迎えようとしている。ということは、もはや第一世代は六〇歳代に突入していることになる。コンテスト等の高校生主体の音楽イベントに行くと、必ず音楽好きのＰＴＡの皆さんや年配の人たちが高校生と一緒にコンサートに足を運んでられる。事実、一一年間行ってきた大津高校主催の「卒業コンサート」でも、四時間の長いロックコンサートにもかかわらず、高校生だけでなく、出演者の父母・祖父母の皆さんも、最後まで楽しんで聴いてくださっている。

この状態が一番分かっていないのは、教育現場ではないだろうか。今回、学校現場ではあまり好意的に思われていない軽音楽を取り上げ、強引に総合的な学習に持っていったと捉えられるかもしれない。しかし、やっている教育内容は古い昔からの教育と何ら変わらない。ただ、教える入り口が生徒の興味関心があるロック音楽であったに過ぎない。これだけ広がった音楽であるからこそ、教育に利用すれば色々な方向に広がっていく筈である。教師が視点を変えるならば、総合的な学習の題材としては十分使える内容であると確信する。

大津高校軽音のモットーは「三年間でクリエイティブなことをしよう！　そして卒業しても音楽を続けよう！」である。この三年間は、音楽を通したプレゼンテーションとコラボレーションの連続である。それを私だけではなく様々なボランティア特別講師が絶えず刺激を与えたり、逆に生徒から与えられたり、相互作用しながら運営されているのである。興味のあることから学習に入ることは、教える側も楽しいし、ついつい厳しい課題を与えることともなる。しかし、生徒はそれをむしろ喜んでもいる。そして三年間で成長して卒業していく姿が、本当に見られるのである。言えることは、興味関心のあることに対する生徒の勉学の意欲は、今も昔も全く変わっていないということである。

総合的な学習は、出来る限り生徒の興味関心のあることに切り口を持っていくべきだと考える。また、生徒と教師という立場を超えて一緒に学び合おうという視点で進めていくならば、授業は必ず展開できる筈である。以上の大津高校軽音の取り組みから、まず、教師の視点を変革することが重要なのではなかろうかと考える次第である。

## おわりに

私はこの春の人事移動で転勤し、大津高校教員としての軽音楽同好会の取り組みは終了した。もちろん、軽音楽を教えられる教師は、高校には誰もいない。私自身も音楽専攻でない。としても、私は実験的に月に一度だけこのクラブを指導しに行くことにした。ある意味において、社会教育的に生徒と接していると言える。それにミュージシャンたちも賛同してくれて、昨年と全く同じスタイルでの活動が行われている。よく社会体育という言葉を聞くが、学校五日制の下にこのような取り組みがもっと広がるならば、学校も生徒たちにとってより刺激的でより楽しい学習機関となり得るのではなかろうか。

（滋賀県立清陵高等学校教諭）

# あとがき

滋賀大学におけるわたくしの駆け出し時代から特に親密な関係が続いているOB学校長たちに「二〇〇〇年八月一五日に思う」に始まる論考を示しながら、今日の教育危機をもたらした原因について忸怩《じくじ》たる思いをもって語り、また、彼らが身を賭《と》して教育困難校の建て直しのために悪戦苦闘し続けたことを耳にしたのは、病院のベッドに横たわりながらであった。そして、「そこまでの実情は一般にほとんど知られていない。その真実が世に理解されることから解決が始まる。退職後なら君たちの取り組みが何らの飾りごとや隠しごとなしに書けるのではないか。是非とも真相を語ってほしい」と執筆を懇願した。同時にわたくし自身も、僭越ながら文部省、教育委員会などに対してもこれまでの経験からわたくしでないと書けないことをも書き残すべきではないかと決心した。それが本書の第四章と第五章となっている。ちなみに術後半年を経た検査入院中に本書の初校が届き、彼らを病院に招いて校正を行ったのも、忘れられない思い出である。ともかく、経過良好という医師の診断を受け、この書を世に出すことができることに対して衷心から感謝したい。

最初に第五章の執筆者たちについて、地域や学校の状況とともに一言しておこう。

まず、吉永幸司君が校長として勤務した小学校は、わたくしが生まれ、育ち、今なお居住する郷土の丘陵地に造成された新住宅街にある。学校が建てられた当初には地域の自治会にも入らない住民も少なくなかったし、小学校ＰＴＡには学校長及び教頭の入会を認めず、歴代学校長から保護者対応の難しさをよく聞いたものである。しかし、教師間にもこれほど日教組的体質が強く、子どもに競争させることを反対する立場から運動会さえも実施されなかったとは知らなかった。吉永君は就任以来、毎日一〇〇人の子どもと握手を交わすことを目指すとともに、多忙の中でいわゆる出授業をも積極的に行い、子どもの心を捉えることに努めていく。そこから保護者や一般教職員との信頼関係も深まっていき、子どもたちに愛校心を育てながら学校開設一〇年にして初めて運動会が実施されるに至る。そして、この運動会を通じて、地域や保護者、さらには遠くに住む子どもたちの祖父母たちと学校との関わりが強まるのである。学校のやり方によって、地域との関係づくりが自ずとなされ得ることを教えられた思いである。さらに彼はその一方では進んで文部省研究指定校を引き受け、「総合的な学習」の研究を中心として地域に開かれた学校を創り上げていく。県教育委員会の指導主事も、この学校を訪問する度に先生方の研究姿勢が変わっているのが感じられると言っていた。彼が誰かを叱りつけているのを見たことがない。常に笑顔で接し、内なる信念を着実に移していく。学校経営もそうだったのだろう。なお彼は、自分の教育実践を省察するために、毎年、学校経営及び国語科と道徳の授業を中心に「実践記録」をまとめ、それを自費出版してきたが、それは定年退職の今年には三六号を数えるに至った。尊い記録である。不肖わたくしは第一号からその巻頭に序文を書かせて頂いてきた。

安田剛雄君はわたくしが滋賀大学教育学部附属中学校長を併任した時の同僚である。国語科担当の書家で三年生の学年主任であったが、巧みなユーモアで生徒と保護者にやる気を起こさせることが実にうまく、わたくしは「やらせの名人」と呼んでいた。それだけに気配りの人でもある。県及び市の社会教育主事として自発的・自主的な活動を育てる仕事は、彼にとって最適であったろう。わたくしが校長時代に附属中学校で実施した福祉施設参観にも、彼の力によることが多大であった。その彼が最後に勤務したのは市内の中心部にある母校である。かつては問題の少ない名門中学校とされていたが、今となると保護者の教育熱とも関わっていじめをはじめとする陰湿な非行が増え始め、学校にまとまりも欠けてきたことは否めない。彼はここでも本領を発揮し、生徒たちに福祉体験を育てるとともに、生徒みずからによって「いじめ0の学校」を作り上げることに取り組んだ。その実践は「大津市青少年育成大会」の席上で発表され、注目を浴びたのである。

川嶌順次郎君の教育生活は、学校教員としてよりも、行政職、それも社会教育と同和教育の行政に関わった年月の方が長い。学生時代は寡黙で思索的であったが、卒業以来、内なるものが燃えだし、情熱的な教育実践を彦根市教育長に見込まれて、若い時から教育委員会事務局で社会教育や同和教育に携わっていく。そして、滋賀県教育委員会同和教育課長として、政治的イデオロギーを超えた同和教育論を見事に構築したのである。その彼が県教育長に教育者としての最後はやはり学校長でと懇願し、赴任したのは母校であるとはいえ、県下でも有数の問題校とされていた中学校であった。この数年来、入学式や卒業式も生徒たちの勝手な立ち歩きや私語の中で行われ、来賓たちも嫌々ながら義務的に参列していたと言う。そこで、私心の全くない熱血漢の体当たりの活動が始まっていく。そして一年後には、国歌斉唱から始まり厳粛裡に感動の卒業式が終了するのである。教師と生徒と来賓とが一体となって流した感動の涙。そこに、ひたすら教育愛に生きる川嶌君の教育力の全てが語られている。

林勉君は小学校長時代に、理科教育、環境教育、性教育、オープン・スペース・スクール等々、多方面的な教育分野に対する教育研究学校を運営し、高い評価を受けてきたが、校長退職後は幼稚園長として幼児教育に精進した。本書第三章で述べた「〝生命に対する畏敬の念〟に基づく宗教的情操の陶冶」を、ここまでやって頂いている公立幼稚園は珍しいのではなかろうか。しかも「世界の喜び、感激、神秘などを子どもと一緒に再発見し、感動を分かち合ってくれる大人が、少なくても一人そばにいる必要があります」と言うレイチェル・カーソンの考えが見事に生かされている。この幼稚園を取材するために訪問した朝日新聞社の菅原編集長も、ここで行われた「インコの葬式」については、アニミズムだとか人魂《ひとだま》だとかの批判は行っていない。

なお、この書物では述べなかったが、最近の子どもには理科嫌いが多いと言われている。それは子どもたちが小さい時から自然と交わることがないからであろう。スタンレー・ホール(G. S. Hall, 1844－1924)も、その著『青年期』(Adolescence. 1904.)の中で、児童や青年の科学性の発達は、初めは「自然に対する感情的反応」によって促進されるとしている。つまり、自然と交わり、語り合う中でおのずと抱く驚きや喜び、発見や疑問を育てることが大切とするのである。今日の子どもたちが自然とは疎遠となりバーチャル・リアリティに生き、あるいは受験のために概念や法則を記憶することに追われていることが、子どもを理科嫌いにしてしまっていると言わざるを得ない。この意味からも参考となる。林君は御尊父の病気看護のためこの三月末で園長を辞したとのことであるが、「やまんば広場」での保育がますます発展されることを念じている。

辻祐弘君も川嶌君と同様に若い頃から彦根市教育長に見出され、社会行政に携わることが長かった。しかし、最後には小学校長として特に地域との関係を重視した学校経営を行い実績を上げた。わたくしもその学校の校内研究に招かれたことがあるが、特に先生方には読書を奨めるとともに、掲示板に留意し、子どもや保護者、学校を訪問する地域の人たちに絶えず啓発を図ることに努めていたことを思い出す。これからの学校長には、この辻君を筆頭に全員の実績から社会教育的能力が求められることが示唆されるのである。校長退職後は一時文化ホールの運営に従事した。現在は少年センター所長であるが、学校をはじめ関係諸機関・諸団体との連携協力を図りながら、問題少年や非行少年及びその保護者からの相談に応じ、指導に当たるという仕事は、彼の来歴と温厚な性格から極めて適役と言える。今日特に学校と警察との連携が重視されており、滋賀県警察では特にこのことが最重要課題の一つとされているが、この意味から示唆深い提案がなされていると考える。

村田良は、実は恥ずかしながら不肖の豚児である。学校でのことは、わたくしには何も話さない。しかし、地域や市内で出会う知人が、時に「先生の息子さんに大変お世話になりました。卒業できたのは全く息子さんのお陰です」と言って下さることがある。多分、悩みをもつ生徒たちの話し相手になってやっているのであろう。軽音楽部も本人の趣味にもよるが、この部があるために登校する生徒がいる限り、ほうっておく訳にはいかないらしい。今は自ら望んで通信教育課程の高校に転勤したが、軽音楽部が県の新世紀事業に選ばれて参加することになったため、週に一回は元の高校に帰り生徒たちを激励しているようである。わたくし自身も若い時にはアマチュア・オーケストラを創設し、これを指揮していたのであるが、今日の児童・生徒・学生たちが何か一つ、それに集中し没頭し、成就感、成功感、自己存在感を抱くようにすることが大切であると考える。

以上、六人の教育実践家たちの論考についてその横顔とともに語らせていただいたのであるが、混乱状態を続けている今日の教育界にこれらの尊い実践が生かされることを願っている。「教育は人なり」とよく言われるが、まさに人を育てるためにはその人それ自身が大切なことは言うまでもない。

不肖豚児はともかくとして、後の五人の学校長ＯＢたちとは、今なお学生時代と同じ気持ちでつき合うことができる。何よりも威張らない。謙虚であり、誠実である。他者に対する思いやりがある。そして常に向上心に燃え、読書と思索を欠かさない。学生時代から、その根底にやはり信仰心があったと思われるのである。この他にも多くの卒業生が頑張っていてくれるのであり、時に行われる「現代教育研究会」に出席してくれている。これを機会に今後は彼らの実践を世に発表することを考えていきたい。

さて新しい二一世紀を迎えてすでに四カ月半になるのに、前世紀に生じた問題は今なお持ち越され、そこからさまざまな困難性がもたらされている。不況回復の見通しもなく、犯罪は増加するばかりかますます複雑化し、凶悪化し、しかもそれが少年に及んでいる。

特に教育界では複雑な問題が渦巻いており、その荒廃が憂いられるなかで、二〇〇二年から使用される中学校歴史教科書を巡ってはそれが政治問題化している。中国・韓国からの干渉はますます熾烈さを増し、内政干渉さえ感じさせられる。それに対して一部のマスコミは迎合し、どこの国の新聞社かを疑わせるような報道を繰り返している。政治家も野党ばかりか与党の実力者までもが、内容の十分な理解なしにそれを肯定する発言を行っている。それらは歴史観の違いというよりは、むしろ歴史的事実に対する認識の不十分さによることが少なくない。一体、政府は我が国の将来をどのように考えているのか。昭和五七年に宮沢喜一官房長官によって誤報に基づいて発表されたいわゆる「近隣諸国条項」や平成五年八月に河野洋平官房長官がこれまた事実関係の調査もなく認め政府見解として発表した「従軍慰安婦の強制連行」を挙げただけでも、謝罪外交によってその場を摩擦なく収めさえすればよいと考えているのではないかと疑いたくもなる。もっと毅然とした態度をもち、互いに理解し合わなかったならば、真の友好関係や協力の下に恒久平和は樹立され得ないと考える。そうして、教育の場では、未来を担う青少年に対し、日本人として生まれたことに喜びと誇りを抱き、自信と勇気をもって国際社会に飛躍する国民に育てなければならないのである。政治家たちのあのような言動を目にすると青少年が悪化するのも無理がないと感じるのはわたくしだけではなかろう。ただ、今度は内外からの容喙《ようかい》に対して示された町村信孝文部科学相の一貫した言動と、教科書の採択が公正に行われるべく議会で決議した府県や市町村が全国的に少なくなかったことに、いくらか救われた思いである。

しかし、本年になって地域には喜ばしい動きも現れた。去る五月一〇日に大津警察所管内のコンビニエンスストアの全六七店によって「大津地区コンビニエンスストア防犯連絡協議会」が設立された。市内北部の堅田警察所管内ではすでに昨年の一一月に「志賀・堅田コンビニエンスストア防犯連絡協議会」が設立されているので、これで百店にも及ぶ隣町を含めた全市のコンビニエンスストアによって自主的な防犯体制が組織されたことになる。これは昨年春ごろに缶入り焼酎で酩酊してしまった少年が「きれいな缶なのでジュースかと思ってコンビニで買った」と誤魔化したことが機縁となり、その対策を講じる中で実を結んだものである。コンビニエンスストアでは青少年に有害な成人向き図書や酒・煙草等も販売されている。非行少年の深夜徘徊や蝟集《いしゅう》の場となり、万引きや窃盗も行われる。自動販売機も荒らされる。うっかりすると、夜間に強盗に押し入られ殺傷事件に及ぶかもしれない。これらに対して業者たちが連絡を密にし自主的に規制するとともに、警察や防犯自治会をはじめ関係諸機関・諸団体と連携を強化しながら協力しあって自ら犯罪を防止しようとするものである。この種の防犯体制が業者の中から自発的になされてきたことは喜ばしい限りである。わたくしが今なお会長を務める大津市青少年育成市民会議は、各学区内に組織されている青少年育成学区民会議や補導委員協議会と協働しながら青少年を非行から守るとともに、その健全育成に努めようとするものであり、時にはコンビニ店への巡察も行って来たが、今後はこの協議会との連携をも強化していきたい。これまでも夜間警備を行って、コンビニエンスストアに蝟集する青少年を排除した青少年育成学区民会議があるのである。

また、某中学校の荒廃を感じとった当学区内の青少年育成学区民会議が中学校生徒会役員に呼びかけ、話し合いがもたれた。互いに理解を深め合う中で、学区民会議の幹部たちから激励を受けた生徒会役員たちは、卒業式も入学式も厳粛に行い、学校が落ち着いて学習に取り組める場となるように努力することを誓ったと言う。それが機縁となって、生徒会は厳粛な卒業式と入学式の実施に努力したばかりか、定期的に地域の清掃を行うことを決議し、見事実行に移したのである。この生徒会長は市民会議のある席上に顔を出し、「いつもお世話になっている地域をきれいにするのは当然のことです。

さらに清掃の場所を広げていきます」と言ってくれた。このように、地域の青少年に関係する諸団体が協働し、地域の青少年を地域全体で育てていくことができるのである。大津市青少年育成市民会議では、この二十年来、親と子がともに汗を流しあって我が故郷を創造することを推進してきた。時代の変化とともに消長もあったとはいえ、第二章で述べたようなこの種の地域活動が、地道に、着実に進展することを期待しているのである。

この書物に述べたことは、至らぬものながらも単に机上でなされたものでなく、むしろ学校教育、社会教育、青少年育成などの活動と実際に関わり、それを基盤として考えられたものである。このため、辻、川嶌君らはこの書の副題を「私の教育学的思索五〇年」とするように奨めてくれた。わたくしの論には彼らの実践も踏まえられているとして言ってくれたとしたら、誠に有難い申し出と言わなければならないが、わたくしとしては何か面映ゆいものを感じざるを得ず、結局、副題は本書出版の意図に鑑み、「現状と課題、その取り組み」とさせて頂いた。この拙い書物が祖国日本の再生のためにいくらかなりとも役立つならば、望外の幸せである。

平成一三年五月五日　七五歳誕生の日に

村田　昇

# 編著者紹介

## 村田　昇（むらた　のぼる）

大正一五年、大津市に生まれる。昭和二六年、広島文理科大学教育学科卒業し、滋賀大学学芸学部助手、講師、助教授を経て、昭和四五年、滋賀大学教育学部教授。平成四年に停年退官し、滋賀大学名誉教授。引き続き、京都女子大学に契約教授として勤務し、平成一二年に退職。教育哲学専攻。教育学博士。滋賀県公安委員。

主要著訳書『現代道徳教育の根本問題』明治図書、昭和四三年。『国家と教育――シュプランガー政治教育思想の研究』ミネルヴァ書房、昭和四四年。『教育の実践原理』ミネルヴァ書房、昭和四九年。シュライヒャー編『家庭と学校の協力――先進八ヵ国・悩みの比較』（監訳）サイマル出版会、昭和五六年。『教育哲学』（編著）東信堂、昭和五八年。『現代教育学』（編著）東信堂、昭和六一年。シュプランガー『教育学的展望――現代の教育問題』（共訳）東信堂、昭和六二年。『日本教育の原点を求めて――伝教大師と現代』（編著）東信堂、平成元年。『道徳教育の期待と構想』（編著）文渓堂、平成元年。『学校と家庭、地域との連携』（編著）文渓堂、平成元年。『道徳教育論』（新版）（編著）ミネルヴァ書房、平成二年。シュプランガー『人間としての在り方を求めて――存在形成の考察』（共訳）東信堂、平成二年。『これからの道徳教育』（編著）東信堂、平成四年。『これからの教育』（編著）東信堂、平成五年。『「畏敬の念」の指導』明治図書、平成五年。『これからの社会教育』東信堂、平成六年。『シュプランガーと現代の教育』（編著）玉川大学出版部、平成七年。『シュプランガー教育学の研究』京都女子大学研究叢刊、平成八年。『生きる力と豊かな心』東信堂、平成九年。シュプランガー『人間としての生き方を求めて――人間生活と心の教育』（共訳）東信堂、平成九年。『心の教育の充実を求めて』現代教育研究会、平成十年。『パウルゼン／シュプランガー教育学の研究』京都女子大学研究叢刊、平成十一年。その他多数。

現住所　滋賀県大津市仰木二丁目三―三七（〒五二〇―〇二四七）

## 著者紹介（執筆順）

林　勉（はやし　つとむ）

昭和三二年、滋賀大学学芸学部卒業。滋賀県公立小・中学校教諭、滋賀県総合教育センター研修主事等を経て、平成七年に彦根市立城南小学校長を最後に退職し、平成一三年三月まで滋賀県坂田郡近江町立ふたば幼稚園長。現在、主任児童委員。著書に、『子らと心豊かに』Ⅰ・Ⅱがある。

吉永　幸司（よしなが　こうし）

昭和三八年、滋賀大学学芸学部卒業。滋賀大学教育学部附属小学校教諭、副校長等を経て、大津市立仰木の里小学校長。平成一三年退職。現在、滋賀大学・京都女子大学非常勤講師。『子ども理解の技術』(明治図書)、『入門期の国語教室経営』(明治図書)、『道徳ノートで育てる子どもの心』(明治図書)等、国語科教育、道徳指導に関する著書・論文多数。

安田　剛雄（やすだ　たかお）

昭和三六年、滋賀大学学芸学部卒業。滋賀大学教育学部附属中学校教諭、滋賀県教育委員会社会教育課社会教育主事等を経て、平成一一年、大津市立打出中学校校長を最後に退職し、現在、大津市教育委員会生涯学習課社会教育指導員。京都女子大学非常勤講師。

川嶌　順次郎（かわしま　じゅんじろう）

昭和三三年、滋賀大学学芸学部卒業。滋賀県公立小・中学校教諭、滋賀県教育委員会同和教育指導課長等を経て、平成八年、滋賀県彦根市立彦根南中学校長を最後に退職。現在、京都女子大学非常勤講師。著書に『人権への教育と啓発』がある。

辻　祐弘（つじ　すけひろ）

昭和三二年、滋賀大学学芸学部卒業。滋賀県公立小・中学校教諭、彦根市教育委員会指導主事、滋賀県教育委員会青少年社会教育課指導補佐等を経て、平成七年に彦根市立金城小学校長を最後に退職。現在、彦根市少年センター所長。

村田　良（むらた　まさる）

昭和六二年、関西学院大学社会学部卒業。滋賀県立大津高等学校教諭を経て、現在、滋賀県立大津清陵高等学校教諭。

**日本教育の再建**——現状と課題、その取り組み

2001年 6月20日　　初 版　第1刷発行　　〔検印省略〕

＊定価はカバーに表示してあります

著者©村田　昇／発行者　下田勝司　　印刷・製本　中央精版印刷

東京都文京区向丘1-5-1　振替00110-6-37828
〒113-0023　TEL (03) 3818-5521　FAX (03) 3818-5514
E-Mail　tk203444@fsinet.or.jp

発行所
株式会社 東信堂

Published by TOSHINDO PUBLISHING CO., LTD.
1-5-1, Mukougaoka, Bunkyo-ku, Tokyo, 113-0023, Japan

ISBN4-88713-399-5　C3037　¥2800　©Murata N.

# —世界美術双書—

〔監修〕中森義宗・永井信一・小林忠・青柳正規
気鋭の執筆者が最も得意とする分野に全力投球する書き下ろしシリーズ。一人一冊を基本に、現在の研究傾向を反映する精細なジャンル分けによる執筆で、西欧・東洋・日本の重要分野を網羅し、全60巻以上を予定。一般読者・学生を主対象とするが、最新の研究成果を取り入れ、廉価かつ良質な啓蒙書をめざしている。
★印 既刊（2001年5月） 未刊のタイトルは仮題を含む

| | | | |
|---|---|---|---|
| ★パルテノンとギリシア陶器 | 関　隆志 | ローマのバロック美術 | 浦上雅司 |
| ギリシア絵画史 | 羽田康一 | ドイツの絵画 | 大原まゆみ |
| ケルトの美術 | 小菅奎申・盛節子 | フランス近代美術 | 大森達次 |
| フォンテンブロー派 | 岩井瑞枝 | 国際ゴシック様式の美術 | 小佐野重利 |
| ★バルビゾン派 | 井出洋一郎 | ルネサンスの遠近法 | 諸川春樹 |
| ルイ14世時代のフランス美術 | 大野芳材 | ネーデルラント絵画史 | 高橋達史 |
| 中世の光（教会） | 高野禎子 | アメリカの美術 | 伊藤俊治 |
| ドラクロアとフランスロマン主義 | 高橋明也 | イタリアの天井画 | 越川倫明 |
| ジャポニスム | 馬渕明子 | イコン—時と永遠の造形 | 鐸木道剛 |
| 印象派 | 宮崎克己 | 教皇たちのルネサンス | 末永　航 |
| イタリアルネサンスの彫刻史Ⅰ | 遠山公一 | ★セザンヌとその時代 | 浅野春男 |
| イタリアルネサンスの彫刻史Ⅱ | 上村清雄 | ゴッホ | 有川治男 |
| バロック以降の近代建築 | 丸山　純 | ヴェネティアのガラス | 北澤洋子 |
| 写真芸術論 | 村山康男 | ★象徴主義—モダニズムへの警鐘 | 中村隆夫 |
| 画家の歴史—古代から現代まで | 森田義之 | ★キリスト教シンボル図典 | 中森義宗 |
| 仏教の図像学 | 田中公明 | 朝鮮の美術 | （未定） |
| インド仏教美術の流れ | 秋山光文 | ★中国の版画 | 小林宏光 |
| ヒンドゥー教美術 | 石黒　淳 | 中国のガラス史—宋代まで | 谷一　尚 |
| ★中国の仏教美術 | 久野美樹 | | |
| 中国の絵画 | 宮崎法子 | | |
| 風流と造形—王朝の美術 | 佐野みどり | 室町水墨画 | 山下裕二 |
| 日本美術の中世 | 島尾　新 | 風俗画 | 奥平俊六 |
| 近代の美術 | 佐藤道信 | 浮世絵 | 大久保純一 |
| 仏　画 | 泉　武夫 | ★日本の南画 | 武田光一 |
| 日本の障壁画 | 黒田泰三 | 物語絵画 | 千野香織 |
| 絵巻物 | 池田　忍 | 安永天明期の京都画壇 | 冷泉為人 |
| 日本の染織 | 丸山伸彦 | 狩野派 | 榊原　悟 |
| 日本の陶磁—その文様の流れ | 荒川正明 | 琳　派 | 岡野智子 |
| 浄土教の美術 | 須藤弘敏 | 禅宗の美術 | 横田忠司 |
| 天平彫刻 | 稲木吉一 | 長崎・横浜の美術 | 近藤秀実・横田洋一 |
| 平安木彫像の成立 | 長岡龍作 | 鎌倉彫刻—成立と展開 | 山本　勉 |
| 飛鳥・白鳳の彫刻 | 鈴木喜博 | 藤原時代の彫刻 | 松浦正昭 |
| 浮世絵の構造—浮世絵の鑑賞 | 藤原　紫 | 江戸の絵画 | 安村敏信 |
| 歌舞伎と浮世絵 | 藤原　茜 | 画家のふるさと | 小林　忠 |